能源互联评价与仿真
Evaluation and Simulation of Energy Interconnection

邵志芳　吴继兰　赵　强　著

科 学 出 版 社

北 京

内 容 简 介

本书以构建清洁低碳、安全高效的能源体系为目标，从多能源转换角度，以氢储能技术为基础，提出和探讨构建绿色能源产业链系统方案的可行性。首先建立风/光电制氢产业链仿真模型，模拟产业链经济效益、运营情况和环境效益。其次研究城市中谷电制氢的电网耦合氢储能系统应用可行性，为投资者不同的投资决策需求提供最优决策建议。最后从宏观角度全面分析风/光电耦合氢储能系统综合效益，从资源、环境、经济和社会四个方面构建评价指标体系，并结合河北省风电场等案例进行讨论和实证分析。

本书可供政府部门、能源行业、电力系统及金融行业的从业人员和高校、研究院所相关领域研究人员参考。

图书在版编目(CIP)数据

能源互联评价与仿真=Evaluation and Simulation of Energy Interconnection / 邵志芳，吴继兰，赵强著.—北京：科学出版社，2018.3
    ISBN 978-7-03-056658-4

Ⅰ. ①能… Ⅱ. ①邵… ②吴… ③赵… Ⅲ. ①能源发展-研究 Ⅳ. ①F416.2

中国版本图书馆CIP数据核字(2018)第039878号

责任编辑：范运年 / 责任校对：彭 涛
责任印制：师艳茹 / 封面设计：铭轩堂

科 学 出 版 社 出版
北京东黄城根北街 16 号
邮政编码：100717
http://www.sciencep.com
三河市骏志印刷有限公司 印刷
科学出版社发行 各地新华书店经销
*
2018 年 3 月第 一 版 开本：720×1000 1/16
2018 年 3 月第一次印刷 印张：17
字数：332 000
定价：98.00 元
(如有印装质量问题，我社负责调换)

前　言

伴随着大数据、云计算等互联网技术和思维在能源生产、输送以及消费领域的广泛应用，能源互联网已经从理论走进现实。风能、太阳能的优点是绿色无污染、取之不尽用之不竭，但是风/光发电的时间间歇性和不可预测性限制了其大规模并入主干电网。特别是我国的风/光地理资源分布不均衡导致了发电中心与负载中心分离，问题尤其严重，发展大规模储能成为可再生能源发展的必然趋势。所以要构建一个相对稳定的能源体系，必须把风/光能、储能以及能源网结合起来。

作为一种理想的无污染的二次含能体能源，氢能被视为 21 世纪最具发展潜力的清洁能源。针对风、光等可再生能源发展面临的困境和规模化清洁的氢能制取方式的迫切需求，通过利用低品质过剩的可再生能源电力制取氢气，既可缓解可再生能源发电产业面临的困境，又可解决氢能应用终端产业的用氢需求，这应该是未来重要的清洁替代发展方向。通过氢储能过程，将有利于引发由燃料/电力分立网络向氢-电交互网络的变革，促进一次能源结构调整和能源互联网的形成。

在此背景下，本书以多种能源转换为出发点，以氢储能技术为基础，分析多能源产业供应链：光-电-氢-电能源之间的互联及转换效益。本书具有以下特点：

从微观制氢产业链角度，探讨风电制氢生产-存储供应链模型，衡量风氢耦合系统的经济效益、运营情况和环境效益，分析各种运营模式下的方案优劣，并进行了仿真模拟；同时利用技术经济学模型，对风电制氢系统建立了一个比较全面的效费分析模型，该模型可以对不同应用模式的风电制氢系统进行产能设计、成本分析、收益分析、效益评价和敏感性分析，给相关决策者提供建设方案中的各种经济参考指标。

从城市节能用电方面，利用电-氢转换原理，探讨谷电制氢的城市电网耦合氢储能系统方案，建立投资决策模型，从而为投资者在不同的投资决策需求下提供最优决策建议并以某案例进行了详细阐述。

从宏观层面，作者探讨风电耦合氢储能系统对一个地区在资源、环境、经济和社会四个方面带来的效益，使用定性和定量结合的方法建立风电耦合氢储能系统的综合效益评价指标体系。基于可拓层次分析法计算指标体系的权重，并利用系统动力学仿真方法预测河北省未来 20 年风电场的综合效益变化趋势，同时对关键参数进行敏感性分析和对比分析。

本书从新的视角(风/光-电-氢转换)和方法(技术经济学模型、仿真方法)对风光电氢多能源转换系统进行多角度剖析，分析模型及仿真结果，为新能源产业的投资及发展、政府新能源产业政策制定等提供理论依据及决策支持。

同济大学汽车学院张存满教授参与了本书第 3 章的编写以及第 4 章可视化风电制氢系统效费分析软件的系统规划工作，并对氢气生产、存储、运输等各个环节技术现状给予了详细的指导。中国电力科学研究院技术战略研究中心张雅洁、张玉琼以及上海财经大学研究生刁宇希、孙建鹏、张梦鹿、陈韵阳、方伟、许传帅、宋亦心心在本书的编写过程中做了大量工作。在此对他们致以最诚挚的谢意！

本书的研究工作得到国家高技术研究发展计划（863）（风电耦合制储氢燃料电池发电柔性微网系统开发及示范，项目号：2014AA052501）和国家电网（利用多能源转换技术推进清洁替代的可行性研究）以及全球能源互联网研究院（SGRI 物流中心 JSKF［2017］671 号）资助。本书由上海汽车工业教育基金会资助出版。

本书编写过程参阅了大量的文献资料，在此谨向原作者致谢。

由于学识水平有限，书中难免有不当之处，恳请读者批评指正。

邵志芳

2017 年 9 月

目　录

前言

第1章　清洁替代与多能源互联···1

1.1　中国能源发展现状与分析···1

1.2　中国能源发展面临问题···4

1.3　中国新能源产业发展前景···5

1.4　清洁替代简介···6

1.5　能源互联网···8

第2章　氢能行业现状及未来趋势分析···11

2.1　氢能行业概况···11

    2.1.1　氢能利用产业···11

    2.1.2　氢气储存与输运产业··17

    2.1.3　电解水制氢技术产业化现状··28

2.2　氢储能发展现状及未来趋势···31

2.3　氢储能应用的积极影响···34

第3章　多种能源转换特征对比及能效分析···37

3.1　以储能为核心的多种能源转换机理及模式·······································37

3.2　主要储能技术的性能及成本对比···48

3.3　以氢储能为核心不同应用模式下能效分析·······································56

第4章　风光电制氢多能源转换生产系统仿真···58

4.1　研究概述···58

    4.1.1　多能源转换系统研究现状··61

    4.1.2　仿真方法···63

    4.1.3　使用仿真方法的必要性··66

4.2　氢能产业链模型···67

    4.2.1　模型假设及主要功能··67

    4.2.2　氢能产业链设计··68

    4.2.3　模型主要策略设计··70

    4.2.4　电力供给模型··73

    4.2.5　制氢厂模型··75

    4.2.6　氢气需求侧模型··80

4.2.7 环境分析模块 ·· 82

4.2.8 能效分析模块 ·· 82

4.3 设备管理模型 ·· 83

4.3.1 基本运营策略 ·· 84

4.3.2 电解槽及其辅助系统管理 ··· 86

4.3.3 压缩机管理 ·· 88

4.3.4 高压罐和安全控制装置管理 ·· 89

4.3.5 管束车管理 ·· 90

4.4 案例研究 ··· 90

4.4.1 模型参数设置——以张北地区为例 ··································· 90

4.4.2 不同运行方案的对比分析 ··· 92

4.4.3 参数的敏感性分析 ·· 100

4.4.4 运营数据全面分析 ·· 106

4.5 本章小结 ·· 110

第 5 章 风光电耦合制氢系统经济效益评价 ····································· 112

5.1 研究概述 ·· 112

5.2 风电制氢系统介绍 ·· 116

5.3 风电制氢系统效费分析模型 ··· 121

5.3.1 参数符号说明 ·· 121

5.3.2 风电制氢系统产能分析 ·· 123

5.3.3 风电制氢系统收益分析 ·· 126

5.3.4 风电制氢系统成本分析 ·· 128

5.3.5 风电制氢系统最佳规模分析 ·· 133

5.3.6 风电制氢系统敏感性分析 ··· 137

5.4 案例分析 ·· 141

5.4.1 案例背景 ··· 141

5.4.2 电-氢转换应用模式分析 ··· 143

5.4.3 电-氢-电应用模式分析 ·· 169

5.4.4 结果分析及建议 ··· 172

5.5 可视化风电制氢系统效费分析软件 ··· 173

5.5.1 软件的规划设计 ··· 173

5.5.2 软件功能介绍 ·· 173

5.6 结论与展望 ··· 178

第 6 章 城市谷电耦合制氢系统经济效益评价 ··································· 181

6.1 研究概述 ·· 181

6.1.1 研究现状 ··· 182

6.1.2　相关理论介绍 ·· 185
6.2　氢储能系统方案 ·· 190
6.3　氢储能系统小时能量管理模型 ······························ 192
6.4　全寿命周期成本分析 ·· 194
6.4.1　全寿命周期成本内容 ································· 194
6.4.2　全寿命周期成本分析的必要性 ······················· 196
6.4.3　全寿命周期成本构成 ································· 196
6.4.4　全寿命周期成本模型 ································· 198
6.5　城市电网耦合氢储能系统投资决策模型 ······················ 201
6.5.1　成本现值模型 ······································· 202
6.5.2　收益现值模型 ······································· 203
6.5.3　投资决策评价模型 ··································· 205
6.5.4　特定目标下投资决策优化模型 ························· 205
6.6　案例研究 ··· 207
6.6.1　案例背景 ··· 207
6.6.2　案例基础数据 ······································· 208
6.6.3　案例分析 ··· 210
6.6.4　不确定性分析 ······································· 218
6.7　本章小结 ··· 223
第7章　风电耦合氢储能系统综合效益评估 ···························· 225
7.1　国内外研究现状 ·· 227
7.2　系统综合效益指标体系构建 ···································· 230
7.2.1　指标选取——可拓分析法 ····························· 230
7.2.2　系统综合效益指标 ··································· 231
7.2.3　指标体系权重计算 ··································· 236
7.3　评估模型构建 ·· 240
7.3.1　系统动力学建模过程 ································· 240
7.3.2　模型综述 ··· 240
7.4　模型结果分析 ·· 249
7.4.1　案例研究 ··· 249
7.4.2　模型检验 ··· 251
7.4.3　灵敏度分析 ··· 253
7.4.4　结果分析 ··· 257
7.5　结论与展望 ·· 258
参考文献 ··· 259

第1章　清洁替代与多能源互联

1.1　中国能源发展现状与分析

能源，亦称能量资源或能源资源，是可产生各种能量(如热量、电能、光能和机械能等)或可做功的物质的统称，是指能够直接取得或通过加工、转换而取得有用能的各种资源，包括煤炭、原油、天然气、煤层气、水能、核能、风能、太阳能、地热能、生物质能等一次能源和电力、热力、成品油等二次能源，以及其他新能源和可再生能源[①]。

中国产业调研网发布的 2016～2022 年中国能源市场深度调查分析及发展趋势研究报告显示，能源行业在我国的地位仍旧无可置疑，煤是我国最主要的传统能源，从 2009 年开始我国一次能源生产总量达到 28 亿 t 标准煤，是中华人民共和国初期的 117 倍，是改革开放初期的 4.4 倍，我国已成为世界第一能源生产大国。其中，煤炭产量 30.5 亿 t，居世界第一位，原油产量 1.9 亿 t，居世界第五位，电力装机容量 87000 万千瓦，稳居世界第二，形成了以煤炭为主体、电力为中心、石油天然气和可再生能源全面发展的能源供应格局。改革开放 30 年来，我国以能源消费翻一番的水平实现了 GDP 翻两番的目标，支撑着我国年均 10%的经济增长，创造了世界经济史上的奇迹。到 2013 年我国一次能源生产总量达到 34.0 亿 t，2014 年增长到 38.3 亿 t。截止 2014 年我国能源行业的市场规模已经高达 26.10 万亿元，成为我国最大的支柱产业之一。

我国的能源消费总量连续多年位居世界前列，每年一次性能源的消费比重均在 90%以上，而风能、太阳能和生物质能等新能源的利用率仍然很低。

我国能源消费构成的特点如下。

(1)煤炭的生产和消费比重偏高，处于基础性地位。近年来煤炭年产量占能源总产量的比重呈逐年递增趋势，截至 2014 年，这一比重上升至 76.7%。

(2)石油的生产量低，消费量高，供需缺口需依赖进口石油满足。与煤炭资源相反，石油占能源总产量的比重逐年递减，而其消费量的比重近年来均超过 20%。

(3)水能资源占能源总产量的比重呈逐年递增趋势。

(4)新能源利用率低，发展潜力大。目前对新能源的利用率不足 10%，而我国地域辽阔，太阳能、风能和生物质等能源蕴藏丰富，开发潜力巨大。

---

① 来自百度百科。

　　针对我国能源特点，自十八大以来面对能源供需格局的新变化、国际能源发展的新趋势，我国提出了"能源革命"的战略思想，能源发展方式正在由粗放增长向集约增长转变，能源结构正在由煤炭为主向多元化转变，能源发展动力正在由传统能源增长向新能源增长转变，节能降耗取得显著成效，能源生产和消费都发生了巨大变革。

　　1. 能源生产总量稳定增长，清洁能源生产比重上升

　　如图 1.1 所示，2015 年全国能源生产总量 36.2 亿 t 标准煤，比 2012 年增长 3.1%，年均增长 1%，比 2005～2012 年年均增幅低 5.3 个百分点，保持了稳定增长的态势。其中，原煤生产在 2013 年达到创纪录的 39.7 亿 t 之后，2014 年和 2015 年分别降至 38.7 亿 t 和 37.5 亿 t，分别比上年下降 2.5% 和 3.3%。2015 年原油生产 21456 万 t，比 2012 年增长 3.4%；天然气生产 1346 亿 m^3，比 2012 年增长 21.7%；电力生产 58106 亿 kW·h，比 2012 年增长 16.5%，其中新型能源（核电、风电以及其他新型能源）发电 4375 亿 kW·h，比 2012 年增长 1.3 倍。

　　在一次能源生产构成中，原煤占 72.1%，比 2012 年下降 4.1 个百分点；原油占 8.5%，与 2012 年持平；天然气消费占 4.9%，比 2012 年提高 0.8 个百分点；一次电力及其他能源占 14.5%，比 2012 年提高 3.3 个百分点。煤炭生产比重的持续降低和清洁能源比重的不断提高，表明我国能源生产结构正朝着多元化的目标不断前进。

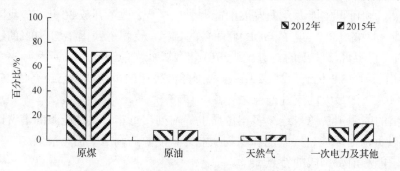

图 1.1　我国一次能源生产构成图

　　2. 能源消费得到有效控制，煤炭消费出现下降

　　2015 年全国能源消费总量为 43 亿 t 标准煤，比 2012 年增长 6.9%，年均增幅为 2.3%，比 2005～2012 年的年均增幅低 4.1 个百分点，能源消费总量增长放缓。其中，煤炭消费总量在 2013 年达到 42.4 亿 t 之后，2014 年和 2015 年分别降至 41.2 亿 t 和 39.6 亿 t，分别比上年下降 3.0% 和 3.7%。2015 年石油消费约 5.5 亿 t，比 2012 年增长 15.1%；天然气消费 1930 亿 m^3，增长 28.9%；电力消费 5.6 万亿 kW·h，增长 13.9%。

　　从能源消费构成来看，如图 1.2 所示，煤炭消费比重明显降低，清洁能源比重提高，能源消费结构不断优化。2015 年煤炭消费占 64.0%，比 2012 年下降 4.5 个百分点；石油消费占 18.1%，比 2012 年提高 1.1 个百分点；天然气消费占 5.9%，比 2012 年提高 1.1 个百分点；一次电力及其他能源消费占 12%，比 2012 年提高 2.3 个百分点；清洁能源消费共占 17.9%，比 2012 年提高 3.4 个百分点。

图 1.2　我国能源消费构成图

3. 能源利用效率不断提高，节能降耗成效显著

　　2013～2015 年，全国单位 GDP 能耗分别比上年降低 3.7%、4.8% 和 5.6%，降幅一年比一年扩大，累计降低 13.5%，为顺利完成"十二五"节能减排规划发挥了决定性作用。特别是 2015 年，除单位 GDP 能耗以外，单位 GDP 电耗比上年降低 6.0%，全国规模以上工业单位增加值能耗比上年降低 8.4%，这 3 个指标均为 2005 年实行节能降耗约束性管理以来降幅最大的，节能降耗成效十分显著。

　　2015 年多数工业产品的单位产品能耗比 2012 年明显下降。在统计的重点用能工业企业的 39 项单位产品综合能耗指标中，85% 的指标比 2012 年有所下降。其中，原煤生产单耗下降 7.3%，制纸及纸板生产单耗下降 7.5%，烧碱单耗下降 9.0%，乙烯单耗下降 4.4%，合成氨单耗下降 3.7%，电石单耗下降 1.7%，水泥单耗下降 4.6%，平板玻璃单耗下降 7.9%，吨钢综合能耗下降 4.4%，铜、铝、铅、锌冶炼单耗分别下降 17.6%、2.8%、6.4% 和 3.1%，火力发电煤耗下降 2.4%。

　　能源加工转换效率明显提高。与 2012 年相比，2015 年规模以上工业能源加工转换总效率提高 2.0 个百分点，其中火力发电提高 1.0 个百分点，热电联产提高 1.5 个百分点，原煤洗选提高 1.8 个百分点，炼焦提高 0.5 个百分点，天然气液化提高 2.6 个百分点，煤制品加工提高 2.1 个百分点。

　　能源回收利用水平不断提高。2015 年，规模以上工业企业回收利用能源 14908 万吨标准煤，比 2012 年增长 19.6%；回收利用率为 2.5%，比 2012 年提高 0.2 个百分点。

4. 能源进口结构不断优化，国际合作全面拓展

　　2015 年，全年能源进口（净进口，下同）6.7 亿 t 标准煤，比 2012 年增长 9.3%，年均增长 3%，比 2005～2012 年年均增幅低 18.6 个百分点。其中，煤炭进口总

量在 2013 年达到 3.2 亿 t 之后明显下降,至 2015 年已经下降到 2 亿 t,下降 37.8%;油、气保持了较快增长,2015 年原油进口 3.3 亿 t,比 2012 年增长 22.9%;天然气进口 584 亿 m^3,比 2012 年增长 48.8%。我国油气进口能力稳步提高,初步形成了西北、东北、西南及海上四大油气进口战略通道,火电、水电、核电、新能源、电网、煤炭等领域国际合作全面拓展,在"一带一路"战略的引领下,我国能源领域的国际合作不断取得新的突破,与国际能源组织的对话与合作不断加强。

5. 能源科技创新动力强劲,技术开发明显增强

具有自主知识产权的"华龙一号"、CAP1400 三代核电技术和具有四代安全特征的高温气冷堆核电技术研发成功,大型水电筑坝和 80 万千瓦水轮机组设计制造世界领先,年产千万吨煤炭综采成套设备、百万千瓦超超临界火电机组、3MW 风电机组等装备得到广泛应用,能源装备国产化不断推进,能源行业标准化工作取得新进展,新能源汽车的发展方兴未艾。

1.2 中国能源发展面临问题

尽管我国资源总量丰富,但仍然存在较多问题。

(1)能源资源品种丰富,人均占有量较少。分品种看:水能资源主要分布在西南地区,开发程度还比较低,但开发难度加大、成本升高;煤炭资源大多分布在干旱缺水、远离消费中心的中西部地区,总体开采条件不好;石油资源储采比低,还有增加探明储量的潜力,但产能增幅有限;天然气资源探明剩余经济可采储量为 23900 亿 m^3,进一步提高探明程度的潜力很大,具备大幅增产的可能,但资源总量和开采条件难以同俄罗斯、伊朗等资源大国相比;风能、太阳能等可再生能源资源量巨大,其开发利用程度主要取决于技术和经济因素。

(2)能源建设不断加强,能源效率仍然较低。我国能源利用效率相对较低,能源生产和使用仍然粗放。

(3)能源生产迅速增长,生态环境压力明显。在需求快速增长的驱动下,我国能源生产增长很快,煤炭增长尤为迅速。此外,SO_2、烟尘、粉尘、NO_x 及 CO_2 排放量也有所攀升,给生态环境治理带来了难度。

(4)能源消费以煤炭为主,能源结构需要优化。我国是世界上最大的煤炭生产国和消费国,在一次能源消费构成中,煤炭的比重比世界平均值高 41 个百分点,油气的比重比世界平均值低 36 个百分点,水电、核电的比重比世界平均值低 5 个百分点。

(5)能源需求继续增加,可持续发展面临挑战。随着我国经济的持续快速发展,工业化、城镇化进程加快,居民消费结构升级换代,能源需求不断增长,能源尤

其是油气供求矛盾将进一步显现。

1.3　中国新能源产业发展前景

新能源是指与煤炭、石油、天然气等常规能源相比而言，以新技术为基础，尚未大规模系统开发利用的能源，主要包括太阳能、海洋能、风能、地热能、生物能、氢能、核聚变能等。新能源具有储量大、可再生性强、清洁环保等特点。

发展至今，我国已经是全球能源第一消耗大国，对于能源的需求越来越大，但我国能源却有着无可掩盖的问题，特别是当下我国传统能源占比仍旧过大的现状，导致我国传统能源不断消耗，资源储备急速降低，资源枯竭的威胁不断萦绕在我国能源行业的头上，针对如此情况，我国从很早就开始大力推动新能源的开发建设，到"十一五"期间更是第一次在投入资金上超过传统能源。随后近十年，新能源都是我国能源行业建设的主要目标，我国在新能源建设上不留余力，将能源的发展作为我国未来发展的绝对重心之一。而我国在新能源发展上也取得了一定的成效，近年来新能源的利用效率得到了很大改善，已经完成了商业化的前期布局，我国新能源的完全商用已经势在必行。未来我国能源行业结构调整是行业的必然趋势，传统能源退出历史舞台将呈阶梯段进行，我国的能源行业前景远大。

发展新能源是大势所趋。相对于传统能源，新能源普遍具有污染少、储量大的特点，对于解决当今世界严重的环境污染问题和资源(特别是化石能源)枯竭问题具有重要意义。我国发展新能源具有更强的紧迫性。环境的不断恶化将使得经济可持续发展的阻力越来越大。从国家安全角度看，石油资源已经和国家安全紧密联系起来。大力发展新能源产业才能大幅降低对海外石油能源的依赖度。新能源必须、也应该成为中国未来重点发展的领域。近 10 年来，我国在新能源产业发展的诸多领域已经形成了国际竞争优势，未来发展应以巨大内需市场为后盾，快速提升创新能力。

我国的风能资源十分富有，但现在开发程度较低，当前风电装机容量所拥有的比例较低，不及 1%，即使到了 2020 年我国的风电发展计划的 3000 万千瓦，所拥有的全国发电总装机的比例也只是 3%左右。因此，要推广提高应用这一类洁净能源，给风电一个宽阔的政策氛围是非常重要与必要的。依据我国电力科学院的预测，至 2050 年，我国的可再生能源的电力装机占全国的电力装机的 25%左右，其中光伏发电装机占 5%左右。预测至 2020 年荒漠光伏电站的累计装机 205MW。我国拥有广阔的沙漠、沙漠化土地和潜在性沙漠，总计 110 万平方公里左右。1 平方公里土地可以安置 105MWp 的太阳能电池，假如仅通过 1%的沙漠面积来放置太阳能电池，那么可以安装 1000GWp，是我国当前电力装机的两倍之多。依照联合国教科文组织在 1981 年的信息数据，五类海洋能在理论上能够再生的总量为 767 亿千瓦，当中温差能为 400 亿 kW，盐差能为 300 亿 kW，潮汐和波浪能又各为 30 亿 kW，海流能为 6 亿 kW，但很难将全部能量取出用于使用。因此技术操作上可以使用的功率为 65 亿 kW，当中盐差最多，为 30 亿 kW，温差能为 25 亿 kW，波浪能为 10 亿 kW。根据有关专家的预计判断，至 2020 年，国内的年生产生物燃油总量 1950 万 t 左右，其中生物乙醇 1000 万 t，生物柴油 900 万 t。

1.4　清洁替代简介

1. 提出背景

党的十八届五中全会提出创新、协调、绿色、开放、共享的发展理念，要求推进能源革命，加快能源技术创新，构建清洁低碳、安全高效的现代能源体系。2015年 9 月 26 日，习近平总书记在联合国发展峰会上宣布"中国倡议探讨构建全球能源互联网，推动以清洁和绿色方式满足全球电力需求"。

"十三五"规划纲要提出，深入推进能源革命，着力推动能源生产利用方式变革，优化能源供给结构，提高能源利用效率，建设清洁低碳、安全高效的现代能源体系。

近年来，我国着力推动能源转型取得初步成效。国家能源局数据显示，"十二五"期间，我国以年均 3.6% 的能源增速保障了国民经济 7.8% 的增速，单位 GDP能耗累计下降 18.2%。在能源结构方面，水电、核电、风电、太阳能发电装机规模分别增长 1.4 倍、2.6 倍、4 倍和 168 倍，带动非化石能源消费比重提高了 2.6个百分点。

但与此同时，清洁低碳能源体系的构建仍有瓶颈制约。国家能源局局长努尔·白克力此前介绍，"十三五"期间，水电、风电和光伏发电装机规模将进一步扩大，可再生能源消纳面临压力。同时，终端能源消费清洁替代任务艰巨，天然气替代受价格、输气管网等体制机制因素制约，电力替代也面临成本、基础设施、关键技术等因素制约。

"十三五"规划纲要提出要推动能源结构优化升级。规划纲要明确继续推进风电、光伏发电发展，积极支持光热发电。以沿海核电带为重点，安全建设自主核电示范工程和项目。加快发展生物质能、地热能，积极开发沿海潮汐能资源。优化建设国家综合能源基地，大力推进煤炭清洁高效利用。

2016 年全国能源工作会议透露的信息显示，"十三五"时期，围绕清洁低碳能源体系的构建将有多方面举措。

(1)坚持系统优化，提高能源协调发展水平。结合区域战略的实施，优化高耗能产业和能源开发布局，西部地区提高能源就地消纳比例，东中部地区加快高耗能产业转移，降低对远距离能源输送的依赖。同时，要推动能源协同发展和互补利用，大幅减少弃水弃风弃光限电问题的发生。

(2)坚持绿色低碳，推动能源消费革命。大规模、不合理、粗放利用煤炭是影响生态环境的重要原因之一。要实施能源消费总量和消费强度双控制，严格控制煤炭消费，推进重点地区煤炭减量替代，加快重点领域用能变革，提高天然气和非化石能源消费比重。

(3)坚持多元发展，推动能源供给革命。着眼于优化我国能源供应结构，大力提高清洁能源供应比例。坚持创新驱动，推动能源技术革命。聚焦推动能源重大变革的技术，积聚优势力量，超前部署加大科技攻关，提高自主创新能力。

在一系列政策影响下，清洁低碳能源体系的构建有望提速。国家能源局规划司规划处处长刘建平介绍，"十三五"时期，能源消费强度预期将大幅下降。同时，在落实绿色低碳发展理念的要求下，"两升一降"趋势明显：煤炭消费比重将进一步降低，非化石能源和天然气消费比重将显著提高。油气替代煤炭、非化石能源替代化石能源的双重更替进程将加快推进。

2. 定义及意义

清洁替代，指的是在能源开发上以清洁能源替代化石能源，走低碳绿色发展道路，逐步实现从化石能源为主、清洁能源为辅向清洁能源为主、化石能源为辅的转变，体现了闭环设计的思路。从供应端看，发展足够数量的可再生能源发电，逐步替代化石能源发电，并能满足不断增长的电力终端消费；从终端消费看，逐步以电替代煤炭、石油等化石能源，扩大电力市场，提高电气化水平。

实施清洁替代对我国具有重大意义。

(1)保障能源供应。全球清洁能源资源丰富，实施清洁替代能够从源头上有效化解化石能源资源紧缺矛盾，保障人类日益增长的能源需求。清洁能源已成为增长最快的能源品种，将逐步成为世界主导能源。2000~2013年，全球风电、太阳能发电装机容量年均增长率分别达到24.8%、43.7%，非水可再生能源发电量占比已从1.8%提高至4.8%。如果全球风电、太阳能发电保持年均12.4%的增长率，到2050年，清洁能源将能够满足世界能源需求总量的80%，形成以清洁能源为主的能源发展新格局，从根本上解决人类面临的各种能源问题。未来能源结构将明显呈现清洁化特征。

(2)保护生态环境。实施清洁替代可减少碳排放，缓解化石能源开发利用引发的全球气候变化，实现人类社会可持续发展。实施清洁替代可解决化石能源开发利用导致的大气、土壤、水质等环境污染问题。在现有技术经济条件下，每度风电或光伏发电替代煤电可减排二氧化硫2.2g，减排氮氧化物2.0g，减排粉尘0.38g。

(3)推动经济发展。清洁能源作为战略性新兴产业，投资拉动效应明显，发展空间广阔。发展清洁能源产业是各国增强经济发展动力、创造新的经济增长点的共同选择。发展清洁能源具有重大战略意义。近年来，随着能源资源约束的不断加大和环境问题的日益突出，应对全球气候变化成为国际共识，世界上许多国家都将发展清洁能源作为本国能源发展的战略目标。

1.5　能源互联网

能源互联网可理解为综合运用先进的电力电子技术、信息技术和智能管理技术，将大量由分布式能量采集装置、分布式能量储存装置和各种类型负载构成的新型电力网络、石油网络、天然气网络等能源节点互联起来，以实现能量双向流动的能量对等交换与共享网络。

美国著名学者杰里米·里夫金在其著作《第三次工业革命》一书中首先提出了能源互联网的愿景。里夫金认为，由于化石燃料的逐渐枯竭及其造成的环境污染问题，在第二次工业革命中奠定的基于化石燃料大规模利用的工业模式正在走向终结。里夫金预言，以新能源技术和信息技术的深入结合为特征的一种新的能源利用体系，即"能源互联网"即将出现。而以能源互联网为核心的第三次工业革命将给人类社会的经济发展模式与生活方式带来深远影响。里夫金认为，能源互联网应具有以下 4 大特征：①以可再生能源为主要一次能源；②支持超大规模分布式发电系统与分布式储能系统接入；③基于互联网技术实现广域能源共享；④支持交通系统的电气化(即由燃油汽车向电动汽车转变)。从上述特征可以看出，里夫金所倡导的能源互联网的内涵主要利用互联网技术实现广域内的电源、储能设备与负荷的协调；最终目的是实现由集中式化石能源利用向分布式可再生能源利用的转变。

从能源互联网在世界范围内的发展来看，美国在 2008 年最早提出了能源互联网的概念，美国国家科学基金在北卡州立大学建立了未来可再生能源传输与管理系统(the future renewable electric energy delivery and management system, FREEDM)，提出了能源互联网的概念，希望将电力电子技术和信息技术引入电力系统，以分布对等的系统控制与交互，在未来配电网层面实现能源互联网的概念；德国于 2008 年在智能电网的基础上选择了 6 个试点地区进行为期 4 年的 E-Energy 技术创新促进计划，成为实践能源互联网最早的国家；日本数字电网联盟提出了基于"电力路由器"的能源互联网，电力路由器能够使现有的电网接入互联网，通过互联网上的 IP 地址进行电源、电源和符号的识别，能够通过"区域 A 的电力路由器将电能传输到区域 B 的电力路由器"。

"能源互联"的概念可进一步分为物理互联与信息互联。其中物理互联是指由物理系统，即电网、气网、热网、交通网等构成的综合能源网。该综合能源网以微网、分布式能源等能量自治单元为基本组成元素，通过新能源发电、微能源的采集、汇聚与分享及微网内的储能或用电消纳形成"局域网"，并在此基础上进行广域延伸，如图 1.3 所示。物理互联是信息互联的基础，也是本书讨论的核心内容。信息互联是指通过整合运行数据、天气数据、气象数据、电网数据、电力市场数据等，进行大数据分析、负荷预测、发电预测、机器学习，打通并优化能源生产和能源消费端的运作效率，需求和供应将可以随时进行动态调整。

图 1.3 能源互联网构成

1. 发展能源互联网的意义

发展能源互联网对人类的生产生活具有重要意义。

（1）为能源的可持续发展提供了切实可行的道路。能源可持续发展是当前摆在人类面前最重要的难题，可再生能源的发展虽然为彻底解决能源可持续发展提供了方向，但在可再生能源的利用方面仍然存在问题。风、光等大部分可再生能源具有间歇性和波动性，仅依赖现在的集中式电网运行架构无法适应如此规模的可再生分布式能源接入。而能源互联网通过局域自治消纳和广域对等互联，可最大限度地适应可再生能源接入的动态性，通过分散协同的管理和调度实现动态平衡。

（2）实现能源的智能、高效利用。在物理互联的基础上应用信息技术，使管理者能够详细地掌握各个地区不同行业的能源使用情况，并针对资源分布不均衡的问题进行能源调度上的优化，从而实现能源的智能、高效利用。

（3）能源互联网与清洁替代相辅相成。清洁能源占比提高是发展能源互联网的推动力量。当前世界能源发展面临巨大挑战。传统化石能源的大量开发使用导致资源紧张、环境污染、气候变化等问题日益突出，严重威胁人类生存和可持续发展，建立在化石能源基础上的传统能源发展方式，已难以为继。清洁替代的目标将会极大地促进以风力、光伏发电为微网主要电源点的能源互联网建设。

反过来，随着能源互联网的建设与完善，能源之间的调度与转换更加便利，也能很好地帮助我们尽早实现清洁替代的目标。

2. 储能是能源互联网中重要一环

储能是能源互联网系统中的重要组成部分，已被视为电网运行过程中"发—输—配—用—储"环节中的必要环节。在能源互联网结构中，储能将从单纯的能源贮存上升为可再生能源输出保证、能源交易市场基石、电网状态即时调节器、孤网运行必要条件等多功能多角色综合者。只有当系统引入储能装置后，才有可能实现需求端管理、消除昼夜间峰谷差、平滑负荷等目标；因此，能源互联网中绝大多数功能都必须有储能装置的参与才可能真正发挥作用，储能技术的应用也将给电力系统设计、规划、调度、控制等方面带来变革。

作为一种清洁、高效、可持续的无碳能源，氢储能是化学储能的延伸，受到世界各国的关注。它的原料来源取之不尽，电解制氢过程环保且具备可持续性，适合大规模、长时间存储，占地面积小、无污染、与环境兼容性好。同时，氢储能的技术功率、能量可分开优化，储电和发电过程无需分时操作，是一种理想的绿色储能技术。如果将氢储能技术用于储能领域，理论上能存储多少氢气就能储存多大规模的能量，是仅有的能储存千万千瓦时以上且可维持几周供电的能量储备技术，具有广阔的发展潜力和应用前景。

第 2 章 氢能行业现状及未来趋势分析

2.1 氢能行业概况

2.1.1 氢能利用产业

1. 传统氢气利用产业

氢气的应用领域非常广泛。传统应用方面，用量最大的是石油化工行业，主要将氢气作为一种重要的石油化工原料，用于生产合成氨、甲醇及石油炼制过程中的加氢反应。此外，氢气在电子工业、冶金工业、食品加工、浮法玻璃、精细化工和有机合成、航空航天工业等领域也有应用。除传统应用外，未来氢气作为能源加以利用，如制作氢燃料电池等，将成为其重要的应用发展方向。

1)合成氨工业

氨是最为重要的基础化工产品之一，其产量居各种化工产品的首位；同时也是能源消耗的大户，世界上大约有10%的能源用于生产合成氨。氨主要用于农业，合成氨是氮肥工业的基础，氨本身是重要的氮素肥料，其他氮素肥料也大多是先合成氨、再加工成尿素或各种铵盐肥料，这部分比例约占70%。2014年氨的主要应用产业比例如图2.1所示。

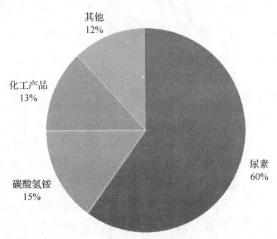

图 2.1 2014 年氨的主要应用产业比例

我国合成氨产量位居世界第一位，现已掌握了以焦炭、无烟煤、焦炉气、天然气及油田伴生气和液态烃多种原料生产合成氨、尿素的技术，形成了特有的煤、石油、天然气原料并存和大、中、小生产规模并存的生产格局。2013 年我国合成氨总生产能力为 7400 万 t 左右，氮肥工业已基本满足国内需求；在与国际接轨后，具备与国际合成氨产品竞争的能力，今后发展的重点是调整原料和产品结构，进一步改善经济性。

中国合成氨生产装置原料以煤、焦为主，其中以煤、焦为原料的装置占总装置的 96%，以气为原料的装置仅占 4%。我国引进大型合成氨装置的总生产能力为 1000 万 t/年，只占我国合成氨总产能的 1/4 左右，因此我国合成氨行业对外依赖性并不高。我国自行研发了多套工艺技术，促进了氮肥生产的发展和技术水平的提高。近几年我国合成氨产量分析如图 2.2 所示。

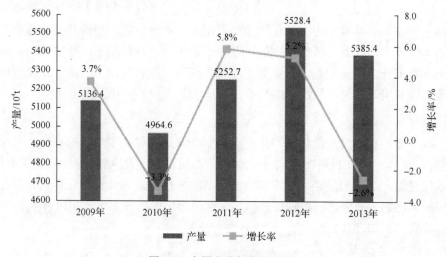

图 2.2　中国合成氨产量分析

合成氨的化学反应式为：$3H_2+N_2=2NH_3+Q$，理论上，每生产 1t 氨就需要 175.47kg 的氢气，且反应过程为吸热反应。合成氨工业中的高能耗主要来自于氢气制取环节和氨化过程，污染物排放主要来源于化石燃料气化制氢环节。我国制取氢气的主要原料来自于煤，因此合成氨工业实际上是煤气化、空分和氨化的集合体，是属于高能耗、高排放行业。按照 2013 年生产氨 5000 万 t 计算，氢气的消耗量约为 880 万 t，占整个氢气生产量的一半。未来合成氨技术进展的主要趋势是"大型化、低能耗、结构调整、清洁生产、长周期运行"。即使将合成氨工业的用氢量的 10%通过可再生能源制氢的方式取代，也可年消耗约 90 亿 m^3 的绿色氢气，不仅产生巨大的节能和减排效果，而且对推动可再生能源发电耦合氢储能产业的大规模发展具有重要的现实意义。

2) 石油化工产业

氢气是现代炼油工业基本原料之一，石油炼制工业用氢量仅次于合成氨。在石油炼制过程中，氢气主要用于石脑油加氢脱硫、粗柴油加氢脱硫、燃料加氢脱硫、改善飞机燃料性能和加氢裂化等方面。在石油化工领域，氢气主要用于 C_3 馏分加氢、汽油加氢、$C_6 \sim C_8$ 馏分加氢脱烷基及生产环己烷等方面。

催化重整原料的加氢是去除石脑油中的硫化物、氮化物、铅和砷等杂质，是石油炼制工业最早使用的过程。加氢裂化是在氢气存在下进行的催化裂化过程。选择性加氢主要用于高温裂解产物，对乙烯馏分进行气相加氢，对丙烯馏分采用液相加氢。在石油化工领域还可用氢和一氧化碳反应合成多种有机化合物，如乙二醇的合成、合成聚甲烯、醇的同系化反应、与不饱和烃反应制醛等。此外，采用选择加氢，可由醛制醇或炔烃制烯烃，硝基苯加氢制苯胺及由萘制氢化萘等。

加氢精制也是除去有害化合物的过程，除硫化氢、硫醇、总硫之外，炔烃、烯烃、金属和准金属等均可在加氢过程中除去。因而，在现代石油化学加工过程中，利用加氢工艺可改善石油化学品的质量，增加最有价值的石油化学品的产量，减少重油残渣和焦油的生成，降低结炭量，提高石油加工厂的适应性，从石油加工废物中可以得到很多有价值的石油化学产品，净化一系列产品，除去有害杂质。氢是现代石油加工工业产品最通用的交化剂，能提高大型裂化装置的生产能力。

3) 电子工业

在晶体的生长与衬底的制备、氧化工艺、外延工艺及化学气相淀积(chemical vapor deposition，CVD)技术中，均要采用氢气作为反应气、还原气或保护气。半导体集成电路生产对气体纯度要求极高，比如氧杂质的允许浓度为 10~12。微量杂质的"掺入"将会改变半导体的表面特性，甚至使产品成品率降低或造成废品。

在电真空材料和器件如钨和钼的生产过程中，用氢气还原氧化物粉末，再加工制成线材和带材；氢气的纯度越高，水含量越低，还原温度越低，则所得钨、钼粉末就越细。对氢闸管、离子管、激光管等各种充气电子管的填充气体纯度要求更高，显像管制造中所使用的氢气纯度大于 99.99%。

在制造硅太阳能电池中，也需要用到纯度很高的氢气。非晶硅薄膜半导体是国际上近十年来研制成功的新材料，在太阳能转换和信息技术等方面已展示出诱人的应用前景。

光导纤维的应用和开发已经规模使用，石英玻璃纤维是光导纤维的主要类型，在光纤预制棒制造过程中需要采用氢氧焰加热，经数十次沉积，对氢气纯度和洁净度都有一定要求。

4）冶金工业

在冶金工业中，氢气主要被用作还原气，通过氢气还原可以将金属氧化物还原成金属。在日本，氢气已经被应用于钢铁冶炼工业中，不仅冶炼过程清洁高效，而且其冶炼的钢铁也明显比焦炭作为还原剂时的品质要高。我国的神雾集团 2013年开始建设的焦炉煤气直接还原铁项目是全球第一个采用焦炉煤气作为原料的直接还原铁项目，也是我国首个氢气竖炉直接还原清洁炼铁项目，对我国钢铁行业具有里程碑式的意义，受到国内外各界的广泛关注。

氢气除了用于还原若干种金属氧化物及制取纯金属外，在高温锻压一些金属器材中经常用氢气作为保护气以使金属不被氧化，如不锈钢光亮退火生产工艺环节，需用含 70%氢、30%氮的气体作为保护气。

5）浮法玻璃生产工艺

在玻璃工业中广泛使用的气体有氢、乙炔、氧和氮。浮法玻璃生产时，为使锡槽中液态锡不被氧化，采用氮氢混合气对锡槽进行保护，需用的气体纯度较高，其中氢气的纯度为 99.999%。

6）食品加工工业

许多天然食用油具有很大程度的不饱和性，经氢化处理后，所得产品可稳定贮存，并能抵抗细菌的生长，提高油的黏度。植物油加氢氢化所用的氢气，纯度要求都很高，一般需严格提纯后方可使用。食用油加氢的产品可加工成人造奶油和食用蛋白质等。非食用油加氢可得到生产肥皂和畜牧业饲料的原料。过程包括用氢饱和不饱和酸（油酸、亚油酸等）的甘油脂，将氢引入液体脂肪或植物油的组成中。

7）特殊应用

氢是世界上最轻的物质，又是单位质量能量密度最高的物质，而且氢气燃烧的唯一产物是水，几乎对环境不产生任何污染，可以满足未来航天航空应用的诸多要求，因此被认为是最佳的航天航空燃料。氢作为航天航空燃料应用的主要形式是低温液态氢和固态氢。此外，由于液氢不仅具有高的能量密度，而且其超低温特性也为其超导应用提供了很好的基础，日本对以液氢为燃料的超导磁悬浮列车进行了可行性研究；美国波音公司和刘易斯研究中心对液氢飞机也进行过可行性研究。

氢具有较高的导热系数，在大型发电机组中经常用氢气做冷却剂。在需要获得超低温的科学研究中，常用氢做制冷剂，在气相色谱分析中也经常用氢气做载气。由于氢密度低，还可用于充填气球和飞艇。利用金属氢化物吸氢放热、脱氢吸热的性质，可以建立热泵循环或热吸附压缩机。

2. 新兴氢能利用行业

1) 氢燃料电池汽车

氢燃料电池汽车由于其具有高能效、零排放的特点，被认为是未来汽车最完美的解决方案之一，在过去二十年里得到广泛深入的研究，技术正逐渐成熟，距离大规模商业化应用越来越近。对于燃料电池汽车的发展而言，2014 年注定是不平凡的一年，2014 年 12 月，日本丰田汽车公司正式对外宣布燃料电池汽车 Mirai 正式进入商业化量产阶段，开始正式接受销售订单；2015 年，丰田公司先后在美国和欧洲开始国际市场的销售，销售订单情况火爆，远超丰田的生产能力；此外，韩国现代汽车公司研发的燃料电池汽车也正式进军商业化租赁市场，主要集中在美国和欧洲市场；在 2015 年的几大车展上，德国的几家著名汽车企业(包括德国大众、宝马、奔驰等公司)也都推出燃料电池汽车的量产样车，并宣布在未来 3~5 年内燃料电池汽车的商业化量产计划。从 2014 年开始，美国能源部对新能源汽车支持的重心又开始转向氢燃料电池汽车，美国汽车巨头通用汽车公司也开始加大力度在氢燃料电池汽车研发方面的投入，计划于 2019 年推出燃料电池汽车量产车型。由此可以发现，从国际上来看，氢燃料电池汽车产业发展的春天快要来了，氢燃料电池汽车的大规模商业化呼之欲出。从整个国际趋势来看，2015 年是国际氢燃料电池汽车商业化的元年，2020 年将是燃料电池汽车产业规模化发展的标志性时间节点；从我国的研发情况来看，我国的研发水平整体上要落后国际 5 年以上，按照国内相关规划，2025 年将是我国氢燃料电池汽车产业化的重要标志性年份。

燃料电池是将氢燃料与氧化剂的化学能直接转化为电能，转化效率高，生成物为水，对环境无污染，被誉为"零排放"，氢是人类未来的清洁能源。随着氢燃料电池汽车商业化进程的快速发展，作为清洁车用燃料的氢能将具有广阔的发展空间，其需求量将逐年增大，逐步成为继汽/柴油、电力之后的第三类车用动力燃料，发展空间巨大。

2) 氢混天然气燃气轮机发电

天然气燃气轮机发电技术近年来受到广泛关注，其产业化推进速度迅猛，特别是在天然气分布式发电方面，得到了国家、地方政府及相关产业的高度重视。天然气燃气轮机发电不仅具有高能效、低排放等优点，而且其响应速度非常快，特别适合用作调峰电源。

与压缩混氢天然气汽车相似，混氢天然气也可用于燃气轮机发电，在控制氢混掺比例的条件下，燃气轮机基本不需要大的改动，由于氢气具有良好的燃烧特性，混氢天然气在燃气轮机中的燃烧会更充分，排放也会大幅下降。与内燃机相比，在燃气轮机中使用氢气的掺混比例可以大幅提高，高达 60%以上。对于风光资源丰富的地域，由于可以获得大规模低成本的绿色氢气，这些区域周边未来发展氢混天然气燃气轮机发电产业将具有很大空间，特别是可作为大规模可再生能源发电集群的调峰电源。

3）压缩氢混天然气汽车

压缩氢混天然气汽车是将压缩天然气汽车中的天然气改为氢气混合天然气。一般的掺混比为 10%～40%。大量的研究表明，氢气按一定比例混入天然气后，混合燃料的燃烧更加充分，排放也更清洁。对于缺油少气的我国来说，发展该类车用燃料技术具有较大的空间。这一产业可以与天然气汽车协同发展，特别是对于风光资源丰富的地域，由于可获得大规模低成本的绿色氢气，这些区域未来在发展该类汽车产业方面将具有更大的发展动力和空间。与氢燃料电池汽车产业化应用相比，压缩氢混天然气汽车大规模产业化更为容易。2017 年 10 月，由国新能源集团主持编制的《车用压缩氢气天然气（HCNG）混合燃料》标准由国家标准化管理委员会正式批准发布，对推动压缩氢混天然气汽车产业的发展具有重要意义。

4）新材料产业

熔焰法制蓝宝石的主要工艺是以氢氧焰熔融氧化铝后再结晶，属于典型的高能耗产业，而且其最主要的成本就是氢气的成本，氢气在生产成本中的占比超过50%，是真正的以氢为主要耗材的产业。近年来，我国蓝宝石产业的发展非常快，熔焰法是制备低成本小直径蓝宝石片的主要方法，同时也可通过熔焰法制备蓝宝石的粗晶料，为制备大直径蓝宝石的泡生法提供原料。该类项目的耗氢量很大，对于一个月产量 3t 的蓝宝石生产线（只考虑燃烧车间和生产配套，不包含晶体切割加工以及厂区生活配套），其年耗氢量高达 850 万 Nm^3。尽管如此，蓝宝石产业仍然属于小众产业，其发展空间和规模是有限的。类似于蓝宝石的其他新材料产业，也有可能是氢能消耗的新型应用行业。

5）燃料电池分布式发电产业

电力工业属技术和资金密集型行业，以"大机组、大电网、高电压"为主要特征的现代电力系统，运行技术复杂、管理水平要求高。尽管如此，实践证明，集中式大电网的现代电力系统在自然灾害和突发战争面前仍然表现得十分脆弱，电网上任何一点故障所产生的扰动都有可能引发大面积停电。分布式发电是近年来世界各国优先发展的发电技术。分布式发电是指将电力系统以小规模（功率在数千瓦至 50MW）分散布置在用户附近、可独立输出电能的系统。与大电网配合使用时，分布式电源可在电网崩溃和意外灾害情况下维持重要用户的供电，避免灾难性后果的发生，极大地提高了供电可靠性。这种系统投资小、损耗低、效率高、可靠性高、能源供应种类多样化。

在多种分布式发电技术中，燃料电池发电由于具有高效、清洁及动态响应好等特点，被认为是未来最有竞争力的分布式发电技术之一。随着燃料电池分布式发电产业的快速发展，氢气的需求量必将逐步增大。

6) 其他氢混天然气产业

实际上，除了混氢天然气汽车、燃气轮机发电等特殊产业外，理论上其他用天然气的行业都可以使用混氢方式加以利用。比如在民用天然气方面，德国的研究结果表明，当混氢比例不超过 15% 时，民用天然气终端设备基本不需要进行改动就可安全高效地使用混氢天然气；同样在其他天然气工业窑炉使用中，也可使用混氢的天然气。如果这些市场放开，氢气的应用空间将是巨大的，同时也可减少我国对进口天然气的依赖度。这一领域最大的挑战来自于氢气混掺天然气后的输运安全性和标准法规的限制。当利用可再生能源制造氢气的成本足够低、产量足够大时，伴随着混氢天然气的存储和输运技术的突破，这样的混合应用模式将不可阻挡，对推动氢能和天然气利用产业的健康发展具有重要意义。

2.1.2　氢气储存与输运产业

1. 氢气的储存

由于氢气是已知物质世界中最轻的物质，它的密度只有空气的 1/14（即 0℃下氢气的密度仅为 0.0899g/L），且液化温度极低，其液化临界温度为–239.9℃，在标准大气压下其液化温度低至–252.77℃、固化温度低至–259.2℃（非常接近绝对零度–273.15℃）。这些性质使得氢气的高密度存储成为一个难题，然而氢作为一种能量载体的二次能源，其可储存的特性正是其优于电能的核心价值所在，这就意味着氢气的储存在整个氢能领域应用的多个环节中占有举足轻重的地位，是影响氢能广泛应用的一个关键环节。从大的储存原理上分，氢气储存可分为两大类：一类是基于物理特性的物理存储方式，另一类是基于化学反应原理的化学储存方式。物理储存方式中又可分为三种，分别是气态高压储存、低温液化储存及固态吸附储存。由于物质化学反应的复杂多样性，导致化学储存方式的类型比较复杂，目前研究的主流类型可分为金属储氢化合物、液态有机化合物储氢、氨类储氢化合物等。在所有的储氢方式中最为成熟而被广泛使用的是气态高压储存和低温液态储存。

1) 气态高压储存

气态高压储氢通常是指在环境温度下通过提高特定耐压容器(瓶)中氢气的储存压力，来实现氢气储存密度提升的储存方式。近 20 年来，在氢能与燃料电池热点方向的带动下，储氢压力容器(瓶)设计制造技术也不断取得突破，储氢压力容器(瓶)的储存压力不断获得提升，典型的压力等级可分为 15MPa—20MPa（25MPa）—35MPa—45MPa—70MPa—87.5MPa；而且结构形式也逐步从单层钢质Ⅰ型瓶逐步向轻质复合的Ⅱ型、Ⅲ型和Ⅳ型缠绕瓶方向发展。在不断提升体积储氢密度的同时，重量储氢密度也显著提升。

(1)一般应用储氢气瓶。储存压力为 15MPa、水溶积为 40L 的储氢钢瓶目前在全球范围内仍然是应用最为广泛的储氢方式(图 2.3),主要应用于氢气需求量不大的各类研究中心、电子工业、食品及有色冶金等行业。该类方式具有简便易行、制造成本低等特点,但它的最大弱点是单位重量储氢密度只有 1wt%左右,而对于使用该类型储氢瓶的集装格而言,其重量储氢密度会低于 1wt%,使得单位质量氢气的储存和运输成本大幅上升,无法满足未来大规模氢能应用的储运要求。

图 2.3　气态高压储氢

(2)储输一体化储氢装备。为了提升储氢密度和降低运输成本,20MPa(25MPa)的大容积钢制储氢被研发和使用,这类储氢容器主要应用于用氢规模较大行业的氢气运输和储存,如图 2.4 所示。这类储氢容器与压缩天然气储存和输运的技术特性非常相似,在制备技术上基本设计和制造工艺是相同的,最大的差别在于对材料的相容性方面的选择和处理,主要体现在高压下钢制材料的氢脆性能是否满足使用要求。目前该类技术是氢气规模化储运的主流方式,我国早已完全掌握了该类技术,且在市场占有率方面具有绝对优势。目前我国在 20MPa(25MPa)压力等级以下的储氢钢瓶产量占全世界产量的 70%左右。

图 2.4　储输一体化装备

　　对于这种氢气储存方式而言，储存与输运是相伴而生的，通常可称为储输一体化装备。随着氢能应用领域快速发展，未来对氢气输运经济性提出更高的要求，该技术方向的技术走向将呈现以下两个特点。

　　一是 20MPa（25MPa）大容积高压储氢瓶的制造轻量化，主要是通过纤维缠绕增强的方式使得单位容积高压储氢瓶的重量大幅降低，从而可增加管束的数量来提升单车储氢容量，如可实现从原有 4000～5000Nm³/车升级到 7000～8000Nm³/车，可使整体管束储氢密度达到 1.5wt%～2.0wt%左右。

　　二是提升大容积高压储氢瓶的储氢压力，可从原有的 20MPa（25MPa）提升到 35～45MPa，如果再结合纤维缠绕增强的技术方式，可将单车储氢量从原有 4000～5000Nm³/车提升到 10000Nm³/车以上，可使整体管束储氢密度达到 2.5wt%左右。

　　这两种技术走向的关键是控制储氢瓶的制造成本，通常来讲，纤维增强的技术路线一定会增加储氢瓶的材料成本和制造成本，制造成本的控制需结合氢气运输的经济性。总体而言，只要在装备设定的使用时间内，对于氢气输运经济性的提升大于制造成本的提升即可。

　　(3) 高压站用储氢容器。如图 2.5 所示，45MPa 压力等级的储氢容器是一类主要用于氢能汽车加氢站(固定式或移动式)的钢制氢气储存容器。在此类应用中，压力等级的提升不仅体现在储氢密度的提高(主要是指体积储存密度)，更重要的是要实现氢能汽车加注时的压力差，对于 35MPa 车载储氢的氢能汽车而言，45MPa 的压力等级是保证车载储氢系统快速加注的必要条件，同时也是优化站用压缩机选型和工作工况的重要手段之一；对于 70MPa 加氢站而言，这一压力等级是实现 70MPa 车载储氢系统快速加注策略中分级加注中段的核心。

　　氢能汽车的技术逐步走向成熟，对长续驶里程能力提出了更高的要求，70MPa 车载储氢技术应运而生，为了匹配 70MPa 氢能汽车氢燃料快速加注要求，对加氢站的储氢压力也提出更高的要求。在这种背景下，开发储存压力超过 70MPa 以上等级的高压储氢容器逐渐被提上日程。与国外相比，我国在这一领域具有明显优势，先后已成功开发出 70MPa 的钢带缠绕的全多层多功能大容积储氢容器和钢内胆碳纤维全缠绕的工作压力为 87.5MPa 的站用储氢瓶。

　　(4) 车载用轻质复合储氢瓶。35MPa 和 70MPa 两个压力等级的高压储氢容器是伴随着氢燃料电池汽车的研发而问世的，主要用于车载高压储氢系统。所以这类储氢容器与上述三种压力等级的储氢容器具有明显不同。从设计理念来讲，不仅是通过提升工作压力实现氢气体积储存密度的提升，而且特别重视重量储氢密度的提升，选用轻质内胆和高强碳纤维作为主要原材料，结合高效的碳纤维全缠绕方法来制造。

(a) 43MPa(CPI)　　　　　　　　　　(b) 45MPa(国产)

(c) 45MPa

(d) 70MPa钢带缠绕储氢容器　　　　　(e) 87.5MPa碳纤维缠绕复合储氢瓶

图 2.5　储氢容器分类

从研发历程来看，35MPa 复合储氢瓶远远早于 70MPa 复合储氢瓶，压力的提升主要是为了满足燃料电池乘用车长续驶里程的需要。如图 2.6 所示，一般而言，采用 35MPa 储氢系统的燃料电池乘用车的续驶里程一般不超过 350km，而采用 70MPa 的车载储氢系统燃料电池乘用车的续驶里程可轻松达到 500km 以上。对于燃料电池大巴车而言情况有所不同，到目前为止，国内外绝大部分燃料电池大巴仍然采用 35MPa 复合储氢瓶，而不采用 70MPa 复合储氢瓶，这与两类车的空间位置和对续驶里程的要求密切相关。

(a) 35MPa观光车用储氢系统

(b) 35MPa大巴车用储氢系统

(c) 70MPa高压氢气燃料罐

(d) 我国自主研发的70MPa储氢瓶

图 2.6　车载储氢材料

70MPa 复合储氢瓶是近年来逐步发展成熟的一类产品，欧美发达国家目前已经可以提供性能稳定的成熟产品，而我国在 2015 年才研发成功样机，还没有形成批量产能。从性能指标来看，目前我国与国外先进产品还具有较大差距。在温度为 298K 同等体积下，当储氢压力从 35MPa 提高到 70MPa 时，储氢量将增加 68%。

这类碳纤维缠绕的复合储氢瓶内胆的主要作用不是承担压力载荷，而是用于阻隔氢气的渗漏，内胆材料的选取原则根据重要性依次分为：①与氢气的相容性要好，简单地说，就是材料不会发生氢脆现象；②材料的密度要小，有利于提升重量储氢密度；③来源丰富、成本低廉。鉴于这 3 点的要求，目前国际上采用的主流内胆材料主要有两大类：一类是铝合金，另一类是有机聚合物。这两类材料的内胆各有利弊，就铝合金内胆而言，其制造工艺相对简单、阻气性好、传热性能好，但重量储氢密度低、制造材料成本高、充分循环疲劳性能差；而有机聚合物内胆对制造技术要求较高，特别是瓶口与瓶体的结合技术比较复杂，阻气性能和传热性能差，且抗外部冲击能力也较弱，但其具有重量储氢密度高、批量制造成本低等显著特点。为了克服阻气性差这一缺点，通常采用高密度聚合物塑料并采用金属涂覆层或无机纳米杂化技术来提高内胆对氢气的阻隔效果。

复合储氢瓶的压力载荷主要由外层缠绕的碳纤维承担，影响纤维缠绕层强度性能的主要指标包括碳纤维模量、缠绕层厚度及缠绕方法和工艺。随着纤维质量的提高和缠绕工艺的不断改进，碳纤维缠绕结构容器的承载能力进一步提高，单位质量储氢密度也获得明显提高。

2)低温液态储存

液态储氢是一种深冷的氢气存储技术。氢气经过压缩后，深冷到21K以下使之变为液氢，然后存储到特制的绝热真空容器中。常温、常压下液氢的密度为标准状态下气态氢的845倍，而常温下70MPa和100MPa氢气的储存密度分别为标准状态下气态氢的480倍和604倍，即低温液态储氢密度是70MPa下高压储氢密度的1.76倍，相比高压储氢，低温液态储氢密度更具优势，这一特性对于长距离氢气的输运来说优势更为明显。

尽管氢的液化是一项成熟技术，但由于氢的一些特殊物理性质，如存在焦耳-汤姆逊转变温度、低沸点、液态正-仲自发转化放热等，使氢的液化成本高，且存储和运输都有一定困难。要使氢气液化，首先需将氢预冷到焦耳-汤姆逊转变温度以下，然后经制冷循环获得液氢，然而氢液化时会生成两种变体：正氢和仲氢，其比例一般约为3∶1。由于正氢向仲氢存在自发转化过程，而且该过程属放热过程，放出的热量为527kJ/kg，大于沸点温度下两者的蒸发潜热，因此如果在液氢的贮存容器中存在未转化的正氢，就会在缓慢的转化过程中释放热量，造成液氢的蒸发损失。因此在氢气液化过程中需要使用催化剂(如磁性元素、稀土金属等)加速上述转化过程，将正氢转化为比较稳定的仲氢形式，直至平衡状态(含99.896%的仲氢)。

虽然液态储氢能够获得比气态压缩更高的储氢密度，但氢气极低的液化温度导致液化降温所需要消耗的能量基本达到液氢本身所具有的燃烧热的1/3。此外，由于液化温度与室温之间有280K左右的温差，加之液态氢的蒸发潜热比液化天然气小很多，所以对于液态储氢而言，对于绝热储罐的性能要求远高于液化天然气储罐。

低温绝热技术是根据低温介质的性能，从经济性、可靠性、容积及施工方便性等多种因素综合考虑，采用各种不同的绝热类型与结构，将通过对流、传导和辐射传递给低温介质的热量减少到尽可能低的程度，以维持低温系统的正常工作。

目前低温绝热结构可分为堆积绝热(非真空绝热)、高真空绝热、真空粉末(或纤维)绝热、高真空多层绝热和高真空多屏绝热5种类型。

堆积绝热是在需要绝热的表面上装填或包覆一定厚度的绝热材料以达到绝热的目的,堆积绝热有固体泡沫型、粉末型和纤维型。常用的堆积绝热材料有泡沫聚氨酯、泡沫聚苯乙烯、膨胀珍珠岩(又名珠光砂)、气凝胶、超细玻璃棉、矿棉等。为了减少固体导热,堆积绝热应尽可能选用密度小的材料。为防止堆积绝热材料空间有水蒸气和空气通过渗入而使绝热性能恶化,可设置蒸气阻挡层即防潮层,或通过向绝热层中充入高于大气压的干氮气防止水分的渗入。堆积绝热广泛应用于天然液化气贮运容器、大型液氧、液氮、液氩贮存及特大型液氢贮罐中。堆积绝热的显著特点是成本低,无需真空罩,易用于不规则形状,但绝热性能稍逊一筹。

高真空绝热亦称单纯真空绝热,一般要求容器的双壁夹层绝热空间保持 1.33×10^{-3}Pa 以下压强的高真空度,以消除气体的对流传热和绝大部分的气体传导导热,漏入低温区的热量主要是辐射热,还有小量的剩余气体导热及固体构件的导热,因而提高其绝热性能主要是从降低辐射热和提高、保持夹层空间真空度两方面考虑,其一是壁面采用低发射率的材料制作或夹层壁表面涂上低发射率的材料如银、铜、铝、金等,并进行表面清洁和光洁处理,或通过安置低温蒸气冷却屏降低器壁的温度以减少辐射传热;其二是在高真空夹层中放置吸气剂以保持真空度。单纯高真空度绝热层具有结构简单、紧凑、热容量小等优点,适用于小型液化天然气贮存、少量液氧、液氮、液氩及少量短期的液氢贮存,由于高真空度的获得和保持比较困难,一般在大型贮罐中很少采用。

真空粉末(或纤维)绝热是在绝热空间充填多孔性绝热材料(粉末或纤维),再将绝热空间抽至一定的真空度(压力在 1~10Pa 左右),是堆积绝热与真空绝热相结合的一种绝热形式。在粉末(或纤维)绝热中,气体导热起了很大的作用,绝热层被抽成真空可显著降低表观热导率,只要在不高的真空度下就可以消除粉末或纤维多孔介质间的气体对流传热,从而大大减小高真空度的获得与保持的困难。由于真空粉末(或纤维)绝热层中辐射为主要漏热途径,在真空粉末中掺入铜或铝片(包括颗粒)可有效地抑制辐射热,该类绝热称为真空阻光剂粉末绝热。影响真空粉末绝热性能的主要因素有绝热层中气体的种类与压强、粉末材料的密度、颗粒的直径及金属添加剂的种类与数量。真空粉末绝热所要求的真空度不高,而绝热性能又比堆积绝热优两个数量级,因此广泛用于大、中型低温液体贮存中,如液化天然气贮存、液氧、液氮运输设备及量大的液氢船运设备中,其最大的缺点是要求绝热夹层的间距大,结构复杂而笨重。

高真空多层绝热简称多层绝热,是一种在真空绝热空间中缠绕包扎许多平行于冷壁的辐射屏与具有低热导率的间隔物交替层组成的高效绝热结构,其绝热空

间被抽到 $10^{-2}Pa$ 以上的真空度，辐射屏材料常用铝箔、铜箔或喷铝涤纶薄膜等，间隔物材料常用玻璃纤维纸或植物纤维纸、尼龙布、涤纶膜等，使绝热层中辐射、固体导热及残余气体热导都减少到最低程度，绝热性能卓越，因而被称为"超级绝热"。有效地将残余气体从绝热层中抽出是多层绝热的关键问题，在实际制造工艺中，在绝热层间扎许多小孔以利于多层层间压力平衡，保证内层的残余气体能被充分地抽出；采用填炭纸作为间隔物可有效利用活性炭在低温下的高吸附性能，吸附真空夹层中材料的放气，以长时间保证绝热夹层中的高真空度。真空多层绝热结构特点是绝热性能卓越，重量轻，预冷损失小，但制造成本高，抽空工艺复杂，难以对复杂形状绝热，应用于液氧、液氢、液氮的长期贮存及运输设备中。

高真空多屏绝热是一种多层绝热与蒸气冷却屏相结合的绝热结构，在多层绝热中，采用由挥发蒸气冷却的汽冷屏作为绝热层的中间屏，由挥发的蒸气带走部分传入的热量，以有效地抑制从环境至低温液体的热量传入。多屏绝热是多层绝热的一大改进，绝热性能十分优越，热容量小、质量轻、热平衡快，但结构复杂，成本高，一般适用于液氢、液氦的小量贮存容器中。由此可见，低温液体贮运容器绝热结构形式的选择应根据不同低温液体的沸点、贮存容器容积的大小、形状、日蒸发率等工况要求、制造成本等多种因素综合考虑。一般选择原则是：低沸点的液体贮运容器采用高效绝热，如高真空多层绝热；大型容器选用制造成本低的绝热形式，而不必过多考虑重量和所占空间大小，如堆积绝热；运输式及轻便容器应采用重量轻、体积小的绝热形式；形状复杂的容器一般不宜选用高真空多层绝热；间歇使用的容器宜选用热容量小的高真空绝热或液氮预冷的高真空绝热；小型液氢、液氦容器尽可能采用多屏绝热。

在上述所有绝热结构中，高真空多层绝热是最为有效的方式之一，成为世界各国重点采用的技术形式。如前所述，多层绝热是一种在真空绝热空间中缠绕包扎许多平行于冷壁的辐射屏与具有低热导率的间隔物交替层组成的绝热结构，其漏热方式主要有辐射屏之间的辐射传热(约占 25%)、辐射屏与间隔材料之间的固体传导传热(约占 5%)，绝热空间的残余气体导热(约占 70%)，影响其绝热性能的因素有多层材料的种类及其组合方式，多层绝热材料的层密度、厚度；绝热夹套中的真空度及绝热内外壁的边界温度等。

蒸发损失量与容器表面积和容积的比值(S/V)成正比，因此低温储罐结构最佳的储罐形状为球形，如图 2.7 所示。球形储罐还有另一个优点，即应力分布均匀，因此可以达到很高的机械强度。唯一的缺点是加工困难、造价昂贵。目前经常使用的为圆柱形容器，对于公路运输来说，直径通常不超过 2.44m，与球形罐相比，其 S/V 值仅增大 10%。球形储罐储存需求量大且为固定式应用的场景，而圆柱形储罐既可应用于固定场所也可方便应用于液氢运输储罐，运输又可分为汽车运输和火车运输。

图 2.7　球形储输罐

随着空间技术的进步，氢液化技术及其生产规模也得到了迅速发展，对液氢的贮存和运输量逐渐增大，其商业应用也在逐步扩大和发展。目前已能建造贮存量 1000m³ 以上容积的大型液氢绝热贮槽。如美国原子能委员会(现能源部)在内华达州的试验基地建有一个 1893m³ 的大型液氢球罐；美国著名的土星-5 运载火箭上装载 1275m³ 液氢，地面贮罐容积 3500m³，工作压力 0.72MPa，液氢日蒸发率 0.75%；俄罗斯 JSC 深冷机械制造股份公司现在生产的火箭发射靶场大型液氢储罐，储氢容积达到 1400m³，是球形储罐，外直径 16m，内径 14m，内筒壁厚 20m，球罐总高度 20m，球罐中心线到地面的高度为 11.2m，采用真空多层绝热方式，日蒸发率小于 0.26%，蒸发氢气采用高空放空的方式，在离球罐顶部 20m 处放空；日本种子岛航天中心的液氢贮罐容积为 540m³，采用珍珠岩真空绝热方式，日蒸发率小于0.18%。他们在绝热设计时进行了一系列研究，如影响珍珠岩绝热性能的各种因素及绝热材料放气等。在安装上也采用了许多新技术，做了大量的模型试验工作，其中主要有密封性能、绝热性能和清洁度等方面的工作，法国圭亚那火箭发射场使用 5 个容积为 360m³ 可移动的卧式液氢贮罐，如图 2.8 所示。

图 2.8　卧式液氢贮罐

　　具有国际影响力的高性能低温绝热气瓶的生产厂商主要有美国查特公司(Chart Industries Inc.)、美国泰莱华顿(Taylor Wharton)、俄罗斯 JSC 深冷机械制造股份公司等。与国外先进国家相比，我国在液氢贮存技术方面发展缓慢。多年来，大型贮罐和运输车一直以引进为主。国内自行研制的设备仅有 70 年代 $5m^3$ 液氢补加车以及 90 年代初 $70m^3$ 液氢铁路槽车，其中，铁路槽车在使用中出现质量问题，其返修费用几乎达研制费用的一半。从 2004 年开始，我国加快了液氢储存技术的研发，先后开发出 $80m^3$ 液氢标箱、$25m^3$ 液氢运输槽车、$100m^3$ 液氢贮罐，2011 年我国中集集团旗下的圣达因低温装备有限公司成功研发出 $300m^3$ 的液氢贮罐，该贮罐在大型低温贮罐支撑结构设计、绝热设计、夹层大口径管路自适应补偿等方面具有先进性和创新性填补了国内大型液氢贮罐领域的空白，达到了国际先进水平，使得我国大型液氢储存装备的技术水平获得大幅提升。

　　2. 氢气的输运

　　氢气的输运技术与储存技术密不可分，氢气的运输按其输送时的状态可分为气态运输、液态运输和固态运输，目前技术上成熟、经济上可行并得到工业化应用的主要是气态氢和液态氢运输。输送的方式主要有车运、船运、铁路运输及管道输送。选择哪一种运输方法比较理想，取决于技术、经济、运输距离、运输量、地理位置、交通情况、氢气价格市场接受度等因素。

　　1) 气氢输送

　　气态氢气的输送视其输氢量的不同，通常可选用集装格、管束车和管道等载具运输至目的地。传统上少量或非长期性氢气需求的用户，氢气钢瓶散瓶或集装格用卡车运输即可满足要求，5t 卡车运送的集装格氢气最大运输量在 70kg 左右。这样的瓶装氢气的压力通常充灌至 15MPa，冷却后送至用户处大约在 135MPa 左右，由于氢气运输量少，氢气储存密度低，成本中运费占比高，导致氢气单价高。

　　中等氢气需求量的用户，采用管束车运输仍然是氢气运输的主要选择方法。目前管束车中的氢气最高可增压到 20MPa，冷却后实际运输压力在 18～19MPa，单车最大可运输约 500kg 氢气。管束车运输氢气的运费在氢气成本中的占比与运输的距离密切相关，运输距离通常不应超过 150km。运输距离增加后，除了直接增加了油费、过路费支出外，还严重影响管束牵引车及驾驶、押运员的周转效率。由于氢气充灌及运达用户后卸气操作耗时均较长，达 10h 以上，因此为提高牵引车头及人员的利用率，通常 1 个牵引车头要配 2～4 个管束拖车以降低运输成本。随着储氢容器制造及增压技术的进步，目前 45MPa 甚至更高压力的满足 DOT 标准(美国交通部规定的安全标准)的储氢瓶也已研发成功，因此也可考虑采用更高的氢气运输压力，以提高氢气运输的储存能量密度，即提高单车运氢量。当然必须综合考虑储氢瓶工作压力提高后，储氢瓶制造及重量增加带来的成本增加及运输压力提高后所带来的增压能耗增加的问题。氢气在 25℃、20MPa 下的密度为 14.2kg/m³，而 45MPa 下的密度为 28.5kg/m³，恰好是前者的 1 倍，因此如果将氢气运输压力从目前的 20MPa 提高至 45MPa，氢气运送能力有望增加 1 倍。

氢气需求量大的用户，选择管道输送较为理想。全球用于输送氢气(工业用)的管道总长度已超过 1000km，主要位于北美和欧洲(法、德、比利时)。输氢管道直径通常为 0.25~0.35m，压力范围为 1~3MPa，输氢量为 310~8900kg/h。德国拥有 210km 输氢管道，直径 0.25km，操作压力 2MPa，输氢量 8900kg/h。Air Liquide 公司拥有世界上最长的连续输氢管道，总长 400km，从法国北部延伸到比利时。美国的输氢管道总长度达 720km。现有天然气管道可以被改成输氢管道，但需要采取措施预防氢脆所带来的腐蚀问题。与天然气管道输送相比，氢气的管道输送成本要高出约 50%，主要原因是压缩含能量相同的氢气所需要的能量是天然气的 3.5 倍。由于铺设管道需要选址、征地、动迁等因素，成本高昂，需要避开重要建筑、设施、人口密集区，所以管道并不普遍适合长距离输送氢气。

氢气的管道输送大部分主要应用在化工区内。氢气管道的铺设成本与管道的直径和长度有关。在国外，氢气管道的铺设成本在 0.5~1.5 百万美元/英里，其中大部分成本都用在寻找合适的路线。在上海，每公里氢气管道(ϕ350~400)的铺设成本约为 350 万元。因此，管道铺设的投资非常巨大。可以看出，氢气的运输成本随管道的长度增加而增加，随流量增加而减少。对于长度为 161km，流量为 0.5GW(15t/h) 时，氢气的运输成本达 \$2.0/GJ(￥2/kg)。而当流量增加 3 倍至 1.5GW(45t/h) 时，氢气的运输成本下降 4 倍，仅为 \$0.49/GJ(￥0.5/kg)。由此，流量大小对管道运输成本的影响敏感度可见一斑。

气态压缩氢气用铁路或船运，理论上可行，但考虑到在高压状况下储氢容器的直径受压力所限，大直径高压容器在技术上难度较大，小直径管束运输则经济性较差。而低压大容器的氢气运输则完全没有经济性可言。

2) 液氢输送

液氢运输的最大优点是能量密度高，适合远距离、大容量氢的输送。氢气的液化温度是 -252℃，可以经过深冷至 21K 液化后利用槽罐车(360~4300kg)、火车(2300~9100kg)、轮船或管道运输。对于氢气需求大、距离远的用户，液氢运输非常理想。但由于液氢储罐不能完全绝热和自身的正氢/仲氢转化放热，液氢不可避免地会不断蒸发，其蒸发率与容器的面/体比成正比，容积为 50m³ 的蒸发率为 0.3%~0.5%，容积为 100m³ 的蒸发率为 0.2%，容积为 19000m³ 的蒸发率大约为 0.06%。欧美的液氢工业比较发达，目前欧洲使用低温容器或拖车运输的液氢体积为 41m³ 或 53m³，温度 20K(-253℃)，更大体积的容器(300~600m³)仅用于太空计划。欧洲(EQHHPP)和日本(WE-NET 计划)正在设计容积为 3600m³、24000m³、50000m³ 和 100000m³ 的大型液氢海洋运输容器，液氢蒸发时间设计值需达到 30～60d（即充入液氢 30～60d 后方产生蒸发损失）。在美国，NASA 建造有输送液氢的大型驳船，驳船上装载有容量很大的储存液氢的容器。借助这种驳船可以把液氢通过海路从路易斯安那州运送到佛罗里达州的肯尼迪空间发射中心，驳船上的低温绝热罐的液氢储存容量可达 1000m³ 左右。液氢在我国目前仅在航天领域得到应用，民用市场并无规模化应用。

氢气的液化需要消耗能量，理论上说每千克氢气的液化能大约仅需 4MJ，但由于液化过程的复杂，通常经过单级卡诺循环过程的液化能至少为 56MJ，大约为氢气高热值内能的 40%。氢气液化的能耗具有规模效应，即液化量与液化能耗成反比。如果氢气液化的能量在固定储氢容器或液氢运输管网上，以及用户使用气氢前无法利用，其能量（冷能）浪费是相当惊人的。液氢冷能的利用可借鉴 LNG 冷能的利用方法，以大幅降低液氢能量的损失。

2.1.3 电解水制氢技术产业化现状

1. 国际上电解水制氢产业化现状

目前世界上有数十家著名公司和科研单位在研究和开发电解制氢技术。如加拿大多伦多电解槽有限公司、美国 Teledyne 和通用电气公司、德国的 Lurgi 公司、意大利米兰的 DeNora 公司、挪威的 Hydro 公司和日本的阳光制造所。在工业电解槽的发展历程中最具代表性的是美国的 Teledyne 公司和德国的 Lurgi 公司。

加拿大多伦多电解槽有限公司主要生产箱式单极电解槽。该装置采用 28% 的 KOH 溶液，为自然循环，并在较低的工作温度（70℃）和低电流密度下操作。生产的纯度达 99.9%（体积比），单位电耗为 4.7kW·h/m³H₂。德国 Lurgi 公司主要生产大型的工业水电解制氢装置，产氢量通常在 110～750m³/h。采用压制的石棉隔膜，电极为镀镍钢板（正极）和压制的石棉网（负极）。采用聚四氟乙烯作为槽体的密封材料。电解液为 25%KOH 溶液，系统工作压力为 3.0MPa，工作温度 90℃，小室电压 1.9V，单位直流电耗为 4.3～4.6kW·h/m³H₂。意大利 DeNora 公司主要生产大型的常压工业电解槽。挪威 Hydro 公司也是以生产常压电解槽为主，其工作温度为 80℃，电流密度为 2.5kA/m²，小室电压 1.8V，单位直流电耗为 4.3kW·h/m³H₂。美国 Teledyne 公司 1976 年才开始研制水电解制氢技术，该公司生产的小型水电解制氢设备工作压力为 0.2～0.7MPa，氢气的产量通常在 0.3～0.6m³/h，氢气的纯度达 99.9%，采用自然循环，主要用来生产气相色谱仪的载气和火焰离子探测器的燃料气；中型水电解制氢设备的气体产量为 0.3～12m³/h，为自然循环，其氢气纯度为 99.998%，系统工作压力 0.7MPa，单位直流电耗 5.3～6.1kW·h/m³H₂；大型电解水制氢设备的气体产量通常在 28～42m³/h，采用强制循环系统，工作压力 0.42～0.91MPa，氢气纯度 99.9998%，直流电耗 6.4kW·h/m³H₂。总之，该公司生产的电解水制氢设备的容量偏小，且电耗较高，在这一领域无法与德、意等国的设备相比，但其体积紧凑、自动化控制水平较高是它的优势。

相比碱性电解制氢技术，美国 SPE（solid polymer electrolyte）电解水制氢技术则具有相当领先优势。在 20 世纪 60 年代 SPE 技术就用于燃料电池，而到了 70 年代，在美国宇航局和海军潜艇需求的推动下，美国通用电气公司开始了 SPE 高效电解水技术（制氧装置）的开发，用于密闭空间生命维持系统。并于 20 世纪 70 年代研制出样机，其后不断得到装机应用，其性能大大优于此前使用的碱性电解水装置，体积和重量都大大减小。自 2000 年起美国 PROTON 公司将 SPE 电解水技术应用于制氢装置，并投放市场。该新型制氢机只需纯水，生产出的氢气压力最高可达 40MPa，不需提纯就可达 99.999% 的高纯度，寿命可达 6～8 年，不需要更换电解液和维修，安全性高，结构紧凑，体小质轻，特别适用于核潜艇、太空，海底实验室，现已推广在发电厂、高纯晶体和光纤生产上。

除了美国，早在 20 世纪 70 年代，英国 CJB 工程公司为英国皇家海军的核潜艇研制出 SPE 水电解供氧装置，其采用与美国通用电气公司相同的 SPE 电解水技术。此外，近年来日本也在 SPE 电解水技术方面取得了很大成就，开发出性能优良的 SPE 电解水制氢装置。

但该类型产品最大的缺点是价格太高，且产氢容量小，不适合大规模的工业应用，相比碱性电解制氢装置，该类产品的产业化规模小，仅在对价格不敏感的特殊行业上得到应用。

2. 国内电解水制氢产业化现状

国内的产业化电解水技术实际就是指碱性电解水制氢技术。国内的 SPE 电解水制氢技术仅处在实验室阶段，没有成熟的产品投放市场。

我国的电解水制氢技术可以追溯到 20 世纪 50 年代，那时主要是仿制苏联的电解水技术，其代表型号为 DY-24 型常压水电解制氢设备，主要生产厂家为哈尔滨机联机械厂。早在 1965 年，我国就由中国船舶重工集团七一八所开始了水电解供氧装置的自主研发，并于 20 世纪 80 年代成功研制出中压水电解供氧装置。该装置的研制成功为以后开发大型水电解制氢装置打下了坚实的基础。到 20 世纪 80 年代中期，加压型电解水制氢装置发展成了系列化产品，结束了没有加压型水电解制氢装置的历史。随后在自动控制上也不断取得突破，ZDQ-80 型水电解制氢装置的成功开发，标志着我国水电解制氢装置的控制系统已达到世界先进水平。到 20 世纪 90 年代中期，ZDQ80-125、ZDQ150-300 系列水电解制氢装置的研制成功，标志着我国大型水电解制氢设备进入了世界先进行列，七一八所为此作出了重要贡献。在随后的十多年中，在市场经济的带动下，制氢设备公司也得到了快速发展，目前，在国内具有一定影响力的制氢设备公司有中国船舶重工集团七一八所、苏州竞力制氢设备公司、天津大陆制氢设备公司等。

制氢设备的单机最大容量已达到 1000m³/h，最低单位直流电耗已达到 4.2kW·h/m³H₂，实现全自动控制。在关键隔膜材料上也取得了重大进展，已成功研发出非石棉隔膜材料，且单机成本也获得了大幅下降，具备了相当的国际竞争力，产品已出口到多个国家，如挪威、伊朗、伊拉克、巴基斯坦、孟加拉、印度尼西亚、马来西亚、朝鲜、古巴、缅甸等国。

尽管碱性水电解制氢技术已经比较成熟，但随着科技的进步，仍有许多工作需进一步改进和开发。综合当前的研究和生产应用现状，发展趋势可以概括为以下几方面。

1)继续降低设备电能消耗

水电解的理论分解电压为 1.23V，而实际分解电压要为理论分解电压的 1.5 倍以上，有许多的能量转换成热能被浪费了。许多年来，人们研究采用导电能力强的 KOH 电解溶液、最佳的电解液浓度、最佳运行温度，加速电解液循环和加入添加剂等措施来降低电耗，但效果都不显著。因此，继续大幅度降低电耗仍是设计研究部门和生产使用部门面临的重大问题。降低电耗研究重点为降低小室电压，具体可采用措施概括为：开发新型薄隔膜材料以取代目前的厚隔膜(特别是石棉隔膜)；继续改进多孔催化电极；开发适合具有波动性特征的风电/光电驱动电解水设备。

2)进一步降低设备制造成本

降低设备制造成本是所有行业始终追求的目标，对于电解水制氢设备而言，由于其本身成本较高，降低设备制造成本就显得更为重要，可以概括为：提高电解槽的电流密度，提高设备功率密度，这样电解槽不仅体积小，且质量也会大大降低，其制造成本自然会大幅下降；研制低成本的高性能隔膜材料以取代现今生产程序繁多，压制成本较高的石棉布隔膜垫片；优化控制系统，尽量简化控制单元；发展碳钢化学镀镍工艺的设备，减少不锈钢材料的使用数量，大幅降低材料成本。

3)开发大型制氢设备

水电解设备的大型化对于电解制氢而言非常重要，这主要是由于设备的大型化可以显著降低单位产氢量的制造成本，对于氢能的大规模应用具有重要意义。我国目前多家公司均能提供 400Nm³/h 以上的电解制氢设备，而苏州竞力已能够生产单台 1000Nm³/h 的中压电解制氢设备，是目前世界上单机最大生产能力的制氢机。但从长远看，如果要适应可再生能源发电来大规模制氢，目前的单机产氢容量仍然偏低。与化石燃料制氢相比，电解水制氢技术的优点主要体现在工艺简单、无污染、氢气纯度高等，但缺点是单套制氢规模较小。因此开发更大容量单套电解制氢设备，进一步降低成本，仍是未来发展趋势。

2.2　氢储能发展现状及未来趋势

1. 氢储能简介

无论是燃烧还是通过燃料电池发生电化学反应，其反应产物只有水，因此氢气是一种理想的无污染能源介质。如果将弃风、弃水、弃光的电能通过电解水制成氢气并储存起来，不仅可以提高发电设施设备利用率，还可以直接利用氢气作为原料应用于化工反应。以此将电力转变为氢气，然后再进入能源环节，以氢储能的方式替代直接输电。此外，氢储能系统的相对独立性和非地域限制等特征，还可应用于分布式发电和微电网、变电所备用电源、工矿企业、商业中心等大型负荷中心应急电源，以及无电地区和通讯基站供电等场合。可以说，氢储能技术是智能电网和可再生能源发电规模化发展的重要支撑，并逐渐成为多个国家能源科技创新和产业支持的焦点。

随着我国可再生能源发电占比逐步提高，弃风、弃光问题日益突出，亟待解决。2014 年初，李克强总理考察了德国氢能混合发电项目，特别指示国内相关部门组织实施氢能利用示范项目。目前，国家能源局已指示河北、吉林加快可再生能源制氢示范工作，将氢储能列为解决弃风、弃光问题的新思路。

2. 氢储能发展现状

从全球氢储能发展来看，早在 1967 年美国就制定了 TARGET 和 FCG-1 燃料电池研究发展计划；近年来美国能源部对燃料电池研究资助每年均在 2000 万美元以上；日本在 1981 年就制定了"月光计划"，进行燃料电池研究；1989 年欧洲燃料电池集团成立。2010 年 7 月 12 日，在位于意大利水城威尼斯附近的福西纳镇，建成投产世界上首座氢能发电站。据报道，该项目由意大利国家电力公司投资 5000 万欧元建成，功率为 $1.6 \times 10^4 \text{kW}$，年发电量达 $6000 \times 10^4 \text{kW} \cdot \text{h}$，可满足 20000 户家庭的用电量，一年可减少相当于 $6 \times 10^4 \text{t}$ 的二氧化碳排放量。该电站所需的 $7 \times 10^4 \text{t}$ 燃料全部来自于威尼斯附近城市的垃圾分类回收。

目前欧美一些国家及日本等都制定了氢能发展战略和详细的计划，并迅速而有步骤地推进，已经取得了积极成果。欧盟目前的可再生能源发电发展较快，欧盟计划在 2020 年、2030 年、2040 年、2050 年可再生能源发电占总电力的比例分别达到 35%、50%、65%、80%，并在 2060 年最终完全实现不依赖化石能源的可持续发展。而实现不依赖化石能源的可持续发展这一目标的其中重要一环就是实现 Power-to-Gas（P2G）技术路线，即把可再生能源以氢气或甲烷等方式大规模储存起来并加以应用。根据德国制定的《氢能与燃料电池计划》中的"氢的生产和配送"部分分析，德国目前的发展进度已经大大提前，原定 2020 年开始的计划现在就已经初露端倪。德国一些大型能源电力公司，如 EON 和 ENERTRAG 等都在政府的宏观指导和具体支持下积极实施 P2G 项目，以期最终实现利用风能等可再生能源的大规模制氢，这将是今后大规模利用风能最有前景的技术路线之一。德国计划下一步开展更大规模的 20～50MW 风力发电制氢的 P2G 示范项目，为未来的氢能源经济培育基础。

近年来，美国对氢能和燃料电池的专项拨款呈增长态势。与 2006 年相比，目前美国燃料电池的效率可达 50%，铂金用量减少了 5 倍，循环寿命提高 2 倍，电解槽效率达 80%。在燃料电池电动车示范方面，美国已生产超过 215 辆，建设 30 座加氢站，建成世界首座热电冷联产氢能源站，目前燃料电池已广泛应用于机场货物拖车、公交大巴、移动照明等场景。美国能源局现阶段的主要研究重点是燃料电池系统、加氢站及氢气储存。其中燃料电池系统关注低铂或无铂催化剂、碱性膜等方面，加氢站关注先进的加压替代方法，氢气的储存关注低成本的碳纤维、长寿命材料的技术路线等。

日本计划构建一个氢能社会，从家用热电联产到国民用电，最终目标是充分利用氢燃料的热和电。日本制定了氢能的发展路线图，计划从 3 方面逐步实现氢能社会。首先是家用燃料电池系统和燃料电池车。日本已于 2009 年实现了家用燃料电池系统的量产，运行寿命超过 6 万 h，热电联产综合效率达到 95%，并可与电网联网工作。未来 5 年，日本将致力降低燃料电池成本，降低催化剂使用量，预计 2020 年燃料电池汽车的价格将不高于混合动力车，燃料电池汽车的补贴将不低于混合动力车。其次，是氢储能系统和氢产业链。日本政府加快氢储能的研究开发及示范，近期工业燃气巨头岩谷产业降低燃料电池车燃料氢气的价格，推动日本的供氢产业链，保障氢气的供应。2030 年日本计划输送氢气至海外，形成一整套氢能产业链，实现氢储能系统的商业化运营。再次是二氧化碳的减排和利用。日本计划到 2040 年实现完全由可再生能源供电的无二氧化碳的氢气供应及二氧化碳的综合利用。针对燃料电池汽车，日本同步开展燃料电池汽车和加氢站推广，目前已完成 81 个加氢站的建设工作。针对氢存储系统，目标是研发低成本、高可靠性的氢气供应系统，主要的技术路线包括制氢及合成氢化物、氢化物的运输、储存及脱氢等过程[①]。

从我国来看，在科技部科技项目的支持下，在氢储能方面的研究也取得一定研究成果，研究了离网风电制氢的技术可行性，并于 2009 年进行了离网风电结合 $10Nm^3/h$ 电解制氢系统进行了示范，取得预期成果；2012 年科技部还立项支持了基于风光互补电解水制氢的 70MPa 加氢站项目，2013 年立项支持了并网风电耦

---

① 来自《国家电网报》。

合电解水制氢的氢储能项目，目前这两个项目还在进行中，预计到 2016 年建成并示范；2013 年李克强总理访德期间，德国总理默克尔向李克强总理推荐了氢储能项目，在两国总理的推动下，我国也启动了一项由河北建投集团与德国勃兰登堡州波茨坦市与德国迈克菲能源公司合作的氢储能项目。该项目落地于河北沽源，内容主要包括建设 20 万 kW 风电场、1 万 kW 电解制氢装置。该项目于 2015 年 5 月开始开工建设，截至 2016 年年底，该项目施工工作已全部完成；2014 年国家能源局批准立项了一项耦合氢储能的风电项目，该项目由金风科技集团旗下的华融天能公司承担，项目落地于风资源丰富的吉林省，该项目风电总装机 10 万 kW，其中氢储能项目装机 1 万 kW，该项目于 2016 年年底建成。

3. 氢储能技术的未来发展趋势

氢储能技术的关键在三方面：氢气的制取、储存和运用。氢气制取的关键在于降低氢气制取成本。目前氢气制取的方法有很多，但若要彻底摆脱氢气制取对化石燃料的依赖以降低碳排放，则应选择利用可再生能源产生的电力制氢，其主要技术有：太阳能制氢技术、太阳能发电电解水制氢、太阳能热解水制氢、太阳能热化学循环裂解水制氢、太阳能光生物化学制氢、太阳能光电化学制氢、风能制氢和核能制氢。氢气的存储目前主要有高压气态储氢、低温液态储氢和储氢合金固态储氢。由于氢气本身密度低的物理特性，在较低成本下能储存较高体积密度的氢气是当前储氢发展的主要方向。氢气的运用方面，除了氢气的燃烧和作为化工合成原料之外，最主要是通过燃料电池发电，输出电能。

目前，质子交换膜燃料电池作为主要的燃料电池，其应用主要集中在备用电源市场、电动汽车市场和特种车辆市场。在这三个市场中，均有较为明朗的技术发展倾向。在备用电源市场，解决燃料电池的氢气供应问题和成本过高问题是未来发展的主要关注点。长久来看，燃料电池的发展要通过降低成本进军低端市场，并在低端市场取得价格优势，也需要考虑氢气源存放问题，符合各国不同的消防规定，使客户自主选择燃料电池作为备用电源；在电动汽车市场上，燃料电池在未来将有广泛的应用潜力。然而，对于高度成熟的内燃机来说，燃料电池的价格仍然过高，丰田公司在 2005~2010 年将燃料电池汽车的整体成本下降了 90%，并于 2014 年年底发售补贴后仅为 27.3 万人民币的燃料电池汽车"未来"（Mirai），燃料电池的降价趋势明显。此外，研究氢气供应系统和延长使用寿命的方案都是燃料电池未来在电动汽车市场上发展的主要趋势；在特种车辆市场上，由于美国许多知名超市和物流企业在政府的优惠补贴支持下采用了先进的燃料电池技术，将燃料电池作为叉车、托盘车等物料输送工具的电力来源，取代了原有的铅酸电池，既提高了工作效率又改善了工作环境。未来，降低价格和提升市场认知度是燃料电池在该市场上的唯一发展趋势。

我国氢储能技术发展将分为三个阶段，如图2.9所示。第一阶段到2015年，是产业化应用+新技术研发阶段；第二阶段到2030年，是扩大应用+新技术推广阶段；第三阶段到2050年，是大规模应用阶段。

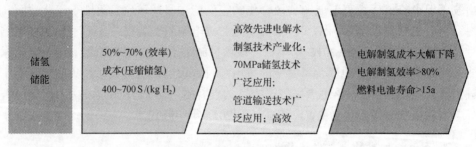

图2.9　中国氢储能技术路线图

2.3　氢储能应用的积极影响

能源是人类赖以生存的物质基础和社会发展进步的动力。面对能源需要和环境保护的双重压力，世界各国采取了提高能源利用率、改善能源结构、发展可再生能源等措施。欧洲发达国家如英、法、德等已经制订了大量鼓励发展风能发电、太阳能发电等可再生能源发电的政策。我国是能源消耗大国，尤其应该重视可再生能源的利用和开发。

基于可再生能源的分布式发电，是最具发展潜力和前途的技术之一。但在电网中长期发展阶段中，大量不同形式的嵌入式发电方式的引入，尤其是大规模的间歇性可再生能源的应用，使得整个系统运行的安全性与稳定性成为需要解决的主要问题。氢储能应用的不断发展对我国可再生能源产业的发展具有积极的促进作用。

1. 氢储能技术解决可再生能源并网发电的不稳定性和间歇性问题

可再生能源主要包括水能、风能和光能。风力、光伏等可再生能源发电设备的输出功率会随环境因素变化，如水能的发电量存在季节性的波动，而风能和光能的发电量受实时的风力与天气的影响很大，一天当中就会出现很强烈的随机性波动，且光能发电在晚上将无法进行。因此，可再生能源发电存在很大的随机性和波动性问题。

可再生能源发电的波动性对电网的稳定性和安全性将造成冲击，随着可再生能源发电穿透率的提高，冲击带来的影响会越大。在低穿透率的约束下，目前可再生能源的弃电情况严重(2012年可再生能源装机量所占比例为28.1%，然而发电量仅占20.2%)，同时，电网利用的是火电进行平衡调节。然而，从长远来看，一方面要求降低火电发电的比例，另一方面要增大可再生能源发电量，届时火力发电势必无法满足平衡调节的需求；如果不减少火电发电比例，又与目前提出的节能减排的要求相悖，所以必然需要其他的平衡调节手段。储能装置可及时地进行能量的储存和释放，保证供电的持续性和可靠性。

可再生能源发电量受气候、天气和风力影响，是间歇性的，当同一时间用户需求大于可再生能源发电量时，多余的需求将无法从可再生能源获得满足。可见可再生能源发电还存在供应量不可控和用户稳定的需求量之间的矛盾。在目前技术条件下，最适合的方式是利用储能技术进行调节。在发电端并入储能装置，在平衡可再生能源波动性和随机性的同时，也提高了可再生能源发电的电网穿透率和减少了弃电；同时，在供过于求时将电能储存起来，而在供不应求时将存储的电能用于弥补需求，减少了弃电也保证了电力供给。

此外，在风力发电中，风速的变化会使原动机输出机械功率发生变化，使发电机输出功率产生波动而使电能质量下降。应用储能装置是改善发电机输出电压和提高频率质量的有效途径，同时增加了分布式发电机组与电网并网运行时的可靠性。

分布式发电系统可与电网连接，实现向电网的馈电，并可以提供削峰、紧急功率支持等服务。而一些可再生能源分布式发电系统，受环境因素的影响较大，无法制订特定的发电规划。如果配置能量储存装置，就可在特定的时间提供所需的电能，而不必考虑此时发电单元的发电功率，只需按照预先制定的发电规划进行发电。

2. 氢储能技术解决可再生能源能量输出形式单一问题

为了保证电网安全，目前及以后较长一段时期内，可再生能源并网发电都将受到穿透率的限制而存在弃电现象。最好的办法就是将这些弃电转化成其他形式的二次能源存储起来，在电网有需求时将其转化为电能上网，当电能多余时将其以其他途径利用起来。

目前储能技术中利用氢储能可以很好地解决这个问题。通过先进电解水制氢设备制取氢气并将氢气储存。在需要发电时，利用燃料电池将氢能转化为电能；在电能冗余无法上网时，可将氢气直接通过其他途径利用，如供给燃料电池汽车使用或作为化工合成的原料。

3. 氢储能技术应用可有效推进我国可再生能源产业的发展

一方面，国家在发布的政策和规划中明确提出了未来大力发展可再生能源的要求，从现在起到 2020 年，将新增大量可再生能源发电机组并网发电；另一方面，我国在世界气候大会上做出承诺，提出的力争在 2030 年达到碳排放峰值的目标，也表明可再生能源并网发电刻不容缓。可再生能源并网发电存在诸多挑战和矛盾，需要储能技术的参与来解决，因此，想要实现规划任务和大会上提出的目标，储能技术必须同步发展，储能项目需要同步建设。

综上，若氢储能技术应用于可再生能源并网发电，可很好地解决其中存在的挑战和矛盾，势必带来更大的风机、光伏板的需求，届时将极大地促进风电、光伏等可再生能源产业的发展。

第3章 多种能源转换特征对比及能效分析

3.1 以储能为核心的多种能源转换机理及模式

1. 抽水蓄能

抽水蓄能发电(pumped-storage hydroelectricity)是一种特殊的水力发电。它是将离峰电力以水的位能储存起来的大型装置,在用电的尖峰时间再用来发电。换言之,这类"发电厂"本身没有发电的能力。它先从其他发电厂输入电力,然后在尖峰时间输出电力。这使得火力和核能发电厂能够以大致相同的输出来运作。抽水储能的工作原理简单说来就是通过配备上、下游两个水库,在负荷低谷时段抽水储能,在负荷高峰时放水发电。具体来说,当电力生产过剩时,剩电便会供予电动抽水泵,把水输送至地势较高的蓄水库,待电力需求增加时,把水闸放开,水便从高处的蓄水库依地势流往原来电抽水泵的位置,借水势能推动水道间的涡轮重新发电,达至蓄能之效(图3.1)。

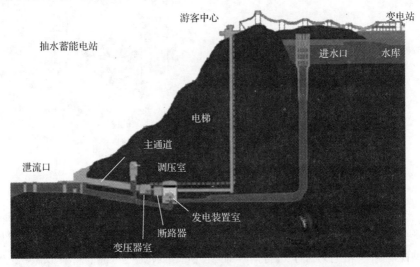

图3.1 抽水蓄能电站工作原理

我国抽水蓄能的发展呈现以下特点。

(1)近20年来抽水蓄能电站得到了快速发展。截止2014年年底,抽水蓄能投产装机容量36223MW,投产容量22143MW,在建装机容量达到14080MW,居世界第一。

（2）施工技术达到世界先进水平，大型机电设备原来依赖进口，但经过近几年的技术引进、消化和吸收，已经基本具备生产能力。

（3）按照目前国家政策，抽水蓄能电站原则上由电网企业建设和管理。"十二五"期间政府对水电的开发十分重视，规划目标是到 2020 年达到 60000MW。这意味着在"十二五"和"十三五"十年内新增抽水蓄能装机将超过 40000MW，我国抽水蓄能正在经历新一轮的发展高潮。

2. 压缩空气储能

压缩空气储能（compressed-air energy storage，CAES）是指在电网负荷低谷期将电能用于压缩空气，将空气高压密封在报废矿井、沉降的海底储气罐、山洞、过期油气井或新建储气井中，在电网负荷高峰期释放压缩空气推动汽轮机发电的储能方式。压缩空气储能的工作原理如图 3.2 所示，在储能时系统中的压缩机耗用电能将空气压缩并储存于储气室中；在释能时高压空气从储气室释放，进入燃气轮机燃烧室同燃料一起燃烧后，驱动透平做功发电。在释能过程中，由于没有压缩机消耗透平的输出功，相比于消耗同样燃料的燃气轮机系统，压缩空气储能系统可以多产生 1 倍以上的电力，由此实现压缩空气能量和电力之间的转换。

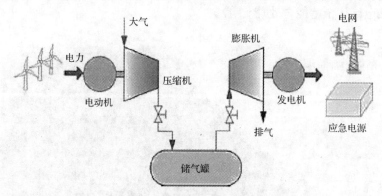

图 3.2　压缩空气储能原理图

我国对压缩空气储能系统的研发起步较晚（自 2003 年投入到压缩空气储能系统的研究中），但压缩空气储能系统已得到相关科研院所、电力企业和政府部门的高度重视。如华北电力大学进行了压缩空气蓄能系统热力性能计算及其经济性分析的研究；在存储空间选择上，哈尔滨电力部门进行了利用现有的地道作为贮气室的研究；还有的科研机构在进行海底式气缸研究。此外，中国科学院工程热物理研究所于 2009 年在国际上首次提出并自主研发了超临界压缩空气储能系统，进一步提高了系统的能量效率。近年来，北京 15kW 先进空气实验台和廊坊 1.5MW 先进空气综合研发与示范平台都在建设中。中国科学院工程热物理研究所研制了超临界液态空气储能发电，容量 1.5MW；清华大学研制了 500kW 压缩空气储能发电动态模拟系统；目前正在青海研制海西 50MW 压缩空气储能电站。

3. 飞轮储能

飞轮储能是利用互逆式双向电机(电动/发电机)实现电能与高速旋转飞轮的机械能之间相互转换的一种储能技术。飞轮储能和传统的化学储能不同，是一种纯物理的储能技术。飞轮储能系统主要包括转子系统、轴承系统和转换能量系统 3 个部分。另外还有一些支持系统，如真空、深冷、外壳和控制系统，基本结构如图 3.3 所示。

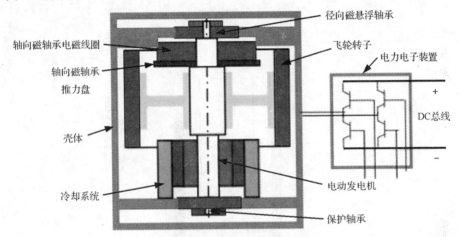

图 3.3　飞轮储能系统基本结构图

飞轮储能装置中有一个内置电机，既是电动机也是发电机。充电时它作为电动机给飞轮加速；放电时它又作为发电机给外设供电，此时飞轮的转速不断下降；而当飞轮空闲运转时，整个装置则以最小损耗运行。

我国目前在此领域内与国际先进水平存在很大差距，相关研究刚刚起步，近几年的研究主要集中在两个方面：一是飞轮储能系统的基础研究，包括整机系统及各组件等关键技术的研究，如中科院电工研究所实现了采用机械轴承的飞轮储能系统装置并应用于微电网稳定控制和电能质量改善，功率 10kW，存储能量 100Wh，转子转速 4000～8000r/min，清华大学研发的 300Wh 原型机飞轮转速高达 43800r/min；二是飞轮储能系统的应用研究，主要包括在电力调峰、航天航空、混合动力车及不间断电源等领域的应用研究。

4. 超导储能

超导储能是利用超导体的电阻为零的特性制成的储存电能的装置，不仅可以在超导体电感线圈内无损耗地储存电能，还可以通过电力电子换流器与外部系统快速交换有功和无功功率，用于提高电力系统稳定性、改善供电品质。超导储能按照线圈材料分类可分为低温超导储能和高温超导储能。根据超导体极低温度下即达到超导状态后电阻为零的特性，可给出如图 3.4 所示的超导储能系统（superconductivity magnetic energy storage，SMES）原理图。在开关 2 断开状态下，接通开关 1 给超导线圈充电之后，将开关 2 闭合，使开关 1 断开，超导线圈中便成短路状态。由于在超导线圈这一闭合回路内电流不会衰减而永久流通（永久电流），永久电流的能量便以磁场的形式储存在超导线圈中，其大小可用下式表示：

$$E = LI^2 / 2 \tag{3.1}$$

式中，E 为磁能；I 为电流；L 为电感。

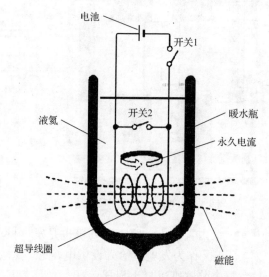

图 3.4   超导储能系统原理示意图

我国在"十五"的"863"计划中启动了高温超导输电电缆、限流器、变压器及高温超导磁储能系统等超导电力应用技术项目，取得了良好的进展。如电工研究所研制了 1 MJ/0.5 MW 的高温 SMES 装置，进行了 2.5 MJ/1 MWSMES 系统的研发工作，并首次提出了超导限流储能的概念。2005 年 11 月，我国第一台直接冷却高温超导磁储能系统在华中科技大学电力系统动模实验室成功实现了动模实验运行。

5. 超级电容器

超级电容器是一种介于静电电容器和二次电池之间的储能产品，它具有功率密度高、充电时间短、使用寿命长、温度特性好、节约能源和绿色环保等特点。超级电容器用途广泛。从电极材料和能量存储原理的角度，超级电容器可以分为 3 类。

(1)双电层型超级电容器。其中的电荷以静电方式存储在电极和电解质之间的双电层界面上，在整个充放电过程中，不发生化学反应，因此产品循环寿命长、充放电速度快。超级电容器主要采用具有高比表面积的碳材料作为电极，采用水系或有机系溶液作为电解液。

(2)赝电容型超级电容器。在充放电过程中电极材料发生高度可逆的氧化还原反应，产生和电极充电电位有关的电容。此类电容器中法拉第电荷转移的电化学变化过程不仅发生在电极表面，而且可以深入电极内部，因此理论上可以获得比双电层型电容器更高的电容量和能量密度。

(3)混合型超级电容器。是上述两种电容器的混合产物，其特性也介于两者之间，具有更高的能量密度(可达 30W·h/L，是双电层型超级电容器的 3 倍)，并有很长的循环寿命。

超级电容的工作原理如图 3.5 所示，利用双电层原理的电容，当在超级电容的两个极板上外加电压时，极板的正极板储存正电荷，负极板储存负电荷。在超级电容两极板上电荷所产生电场的影响下，电极间与电解液的界面上符号相反的电荷用来平衡电解液的内生电场，使得正电荷和负电荷分布在两个不同的界面上，且按照正负电荷间极短间隙排列在相反位置上，因此电容容量非常大，理论上具备很高的功率密度。自 19 世纪 80 年代由日本 NEC、松下等公司推出工业化产品以来，超级电容器已在电子产品、电动玩具等领域获得广泛应用。

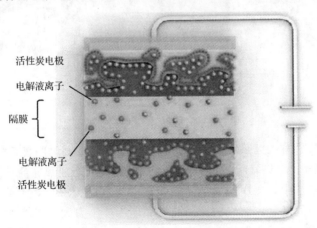

图 3.5　超级电容的工作原理图

目前包括集盛星泰、奥威科技等在内的我国很多超级电容厂商在加紧拓展超级电容产品市场。大庆华隆电子有限公司是我国首家实现超级电容器产业化的公司，其产品包括 3.5V、5.5V 及 11V 等系列。无锡力豪科技有限公司与中科院电工研究所无锡分所经过多年联合攻关，于 2011 年 8 月成功研制出基于超级电容器的动态电压恢复器（dynamic voltage regulator，DVR）。

6. 储热储能

利用可再生能源，特别是太阳能和风能的一大挑战是需要应对由天气、日间太阳光波动和季节变化引起的间歇性。有效地管理太阳能资源易变性的一种方法是为它增加热能存储（thermal energy storage，TES）。当存在剩余功率时，变化的能量被存储起来，然后在太阳能产生的功率不足或没有产生功率时释放出来，以满足连续的功率供给或满足峰值功率需求。热能存储需要通过加热或冷却的方式来增加或减少物质的内能，依赖于通过加热或冷却使介质中的内能增加或减少来实现。当储存能量时，通过热交换装置加热储能介质，使其具有较高的内能，并尽量保持绝热状态，减少能量损失；当释放能量时，通过热交换装置带出储存的热量，以便于利用。储热储能的工作原理如图 3.6 所示。

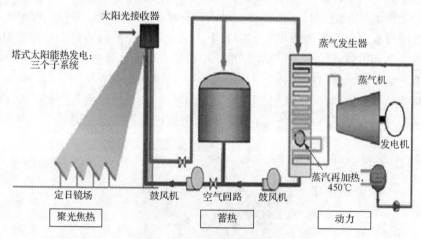

图 3.6　储热储能的工作原理图

从储热材料来看，储热储能可分为显热储能和相变储能两种类型。

（1）显热储能。显热储能又包括液态显热储能和固态显热储能两种。在传统的太阳能热发电技术中，采用的显热储热介质主要为空气、水蒸气和导热油，这 3 种介质都有各自的缺陷：空气的使用温度高但工作压力大，传热性能差；水蒸气传热性能稍好但使用温度较低，工作压力仍然很大；导热油拥有良好的传热性能和低的工作压力，但使用温度低，工作温度在 400℃ 以下，且导热油成本很高；在固态显热储能材料中，混凝土储热材料由于具有性能稳定、成本低、储热能力强等诸多优点，是用于太阳能热发电的理想候选储热材料之一。目前国外此类技术相对成熟，许多国家已经将特殊混凝土作为储热材料应用到太阳能发电系统中。国内使用特殊混凝土作为太阳能蒸汽发电储热材料的研究尚处在实验阶段。

(2) 相变储能。高温熔融盐是目前研究最多的相变储热材料，近年来逐渐在一些聚光太阳能发电系统中获得应用机会。将熔融盐储热技术和太阳能光热电站结合后，可有效地增加光热发电站的发电效率，运用高温硝酸熔盐发电可使太阳能电站操作温度提高到450～500℃，这样就使蒸气汽轮机发电效率提高40%。另外，利用高温熔融盐技术，太阳能发电站的利用时间也能大幅度增加，还可以使电站为电网输送稳定的高品质电能，而且能够明显降低单位发电量成本。目前，全球使用大规模熔融盐储热的商业化运行的太阳能热发电项目，大多集中于美国和欧洲。

7. 电化学电池储能

当前电化学储能方式下主要使用的蓄电池有 4 种，分别是铅酸电池、锂离子电池、液流电池和熔融盐电池。

1) 铅酸电池

铅蓄电池是指电极由铅及其氧化物制成，电解液是硫酸溶液的一种蓄电池，其工作原理如图 3.7 所示。在充电状态下，铅蓄电池的正极主要成分为二氧化铅，负极主要成分为铅；放电状态下，正负极的主要成分均为硫酸铅。

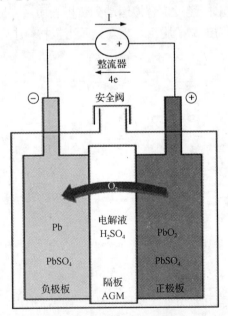

图 3.7　铅蓄电池工作原理

　　近年来，全球很多企业致力于开发出性能更加优异、能满足各种使用要求的改性铅蓄电池，主要包括超级电池、双极性电池、铅布水平电池、卷绕式电池、平面式管式电池、箔式卷状电池等。

　　超级电池是铅蓄电池和超级电容器的组合体，具有充放电速度快、功率密度高、电池寿命长等优点，主要应用于混合动力汽车、并网新能源发电和智能电网。我国的浙江天能、浙江超威、浙江南都、武汉银泰、浙江汇同、吉林汇能等公司已经开始投入研发。我国生产铅酸电池的企业超过 3000 家，2010 年我国铅酸蓄电池产量为 1.44 亿 kVA·h，同比增加 17.3%。2011 年我国超威自主研发了电动车用智能型铅酸蓄电池的核心技术，其匹配了一种叫"智能平衡器"的功能模块，能对电池内每一格单格电池的充电电压进行精准控制，不仅能提高充放电效率还能保护电池不出现过放电，确保使用寿命长达 800 次以上。技术上的创新将使铅酸电池今后广泛用于电力系统调峰、调频、风电集成、光伏平滑和电动汽车中。

　　双极性电池是一种用双极性极板制作的铅蓄电池，与普通铅蓄电池相比具有更高比能量、高功率性能、长寿命和适合高电压设计的优点。我国的几家传统铅蓄电池公司如南都、风帆、双登等在进行双极性电池的研发工作。

　　2) 锂离子电池

　　锂离子电池是以含锂的化合物作正极，在充放电过程中，通过锂离子在电池正负极之间往返脱出和嵌入实现充放电的一种二次电池，其工作原理如图 3.8 所示。锂离子电池实际上是一种锂离子的浓差电池。当对电池进行充电时，电池正极材料上的锂离子脱出，经过电解液运动到负极表面，并嵌入负极材料中；放电时，嵌在负极材料中的锂离子脱出，重新插入正极材料中。

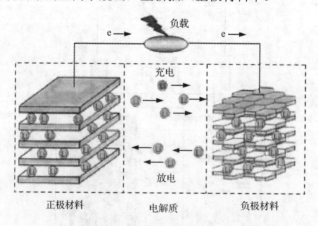

图 3.8　锂离子电池工作原理

　　自 1991 年日本索尼公司首次实现商品化至今，根据正极材料和电解质的不同，锂离子电池已经发展出包括钴酸锂电池、锰酸锂电池、磷酸铁锂电池、钛酸锂电池、三元材料锂电池、聚合物锂电池等在内的多种电池体系。

在各种锂离子电池中，钴酸锂电池产业化最成熟、产品的能量密度最高，已广泛应用在手机、笔记本电脑等小型移动设备上。出于对安全的考虑，钴酸锂电池不适合大功率和大容量的应用。目前我国企业主要占据了低端市场，如比亚迪、力神和比克等企业。

锰酸锂电池有低成本、高性能的优势，产品安全性较钴酸锂电池高，是热门的电动汽车电池备选技术，在全球的动力电池领域占有重要地位。由于对生产工艺要求较高，我国大多数企业没有选择在此领域投入，目前国内只有国安盟固利等少数企业坚持发展该技术。

磷酸铁锂电池具有长寿命、低成本及高安全性等优势，是目前最热门的电动汽车电池技术之一，也是电力储能系统的热门候选技术之一。近年来，磷酸铁锂电池在我国获得了高度发展，无论是民间还是政府都对该技术寄予厚望，代表性企业包括比亚迪、比克、力神等。

3) 液流电池

液流电池是通过可溶电对在惰性电极上发生电化学反应而完成充电放电的一类电池，其工作原理图如图 3.9 所示。一个典型的液流电池单体结构包括：①正、负电极；②隔膜和电极围成的电极室；③电解液罐、泵和管路系统。多个电池单体用双极板串接等方式组成电堆，电堆加配控制系统组成蓄电系统。

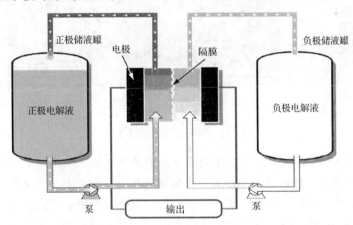

图 3.9　液流电池工作原理

液流电池存在很多的细分类型和具体体系，目前全球真正研究较为深入的液流电池体系只有 4 种：全钒液流电池、锌溴液流电池、铁铬液流电池、多硫化钠/溴液流电池，此电池体系目前已均有商业化示范运行的经验。全钒氧化还原液流电池(vanadium redox battery，VRB)，简称钒电池，具有长寿命、大容量、能频繁充放电等优势；锌溴液流电池的反应活性物质为溴化锌，充电时锌沉积在负极上，而在正极生成的溴会马上把电解液中的溴络合剂络合成油状物质；铁铬液流电池是以 $CrCl_2$ 和 $FeCl_3$ 的酸性水溶液（一般为盐酸溶液）为电池负、正极电解液及电池电化学反应的活性物质，采用离子交换膜作为隔膜的一类电池。铁铬液流电池系统虽然具有电解液原材料价格便宜的特点，但由于其负极析氢严重、正极析氯难以管理，系统循环寿命短。

　　4）熔融盐电池

　　熔融盐电池是采用电池本身的加热系统把不导电的固体状态盐类电解质加热熔融，使电解质呈离子型导体而进入工作状态的一类电池，如图 3.10 所示。二次熔融盐电池一般采用固体陶瓷作为正负极间的隔膜并起到电解质的作用；工作时，电池负极的碱金属或碱土金属材料放出电子产生金属离子，透过陶瓷隔膜与正极物质反应。

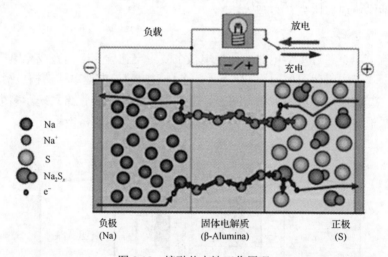

图 3.10　熔融盐电池工作原理

　　目前已经具备商业化运营条件的熔融盐电池体系的二次电池主要有钠硫电池和 Zebra 电池两种，都被认为是很具有发展潜力的化学储能技术而备受关注。Zebra电池是一种以金属钠为负极、氯化镍为正极、陶瓷管为电解质隔膜的二次熔融盐电池，具有能量密度高、高比功率，快速充放电、安全性能好等特点，长期以来被认为是较为理想的汽车动力电池之一。

　　钠硫电池是一种以金属钠为负极、硫为正极、陶瓷管为电解质隔膜的二次熔融盐电池，具有能量密度高、功率特性好、循环寿命长等优势。在国内，中科院硅酸盐所于 2006 年与上海市电力公司合作，在国家"七五"到"十五"期间车用小容量钠硫电池研发的基础上，开发 650Ah 大容量钠硫储能电池。2009 年 9 月，10MW 储能系统演示成功。2010 年上海世博会期间，100kW/800kWh 钠硫储能系统作为上海世博园智能电网综合示范工程的一部分，在上海硅酸盐所嘉定南门产业化基地启动运行。2011 年上海电气与上海电力、中科院上海硅酸盐研究所共同组建产业化公司，建设钠硫电池兆瓦级储能示范系统。2013 年 1 月，上海电力 3 个钠硫电池储能项目通过验收，称其储能系统接入电网运行分析及运行优化方法达到国际领先水平。

此外，20 世纪 80 年代初，芜湖海力实业有限公司即开始研究钠硫电池，于 2007 年 4 月申请并获得了大功率钠硫动力电池的国家发明专利。为加快大功率钠硫电池生产步伐，海力公司投资 2000 万元与清华大学达成长期合作协议，在芜湖机械工业开发区建立了大功率钠硫电池生产线。大功率钠硫电池项目由芜湖海力实业有限公司与香港磊鑫国际投资集团公司共同出资建设，总投资约 3.5 亿元，建成后可年产 6kW 及 500kW 的大功率钠硫电池共 10 万台套。海力公司钠硫电池于 2001 年取得了国家《实用新型专利》证书，拥有完全自主知识产权，研制出的电池产品通过了清华大学相关实验室的多项数据测试，已进入中试阶段。

8. 储氢储能

储氢储能工作原理如图 3.11 所示。储存能量时，以弃风、弃光、弃水的电能为能量输入，在电解池中电解水，将生成氢气和氧气。输出能量时，可以将氢气直接燃烧，也可以利用燃料电池进行电化学反应对外输出电能，或直接利用氢气为原料，用于化工合成等用途。

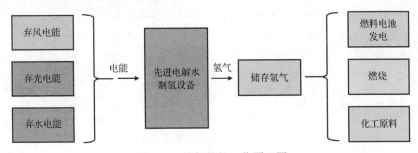

图 3.11　储氢储能工作原理图

在科技部科技项目的支持下，我国在氢储能方面的研究也取得一定研究成果，研究了离网风电制氢的技术可行性，并于 2009 年进行了离网风电结合 $10Nm^3/h$ 电解制氢系统进行了示范，取得预期成果；2012 年科技部还立项支持了基于风光互补电解水制氢的 70MPa 加氢站项目，2013 年立项支持了并网风电耦合电解水制氢的氢储能项目，目前这两个项目还在进行中，预计到 2016 年建成并示范；2013 年李克强总理访德期间，德国总理默克尔向李克强总理推荐了氢储能项目，在两国总理的推动下，中国也启动了一项由河北建投集团与德国勃兰登堡州波茨坦市与德国迈克菲能源公司合作的氢储能项目。该项目落地在河北沽源，内容主要包括建设 20 万 kW 风电场、1 万 kW 电解制氢装置。该项目 2015 年 5 月开工建设，预计 2016

年建成；2014 年国家能源局批准立项了一项耦合氢储能的风电项目，该项目由金风科技集团旗下的华融天能公司承担，项目落地于风资源丰富的吉林省，该项目风电总装机 10 万 kW，其中氢储能项目装机 1 万 kW，该项目预计 2016 年底建成。

3.2　主要储能技术的性能及成本对比

1. 典型功率等级

各类储能技术的典型功率等级如图 3.12 所示。

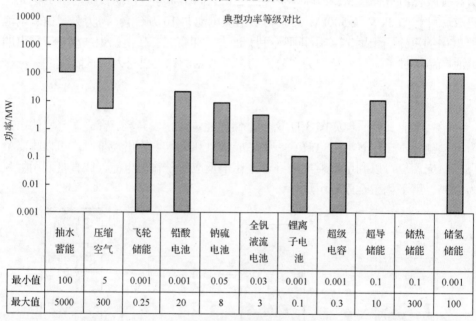

典型功率等级对比

	抽水蓄能	压缩空气	飞轮储能	铅酸电池	钠硫电池	全钒液流电池	锂离子电池	超级电容	超导储能	储热储能	储氢储能
最小值	100	5	0.001	0.001	0.05	0.03	0.001	0.001	0.1	0.1	0.001
最大值	5000	300	0.25	20	8	3	0.1	0.3	10	300	100

图 3.12　各类储能技术的典型功率等级

可见，水蓄能的功率等级最高，最高能达到 5000MW，其次是压缩空气储能，但与抽水蓄能相比还相差甚远，最高也只有 300MW。显然抽水蓄能和压缩空气储能属于相对大型的储能系统；铅酸电池储能、钠硫电池储能、液流电池储能、超导储能、储热储能和储氢储能则属于中型系统，而飞轮储能、锂离子电池储能、超级电容器储能是相对小型的系统。

2. 可持续输出能量时间对比

尽管各种储能方式的持续输出能量的时间与其建设规模有关。但各个储能方式有其比较实用、较为经济的时间范围，如建设抽水蓄能电站，其机房、管道和水泵等设备需要空间较大，若其输出能量只能持续 1h，无疑是相当不经济的。又如用铅酸电池储能方式建设成很长时间输出能量的储能站，那又不得不考虑电池本身的循环寿命，与同规模的抽水蓄能电站相比，其使用年限又会小很多。因此，基于对各种储能方式比较经济的范围考虑，列出各自输出能量的持续时间如表 3.1、图 3.13 所示。

表 3.1　各类储能技术输出能量的持续时间表

储能类型	持续时间
抽水蓄能	4～10h
压缩空气	6～20h
飞轮储能	15s～15min
铅酸电池	1min～3h
钠硫电池	1min～1h
全钒液流电池	1～20h
锂离子电池	1min～1h
超级电容	1～60s
超导储能	5s～5min
储热储能	1～8h
储氢储能	1～24h

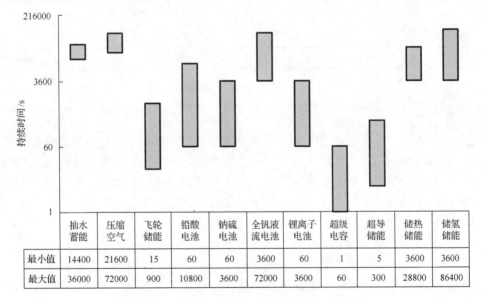

	抽水蓄能	压缩空气	飞轮储能	铅酸电池	钠硫电池	全钒液流电池	锂离子电池	超级电容	超导储能	储热储能	储氢储能
最小值	14400	21600	15	60	60	3600	60	1	5	3600	3600
最大值	36000	72000	900	10800	3600	72000	3600	60	300	28800	86400

图 3.13　各类储能技术输出能量的持续时间图

可见，抽水蓄能、压缩空气、全钒液流电池、储热储能、储氢储能这几类储能技术的输出能量持续时间较长，其中储氢储能输出能量持续时间最长能达到 24h；铅酸电池、钠硫电池和锂离子电池这几种电池类储能项目能量输出持续时间相对较短，多在 1h 左右；而超级电容、飞轮储能和超导储能的能量输出持续时间最短，仅有几分钟，其中超级电容的持续时间最短，在 1min 之内，其次是超导储能，在 5min 之内。

3. 比容量对比

比容量分为质量比容量(W·h)/kg 和体积比容量(W·h)/L，这里所指的质量和体积，是针对储能介质而言，而不是整个系统或电站。图 3.13 展现了各种储能方式的质量比容量，单位是(W·h)/kg，图 3.14 则是各种储能方式的体积比容量，单位是(W·h)/L。

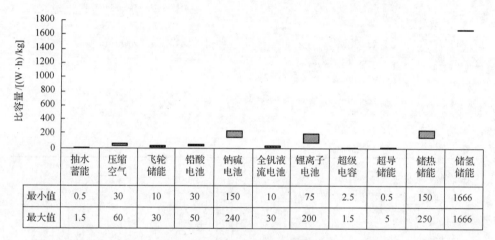

	抽水蓄能	压缩空气	飞轮储能	铅酸电池	钠硫电池	全钒液流电池	锂离子电池	超级电容	超导储能	储热储能	储氢储能
最小值	0.5	30	10	30	150	10	75	2.5	0.5	150	1666
最大值	1.5	60	30	50	240	30	200	1.5	5	250	1666

图 3.14　各种储能方式的质量比容量

储氢储能是氢气在 700bar 情况下的质量比容量，数据为定值，而非范围值

从图 3.14 可以看到，质量比容量较小的技术为抽水蓄能、超级电容、超导储能；稍大一些的技术为压缩空气储能、飞轮储能、铅酸电池储能和全钒液流电池储能；较大的技术是钠硫电池储能、锂离子电池储能和储热储能；而单位质量储能最大的技术为储氢储能。因为质量仅仅是储能介质的质量，所以实际中必须考虑整个储能系统或电站的质量，否则会被单纯的数据所欺骗。

图 3.15 显示抽水蓄能、压缩空气储能和超导储能的体积比容量很小，可见质量比容量稍大的压缩空气储能技术的体积比容量并不大。相比之下，飞轮储能、铅酸电池储能和全钒液流电池储能技术体积比容量略大一些。体积比容量较大的是钠硫电池、储热储能和锂离子电池。储热储能虽然质量比容量最大，但体积比容量却比锂离子电池储能小，这和储热的介质为低密度、高比热容介质有很大关系；也说明较小体积的锂离子电池可以储存较多能量，但我们应该考虑锂离子电池的安全性较差这一问题。体积比容量最大的是储氢储能，其中没有超级电容器比容量参与对比。

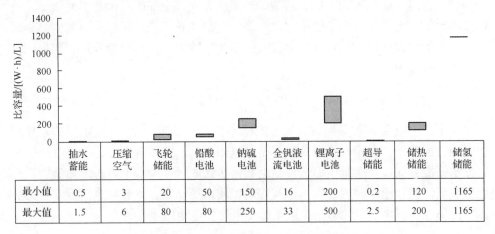

	抽水蓄能	压缩空气	飞轮储能	铅酸电池	钠硫电池	全钒液流电池	锂离子电池	超导储能	储热储能	储氢储能
最小值	0.5	3	20	50	150	16	200	0.2	120	Í165
最大值	1.5	6	80	80	250	33	500	2.5	200	1165

图 3.15　各种储能方式的体积比容量

储氢储能是氢气在 700bar 情况下的体积比容量，数据为定值，而非范围值

4. 比功率对比

比功率对比中，只进行质量功率对比（W/kg），而不进行体积功率对比（W/L），因为不同制造工艺、方式和水平导致的体积比功率有很大差异，不易进行统计。质量比功率对比中也不对抽水蓄能、全钒液流电池和压缩空气蓄能进行分析，因为不能单纯计算水或空气的质量功率密度。如果算上蓄水池、全钒液流电池的介质储存罐和压缩空气储气瓶，又由于制造工艺、水平和方式的不同而导致很大差异，从而难以进行比较。各类储能项目的比功率对比如图 3.16 所示。

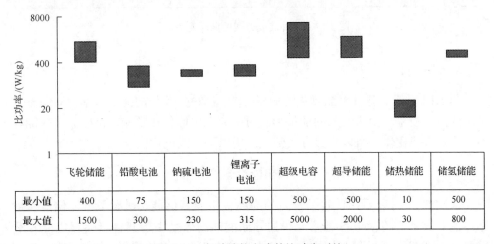

	飞轮储能	铅酸电池	钠硫电池	锂离子电池	超级电容	超导储能	储热储能	储氢储能
最小值	400	75	150	150	500	500	10	500
最大值	1500	300	230	315	5000	2000	30	800

图 3.16　各种储能方式的比功率对比

可以看出，质量比功率最小的是储热储能方式；中等的是铅酸电池储能、钠硫电池储能、锂离子电池储能；比功率最大的是飞轮储能、超级电容器储能和超导储能。但我们应该看到，比功率最大的三种储能方式，其储能容量和能量输出时间都相对较小。

5. 循环寿命对比

图 3.17 对比了各种储能方式大致的循环寿命，可能会由于制造水平的差异而使寿命有所偏差，但相对的寿命长短是大致相同的。可以看到，使用寿命最长的是抽水蓄能方式，其次是压缩空气储能和储热储能。一般水平的为飞轮储能、超级电容器储能和超导储能。较少一些的是铅酸电池储能、钠硫电池储能、全钒液流电池储能和锂离子电池储能。这些都是电化学电池储能方式。

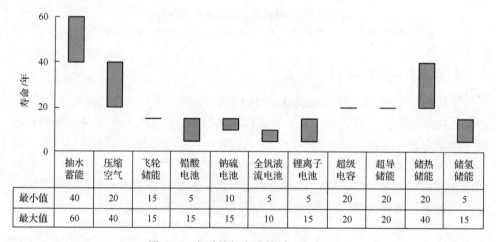

	抽水蓄能	压缩空气	飞轮储能	铅酸电池	钠硫电池	全钒液流电池	锂离子电池	超级电容	超导储能	储热储能	储氢储能
最小值	40	20	15	5	10	5	5	20	20	20	5
最大值	60	40	15	15	15	10	15	20	20	40	15

图 3.17　各种储能方式的循环寿命对比

6. 效率对比

图 3.18 对比了各种储能方式的输入/出能量效率，此处的能量效率针对的整个系统的能量效率，由于输入的能量形式可能会在电能、化学能、机械能、热能等不同形式直接变化，所以核算方式则统一用以下公式进行核算：

$$效率=输出能量/输入能量$$

从图 3.17 可以看出，效率较高的为超级电容器储能、锂离子电池储能、超导储能。其中，超级电容器储能和超导储能的高效是由于其直接储存电能，不需要进行能量形式的转换。效率一般的为抽水蓄能、飞轮储能、铅酸电池储能、钠硫电池储能、全钒液流电池、氢储能等。而效率较低的为压缩空气储能、储热储能。从效率来看，氢储能虽然总体偏低，但也明显高于压缩空气储能和储热储能。

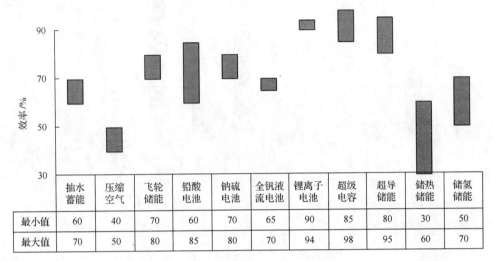

	抽水蓄能	压缩空气	飞轮储能	铅酸电池	钠硫电池	全钒液流电池	锂离子电池	超级电容	超导储能	储热储能	储氢储能
最小值	60	40	70	60	70	65	90	85	80	30	50
最大值	70	50	80	85	80	70	94	98	95	60	70

图 3.18 各种储能方式的进出口能量效率

7. 成本对比

各类储能方式的容量成本和功率成本如图 3.19、图 3.20 所示。由图可知，

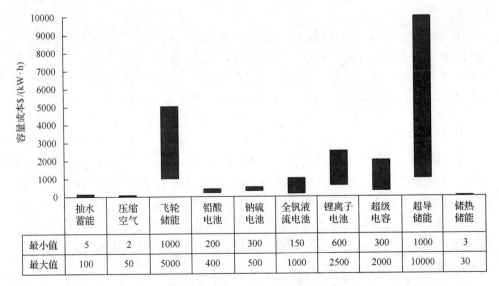

	抽水蓄能	压缩空气	飞轮储能	铅酸电池	钠硫电池	全钒液流电池	锂离子电池	超级电容	超导储能	储热储能
最小值	5	2	1000	200	300	150	600	300	1000	3
最大值	100	50	5000	400	500	1000	2500	2000	10000	30

图 3.19 各种储能方式的容量成本

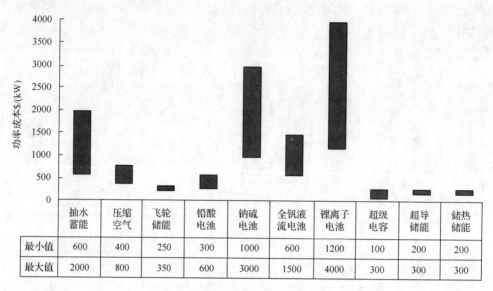

	抽水蓄能	压缩空气	飞轮储能	铅酸电池	钠硫电池	全钒液流电池	锂离子电池	超级电容	超导储能	储热储能
最小值	600	400	250	300	1000	600	1200	100	200	200
最大值	2000	800	350	600	3000	1500	4000	300	300	300

图 3.20　各种储能方式的功率成本

抽水蓄能、压缩空气储能、储热储能的容量成本相对较低；其次是铅酸电池储能、钠硫电池储能、全钒液流电池储能和超级电容器储能；而飞轮储能、锂离子电池储能、超导储能的容量成本较高。其中，超导储能的容量成本跨度之所以很大，是因为所使用的"高温超导材料"不同，导致成本有很大的不同，所以跨度较大。

从功率成本来看，飞轮储能、超级电容器储能、超导储能、储热储能的成本相对较低，主要是由于这些储能方式在工作时可以有很大的功率输出，当然其容量成本很高；相比之下，抽水蓄能、压缩空气储能、全钒液流电池储能的功率成本适中；而钠硫电池储能、锂离子电池储能的功率成本相对较高。

8. 综合对比

各类储能方式的技术特性比较如表 3.2 和图 3.21 所示。值得注意的是，氢储能无论在能量等级还是在储存时间都具有很好的优势。采用碱性电解制氢方式的氢储能系统功率成本与最低的超级电容相当，而储存容量可与抽水蓄能相比，甚至优于抽水蓄能，通过增加储氢体积容易做到储存几天的能量，这是电池、电容等其他储能方式不能比的，具有很好的优势。但这里指的是仅从电到氢，不包括再从氢到电。

表 3.2　各类储能方式的技术特性比较表

储能类型	技术特点
抽水蓄能	适用于大规模储能,技术成熟;响应慢,不易选址,依赖地势,投资周期较长,损耗较高(抽蓄损耗+线路损耗)
压缩空气	适于大规模储能,安全系统高,效率较低,响应慢,不易选址(需要大型储气装置),地下储气依赖地质条件,依赖燃烧化石燃料
飞轮储能	响应快,比功率高;比能量不够高,寿命短,成本高、噪声大,自放电率高
超导储能	充电时间短,循环效率高,输出功率高,循环寿命长。储能规模小,放电持续时间短,目前储存容量与超导特性受材料制约,生产成本高
超级电容器	比功率高,循环效率高,充电时间短、使用寿命长、温度特性好、无污染;(与电池比较)比容量较低
储氢储能	适应规模范围宽,从中等到大规模,储存时间长,质量比容量高,储存受环境影响小;储存能量具有转化模式多样性,能量输出形式灵活的优点;如果应用模式为电—氢—电模式,总体能效偏低
铅酸电池	成本低,高倍率性能好;能量密度有限,析氢
锂离子电池	比能量高,能量密度高,自放电率低,循环寿命长;成本高,放电倍率低
液流电池	能量高,效率高,充电率高,无记忆效应,循环寿命长,替换成本低;可能会因隔膜脱落导致电解液的交叉混合
熔融盐电池	未来可能的达到低成本,循环寿命长,能量高,功率密度好,效率高;热管理问题,安全性问题,密封性和耐冻融性问题,需要额外能量维持高温

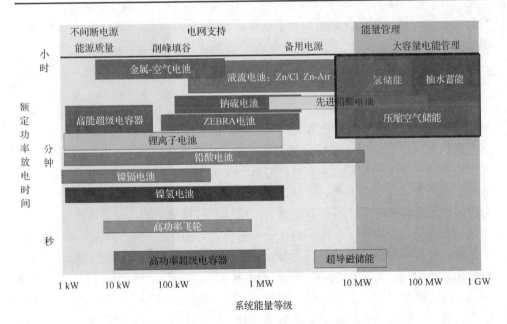

图 3.21　部分储能技术性能对比图

3.3　以氢储能为核心不同应用模式下能效分析

以氢能为基础的系统用于整合在其他情况下被削减的电力，但不仅仅局限于电力贮存。如前所述，以氢能为基础的能源贮存系统可用于整合波动性可再生能源所发的电力并将其用于不同的能源领域，根据应用模式的不同，可分为以下 7 种途径，在不同的应用途径中能源转换效率差异明显，可以归纳如下。

(1)电-氢-FC 发电。电力通过电解转化成氢气，贮存在地下洞穴或加压罐中，并在需要的时候通过燃料电池或氢燃气轮机重新转化成电力。

(2)电-氢-混合燃气发电。电力通过电解转化成氢气，贮存在地下洞穴或者加压罐中，并在需要的时候通过混氢燃气轮机重新转化成电力。

(3)电-氢-甲烷-燃气发电。通过后续的甲烷化步骤转化为合成甲烷，再通过燃气轮机从新转化成电力。

(4)电-氢-移动发电。电力转化成氢气，然后在交通运输领域作为燃料电池电动交通工具燃料使用。

(5)电-氢-混合燃料。电力通过电解转化成氢气，随后将其混入天然气供应网络(富氢天然气-HENG)作为混合燃气进入工业和民用。

(6)电-氢-甲烷燃料。电力通过电解转化成氢气，随后再通过甲烷化步骤转化为合成甲烷，后作为燃气使用。对于甲烷化反应来说，低成本的二氧化碳资源是很必要的。

(7)电-氢-化工原料。电力转化成氢气然后作为原料使用，如在合成氨行业、炼油行业、煤化工行业等。

图 3.22 给出了基于氢储能的上述 7 种转化应用模式基本包括了其所有可能的应用转化路径和能效情况，前 4 条转化路径本质是电力-电力的转化，最终的出口都是落脚到发电上，这 4 条转化技术路径整体转换效率在 20%～30%，与其他种类以电力输出为主的储能技术相比，总体效率偏低，但对第 4 条电-氢-移动发电的转化路径来说有其特殊性，实际是把远端电场的弃电转化为移动车辆的高效动力源，且其总体效率基本与现有内燃机车的燃料转化效率相当。第 5 至第 7 条转化路径本质是电力-燃料的转化，转化效率总体处在 50%～65%，作为一种包含制、储、输、配等环节后的清洁气体能源，这样的转化效率还是可以接受的。在这 7 种转化路径中，第 3 条电-氢-甲烷发电和第 6 条电-氢-甲烷燃料的转化路径都包含了氢气的甲烷化过程，虽然二氧化碳和氢气的甲烷化反应是个放热反应，但其实际转化效率一般在 60%～85%，随着催化技术的进步及合成规模的增大，转化效率会明显提升，尽管如此，整体效率还是很难突破 85%，所以导致了包含甲烷化过程的转化路径效率均比没甲烷化的转化路径效率低很多。总体而言，转换次数

越多，整体效率则越低，输配距离越远，转化效率越低。相比甲烷化路径，氢掺
天然气的应用路径可能更有潜力，按照现有国际研究结果，在天然气管网中混掺
5%～10%的氢气，对管网材料几乎没有影响，且对天然气的应用终端也基本不会
有影响。此外，直接将波动电力生产的氢气应用于炼油、合成氨、煤化工等传统
用氢行业，不仅能源转换效率最高，而且氢气的需求量非常巨大，但此种转换路
径最大的挑战应该是氢储能系统的经济性和区域适应性。

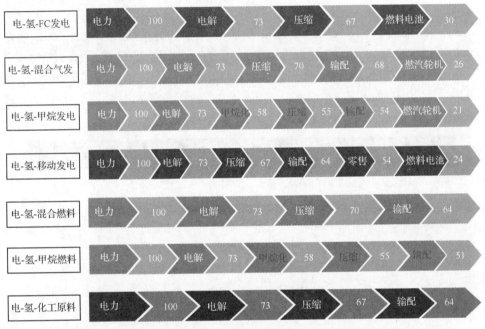

图 3.22　各种以氢能为基础的波动性可再生能源转化途径的当前转化效率

　　与其他电力储存技术相比，尽管采用氢储能技术具有较低的能源转换效率，
但对于波动性可再生能源电力严重"过剩"的区域而言，能源转换效率不是关键
因素，最大的挑战应该是氢储能技术的经济性和季节适应性。首先电解有着显著
的投资成本，这意味着，这些设备只有在一年中有足够的设备利用率才能使投资
成本有效。由于可再生能源电力的波动性特征，特别是季节性波动会使电解制氢
装备仅依靠"过剩电量"制取氢气不足以达到设备的年度利用率，造成经济性下
降；其次这种季节性电力波动会显著影响部分下游用氢产业氢气供应稳定性，这
一缺陷会直接影响项目的可行性。

第4章 风光电制氢多能源转换生产系统仿真

4.1 研 究 概 述

2006～2009 年，我国风电装机容量均以约 100%的速度增长，原计划在 2020 年完成的 3000 万 kW 装机目标在 2010 年提前实现。2011 年，我国发布了《中国风电发展路线图 2050》，计划累计投入 12 万亿元人民币，计划于 2020 年、2030 年、2050 年分别完成 2 亿、4 亿和 10 亿 kW 的装机目标，具体的布局目标见图 4.1。

地区 \ 年份	2010	2020	2030	2050
蒙西基地(及周边)	650	4000	10000	30000
蒙东基地(及周边)	362	2000	4000	9000
东北基地	731	3000	3800	6000
河北基地(及周边)	378	1500	2700	6000
甘肃基地(及周边)	144	2000	4000	12000
新疆基地(及周边)	113	2000	4000	10000
东中部及其他地区分布式陆地风电	743	2500	5000	7000
近海风电	10	3000	6000	15000
远海风电	0	0	500	5000
合计	3131	20000	40000	100000

图 4.1 中国风电发展目标和布局(单位：万 kW)

高歌猛进下，2014 年我国累计并网装机容量达到 9637 万 kW·h，风电上网电量 1534 亿 kW·h，占全部发电量的 2.78%。2015 年 6 月底全国风电累计并网容量 10553 万 kW，累计并网容量同比增长 27.6%，全国风电上网电量 977 亿 kW·h，同比增长 20.7%。这一系列数据背后隐含的问题也愈加突出。

风电作为一大可再生能源，取之不尽用之不竭，集环境效益和可持续性等诸多优势于一身，却存在一个很大的缺点：间歇性。因为风能的不确定性，在风能丰富时，产生的风电量超过了电网的需求，而风能较少时，发出的电量又不能满足电量需求，这给风电上网调度带来了挑战。一方面，需要确定以多少比例的风电上网才能在利用率和电网安全两者中取得平衡；另一方面，风电波动性导致发出的风电功率波动大，需要稳定的火电调峰，对设备的要求又提高了一层，也限制了风电的上网规模，因此采用风力发电不可避免地存在弃风现象。就我国来说，某些地区风电项目上得快，配套的调峰设备却没有能力配合大量的风电上网，还有一些地区经济不发达，发出的风电内部既无法消化，又不能向外输送，这更加剧了弃风的比例。以吉林地区为例，历年来弃风比例都居全国前列，2015 年上半年的上报弃风比例达到了 42.96%，其他地区如蒙古，新疆和甘肃也是弃风比例较高的地区，2015 年上半年我国部分地区弃风情况如表 4.1 所示。

表 4.1　2015 年上半年我国部分地区弃风情况

地区		弃风电量 $10^8 kW \cdot h$	弃风率/%
东北地区	蒙东	13.43	14.07
	辽宁	12.51	17.46
	吉林	22.9	42.96
	黑龙江	11.76	22.70
西北地区	甘肃	31.05	30.98
	新疆	29.7	28.82

一味地上光电和风电项目并不能完全解决环境问题，要想从根本上解决碳排放和对化石能源的依赖，我国整个能源体系都需要做出改变，从主要依赖煤向可再生能源为主转化，这是个漫长而复杂的过程，因此除主要发电项目外，相关的配套项目对于提高可再生能源利用率和加快我国能源体系转变必不可少，将氢气引入可再生能源体系是一种尝试。

为衡量氢作为储能形式引入能源体系的可行性，本书针对产业链不同部分选择最适合的仿真方法，综合运用多智能体仿真、基于流程仿真和系统动力学仿真方法，在仿真平台 anylogic 中，使用 java 语言，建立利用弃风弃电集中式制氢的可视化仿真模型，分析利用弃电制氢的经济和环境效益，为氢气供给侧生产提供决策支持。

模型中氢能产业链的主要物质转化流程如图 4.2 所示。

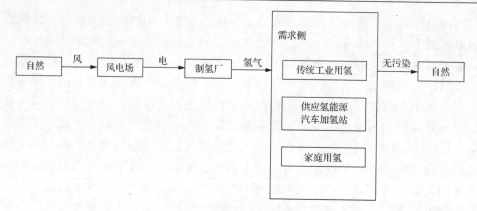

图 4.2　弃电制氢产业链

传统技术下的污染情况如图 4.3 所示。

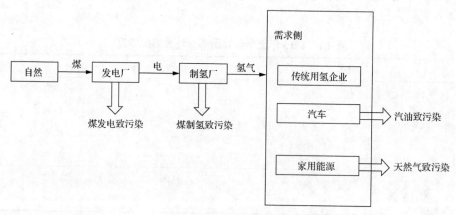

图 4.3　传统产业链

　　图 4.2 展示了弃电制氢的产业链及其物质转化过程，首先是利用风能发电，然后制氢厂利用风能制氢气，将氢气销售给需要用氢的企业、氢能源汽车的加氢站和家用天然气管道，这 3 种氢气利用方式中，氢气转化成水对自然是没有污染的。图 4.3 是传统的氢能产业链及其物质转化过程，在以往的氢气生产中，利用的电能是通过煤发电产生的，煤发电将产生污染，更重要的是在制氢气过程中采用煤气化制氢方式，产生的气体除了二氧化碳还有硫化物和氮化物，生产过程也会产生大量污水，环境污染严重。传统氢能产业链中，汽车使用汽油，家庭使用天然气，也会产生二氧化碳等污染物。

　　对比两种产业链，可以清楚地看到传统生产方式下，煤发电、煤气化制氢、燃油车和家用天然气这些过程中都会产生污染，主要是 CO_2 的排放，并辅以 NO、SO_2 的少量排放，且这些过程严重依赖不可再生的化石能源，能量的转化过程效率低下，只有 40%～60%，是一种低效高污染的生产方式，对环境的影响大，不符合我国可持续发展战略的理念。而采用多余风电制氢，整个产业链都是清洁无污染的，产出只有氢气、氧气、水和热量，尤其是在集群式风电场接入的情况下大大提高了风电场的风机利用率，也与我国实现低碳经济的政策目标一致。

本章通过建立模型研究如何利用多余风电，使本来无法利用的能源产生经济价值，提高风电场风机的利用效率，避免大量投入以后造成的资源浪费，充分发挥风能的价值，提高清洁可再生能源在能源体系中的比例。同时以往为了风电上网，电网需要配置相应调峰设备，且对电网还会造成一定冲击，加入制氢过程，减轻了风电波动给电网消纳风电带来的压力。

因此，研究利用弃电制氢，除了可以探讨制氢过程本身产生的经济效益和可行性外，对提高完善能源产业链，可再生能源利用率，促进能源体系升级，改善环境和电网平稳运行等诸多方面均有重要意义。

4.1.1　多能源转换系统研究现状

目前，关于风电波动带来的弃风问题，主要的研究方向是将多余电力制氢，然后在电力不足时，将氢气转化成电能使用、电解水制氢后将氢气应用到其他领域、电解铝和淡化海水等。其中，电池储能方式效率较低，且电池体积庞大，维护成本高，不适合大规模应用。此外，我国在江苏大丰有风能电解海水项目，作为风电不上网的替代方式，并计划对未来海上风电利用进行探索。由于风电并网存在诸多的困难和能源转换带来损耗，风电不上网而采用其他利用方式的理念也被提出，采用相关储能技术，将多余风电储存起来，储能形式的详细分类见图 4.4，目前应用比较多的是机械储能，最为人熟知的是抽水储能，相变储能和电磁储能是两种技术较新的方式，虽然效率高，但成本高且大规模应用障碍大，氢气储能属于化学储能的一种，目前国际上很多研究都在尝试将氢储能方式引入能源体系，有大量研究探讨氢储能的可行性。

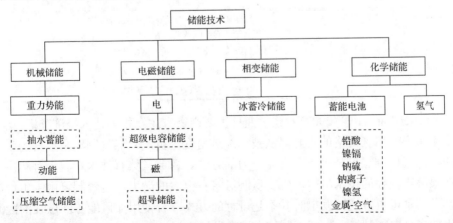

图 4.4　储能技术

　　丹麦、荷兰和挪威三国在风电发展方面已经取得很好的效果，其中丹麦风电上网电量占总发电量的比例已接近 40%，为我国风电发展路径提供了很好的借鉴。Greiner 等（2007）提出了一种评价风氢储能系统的方法，该方法进行了长期的仿真模拟和经济性计算，计算了氢气的生产成本，结果发现，风氢系统联网比孤岛式生产的成本低很多，达到 2.8 欧元/kg。Schenk 等（2007）研究了荷兰的风能、电能和氢能，明确了将氢气生产纳入电力系统的潜力，该研究却得出结论，只有荷兰的风力发电量超过 8MW 时才有经济价值。这说明，虽然生产氢气利用的是多余的风电，但因设备成本过高、氢气价格波动及弃风弃电价格等因素仍可能会导致项目经济性不佳，对于项目的可行性需要深入研究。

　　由于专用的氢气输送管道价格过高，是天然气管道的三倍多，相继有研究论证了将氢气输入天然气管道的可行性，认为在浓度低于 20% 的情况下，并不需要对天然气管道做出改动，也不会对天然气稳定性造成影响（Kippers et al.，2011），且在德国已经有类似项目在进行（Garmsiri et al.，2014）。

　　天然气重整制氢在大规模制氢和小规模应用两个方向的技术都相对成熟，且天然气制氢存在净化过程，用于去除天然气中的杂质，所以制得的氢气纯度高，转化效率高达 70%～80%，相比煤气化制氢有很大优势。世界上超过一半的氢气都是天然气重整法生产的，这两种化石能源生产氢气的方式都会产生 CO_2，并伴有硫化物和氮化物的排放。电解水制氢主要通过在电解槽中将水分解成氢气和氧气，再经过洗涤纯化后获得氢气，这种方法生产的氢气纯度最高，且无污染，产生的氧气也可以作为副产品在医疗等领域应用，如表 4.2 为亚洲各国的氢气生产方式及主要能源。Pudukudy 等（2014）对比了几种生产方式后认为，电解水制氢效率高于使用化石燃料制氢。

表 4.2　亚洲各国的氢气生产方式及主要能源

国家	氢气生产方式
日本	短期计划天然气重整制氢和电解水 电-化学水光解制氢是未来长期研究方向
印度	利用有机物，通过生物质气化和发酵制氢
马来西亚	目前主要靠甲烷重整
韩国	95%采用天然气重整，5%靠电解水

　　Mueller-Langer 等（2007）对比了四种主要产氢方式及相关技术经济分析，认为如果不考虑天然气价格的上升，从技术经济角度分析，天然气制氢是最好的生产方法，煤气化制氢也是另一个有竞争力的方法。目前虽然有技术难题没有解决，但如果解决现存的技术障碍，生物质制氢将有很大的潜力。电解制氢由于电价高昂，尤其是可再生能源发电时并不是可行的方式，若使用如风能等间歇性的能源发出的多余电能制氢，电解水制氢也许有发展空间。

我国目前主要是煤气化制氢方式生产氢气，不仅产生大量碳排放，还会产生硫化物和氮化物，污染环境，且存在工艺落后和气化效率低等问题。此外，煤制焦炭的焦化过程中产生的焦炉气也可用于提纯氢气，氯碱工业中会产生副产氢气。Zhang 等以我国蒙古地区为例，收集 2012～2013 年间风电场数据，探索利用多余风能生产氢气的可行性，研究了模型中氢气价格的敏感性，认为氢气价格是影响该方案的主要原因，文章对比了只用风电制氢和同时用风电和电网电两种电能制氢，发现后者效益更好，回收快。

目前，关于多能源互联的研究大部分采用在 Matlab 中建立仿真模型或采用静态计算方法估计项目可行性，只是应用场景和参数设置不同，在不同的国家对同一问题可能得出不同的结论，但这些研究都太过理想化，在做可行性研究时都没有将氢储能系统的上下游情况纳入模型研究范围，只是计算利用电能生产氢气的成本及全部销售出去带来的收入，这与实际差别较大。一方面，没有考虑真实的弃电的波动情况，实际中，利用的电能不是稳定的，弃电量的波动将影响制氢厂的实际产能；另一方面，简单地假设生产的氢气或使用氢气发出的电都能有销路，而实际上需求是有限的，需求也不是一成不变的，当需求方库存没有消耗完，制氢厂是没有销量的，只能等待氢气需求侧订货。这样建立的研究模型得出的结论与实际偏差较大，低估了实际运行中遇到的各类问题，收益也明显高于实际情况。

综上所述，传统产业链亟待升级，新技术的可行性有很多不确定性。本章将采用可视化仿真方法，综合考虑电力供应侧、氢气生产侧和氢气需求侧，使用基于智能体仿真、系统动力学、离散流程仿真和连续流程仿真等方法，建立氢能产业链模型。模型中制氢厂利用弃风弃电，采用碱性电解槽电解去离子水的方法生产氢气，并将氢气应用于工业生产、新能源汽车及与天然气混合输入天然气管网等领域。通过方案对比和敏感性分析，找出最优的制氢规模及影响氢气生产可行性的关键因素，为多能源制氢方式提供决策支持。

4.1.2　仿真方法

目前主要的仿真方法有 3 种：流程仿真、系统动力学仿真和基于智能体仿真，这 3 种仿真方式各有不同的适用领域和使用要求。

仿真方法的根源在于不确定性，正是因为不确定性的存在，仿真方法才比静态的确定性方法更准确，有更大的优势。现实中会有各种各样的意外，生产中可能出现机器故障、运输受阻、控制系统异常等，均需进行随机模拟，随机性可帮助我们测试极端情况下系统是否稳定，根据结果可进行生产调整，为决策者提供更加动态和有意义的决策数据。本章建立的仿真模型基于蒙特卡罗模拟法，保证了模型良好的随机性。

1. 多智能体仿真

多智能体仿真方法又称多主体仿真、基于主体仿真，是近 20 年来快速发展起来的新型仿真方法，是近期仿真研究的热点。该方法通过建立现实世界的映射，将仿真各部分用独立自适应主体，即智能体（agent）进行模拟，智能体之间可进行复杂的交互，该方法应用领域广泛，与现实世界个体交互行为的对应程度较好。智能体其实是一个有自我决策逻辑的独立个体，类似于程序中类的实例，有独立的属性，包括参数、变量、状态、行动。"状态"用来表示智能体本身所处的情况，如人的健康和疾病、设备的忙碌、维修中和空闲等，都是这些智能体的一种状态。"状态"是一种智能体参数和逻辑组合构成的复合体，一个智能体可能有多个状态，状态也可细分为更多的状态，智能体可在各个状态之间转化。智能体处于某个状态时会有不同的行动，本身的参数也可能发生改变，"状态"是智能体决策逻辑的一个重要的组成部分。

建立主体的过程是先建立某一类实体的共同属性，然后生成单个智能体或智能体群，群内所有智能体共享同一套决策逻辑和参数等属性。主体之间能够进行交互，包括发送消息、获取彼此信息、调用对方的方法等，在政策评价、行为心理学、宏观经济学模型、博弈、金融市场群体效应等领域有广泛应用。

基于主体仿真对建模的逻辑关系和编程要求比另外两种高，建模时需要严格审查逻辑，全面考虑各函数涉及的参数及智能体，若涉及其他智能体，还需设计好函数的执行时间和各函数的执行顺序。本文的模型使用 java 语言编程，虽然多智能体建模的使用门槛较高，但正是这个可以自由编程的特点，使得该方法具有较好灵活性和可扩展性，也方便与其他的仿真方法结合使用，在建立复杂系统模型时能发挥巨大优势。只要设计好本智能体内的属性，对其他智能体来说就可从自身的角度与这个智能体进行交互，使模型有清晰的边界概念。

基于主体仿真最著名的案例是美国 Sandia 国家实验室发布的 Aspen 模型，该模型共出过 4 个版本，分别为基于时间的蒙特卡洛驱动 Aspen、采用基于主体的微观模拟方法建立的 Aspen、Aspen N-ABLE 和 Aspen-EE 模型。其中 Aspen 的第一个模型是由 C 语言写成的，采用依赖时间的蒙特卡罗算法，主体的行为参数根据统计数据设定（用户输入）或学习算法计算而得，模型计算的宏观数据由主体微观行为加和构成，作为基于主体的前期模型，这个模型中的同类主体决策规则相同，但行为不一定相同，取决于当时状态和随机数，每天根据发生的行为更新主体状态数据。且由于模型中主体数量和类别繁杂，将主体分基础架构类集和经济行为类集。该模型奠定了后续经济模型仿真研究的基本框架，国内很多学者在此模型基础上研究了我国的经济模型。N-ABLE 版较之前的版本来说，主体交互机制更复杂，加入了基础设施和电力行业，同时商品的流转过程中加入了运输公司，提供船运等服务。在这个模型中，生产企业不仅管理生产，也管理供应链。Aspen-EE 模型是专门为能源行业建立的模型，模型在 Aspen 基础上增加了燃料和发电厂商，其中的生产企业都增加了用电行为。为研究能源价格走向，增加了独立系统运行主体：处理电力报价(价格波动)，匹配原则为买卖双方价高者得。同时加入了固定价格报价主体，即公告板。Aspen 模型的主体之间定价交互采用遗传算法，每次报价都是在之前一系列报价基础上学习的结果。

从我国学者的研究来看，仿真方法的应用主要集中于微观模拟、政策仿真和经济模型，也有一部分研究是针对基于主体模型在金融市场中的博弈过程的。

本模型设计架构采用多智能体建模方法，把模型中涉及的供电侧、生产侧、需求侧都看作智能体，同时也将制氢厂的设备看做智能体，各智能体都有自己的一套工作逻辑，供给和需求方可独立运转，同时协调需求量和供给量，设备可以根据自身特点和运行情况自动决定是否需要更新。

2. 流程仿真

流程仿真方法是针对某一商业业务流程建模，通过对业务流程的模拟，能够得到各环节的详细信息，如该环节的资源(设备、人员)利用率，组件(原材料或客户)的等待时间，分析生产瓶颈，找出关键资源，并根据结果优化相应业务流程，给管理者提供重要参考。主要适用于制造业、物流及供应链、服务业等领域业务过程的规划，是一种在实际生产管理中应用非常广泛的仿真方法。

流程仿真分离散和连续两种方式，离散流程仿真适用于按件生产过程的仿真，连续流程仿真适用于流体的生产过程。离散流程仿真的每个流程涉及的各个生产(或业务)的组成部分，如设备和产品，都是按件计算的，可明确给出数量及不同部件的数量关系，一般机器组装企业、客服中心业务系统、银行业系统都可使用离散流程仿真来建立模型。而连续流程仿真是针对原材料或生产的产品，是气体和液体时无法按件计算的情况使用的建模方法，这些模型中只能按流速和体积来表示原材料和产品，物质在生产过程中流转时用流速来表示生产速度，用体积来表示产量。

本书中的生产流程同时使用了离散流程仿真和连续流程仿真，其中连续流程用于氢气和氧气的生产过程，从水的纯化过程开始，一直到氢气的高压存储，都是使用连续流程仿真方法。离散流程仿真用于氢气和氧气的运输和需求侧交互，以及衔接模型中的基于智能体部分和连续流程部分。

3. 系统动力学仿真

系统动力学方法主要基于系统行为与内在机制间的相互紧密的依赖关系建立研究模型，并通过数学模型的建立过程，逐步发掘出产生变化形态的因果关系。

该方法涉及两个重要概念,存量和流量。存量表示事物的剩余量,类似于库存的概念,但存量不但指货物的存量,人数也可看做存量,甚至一些虚拟的东西也能当成一种存量,如情绪指数。当存量低于或超过一定量时可能会触发一些事件。流量是跟存量一起使用的,是存量在某段时间内增加的量。系统动力学模型中不同的因素,即参数、变量、存量、流量,都可以作为因子互相影响,因子之间需要确定权重关系,变化速度等,即可形成复杂的逻辑反馈关系。

可以发现,系统动力学仿真方法擅长分析参数间的数量关系,适合做模型中的计算工具,本模型中库存管理模块采用系统动力学。但该方法不能发现关键流程,不能完成流程优化以及做策略控制。

4.1.3　使用仿真方法的必要性

如前所述,仿真方法的特点可以总结为动态、随机、自决策。动态是指模型中的参数可随时变动,而不是一成不变或使用平均概率。随机是指参数变化的幅度、变化的时间是不确定的。自决策是指多智能体仿真中,参数是否需要变化,模型运行过程是否需要改变,这都是模型中的智能体根据决策逻辑自我判断的。而且本书采用的是可视化仿真方式,将模型的运行过程直观地展示出来,方便观察。

而生产中可能出现机器故障、运输受阻、控制系统异常等情况,均为随机发生的,因此仿真方法可在这个领域发挥它独特的优势。仿真方法建立的模型能模拟出运行中可能出现的极端情况,可以测试在极端情况下系统是否稳定,根据结果可对生产流程设计进行一定的调整。这对于不存在真实运行系统的氢储能系统的研究是一个非常必要的优势。

没有仿真方法协助时,一般根据以往经验直接设定工厂需要的设备数量,这无疑有很大的风险,运行以后很可能出现产能过剩或不足,所以很多政策大规模实施之前需要在各种环境下建立示范项目,在实践中往往需要投入大量资源,耗费很多时间,这对于新能源这样一个技术至上的领域来说是一个拖慢技术进步的巨大阻碍。若采用仿真模型,设备数量是可以根据运营情况调整的,当需求旺盛时可增加产能,供给过多时可减少产能,动态调整,优化生产流程,提升经济效益,探索效益最佳的项目方案。仿真方法对这些不确定情况的分析能力,是静态计算方法无法媲美的。下面举例说明。

(1)已有的研究中,几乎没有考虑电解槽的出气速度,直接根据设备利用率计算出设备的实际产能。而仿真方法并不需要提前给定设备利用率,设备利用率和实际产能都是在运行过程中计算出来的。本章电解槽电解速度的计算如下:

$$exP=wP \times exR \tag{4.1}$$

$$v=f(exP/rP \times rv, p) \tag{4.2}$$

式中，exR 为弃电率；wP 为发电量；exP 为总弃电量；v 为实际速度；rP 为额定功率；rv 为额定速度；p 为功效功率值。

功率效率是指设备运行的效率并不与弃电量/额定功率的百分比呈线性关系，而是有一个函数映射关系，如电量达到 70%时，实际电解速度高于 70%，而电量只有 50%时，实际电解速度可能只有 40%多。这在静态方法中是无法计算的，将产生误差。

除了在实际电解速度的计算过程中，生产中的很多随机细节都是仿真可以发挥出优势的地方。

(2)生产过程中设备损坏随机出现，在不同的时间发生故障，对成本和净现值的影响不同。若故障成本设定为每年平均花多少费用，计算出的收回成本的时间将与实际有误差。仿真方法则可准确捕捉到故障的时间，故障时设备可停止工作，计算成本和对净现值的影响。且在多次随机运行的过程中，可给出最慢和最快回收成本的时间。

(3)在已有的研究中，生产设备的技术进步一般设置为按年降低设备的价格，只是将技术进步带来的价格下降算作成本的下降，这是很不合理的。因为当技术进步时，只有当生产方采用了新设备才能降低成本，而生产方是否采用新设备涉及的因素很多。有了仿真方法，就可以模拟价格和效率的变化过程，并根据决策逻辑判断是否需要更新设备，只有更新设备，技术进步才对运营产生影响，并且更新逻辑考虑了已有设备的收益成本关系和新设备的收益成本关系，再结合实时的财务状况，使得更新过程不再是数字游戏，而是真实生产过程中动态的决策，对提升准确度有很大帮助。

但现实世界逻辑关系太复杂，抽象到理论模型中有很大困难，这既是难点，也是对建模的挑战，很多仿真模型因此而无法获得普遍的认可。所以为了建立完善的仿真模型，通常需要花费大量的时间和精力。

4.2 氢能产业链模型

4.2.1 模型假设及主要功能

模型假设条件如下。

(1)弃电有其他应用方式，优先供应制氢厂。

(2)弃电过少时，维持设备基本运行不足的电量将采用电网供电。

(3)无缺货成本。作为市场模型，有产量即可销售，无产量则停止销售，需求方可以寻求其他购买渠道，故无缺货成本。

(4)模型中城市的公交车可根据政策调整，采用氢能源汽车。

(5)技术采用已经大规模应用的成熟技术或者有商用化前景的技术。

(6)随着技术进步，设备成本将出现不同程度的下滑。

所建模型可以实现的作用及功能包括：模拟氢气生产及运输过程、探索最佳制氢规模、发现关键流程、模拟需求供应策略、分析系统经济效益和环境效益、提供设备运行情况和更新策略、做设备选型。

4.2.2　氢能产业链设计

本模型中供应链各方可分为三类企业，包括供电侧、用电侧/氢气供给侧、气体需求方，供应链中各方通过电能供求和气体供求关系进行交互。供电侧有风电场和光伏发电厂，主要功能是根据当日风能情况发电，发电量是随机波动的，然后将不能供给电网的弃电输送到制氢厂。制氢厂既是用电侧，又是氢气供给侧，主要功能是根据自身生产需要使用弃电，利用弃电生产氢气和氧气，同时需要销售和运输。制氢厂中的设备需要自决策过程，因此也作为智能体。模型中各智能体的关系如图 4.5 所示。

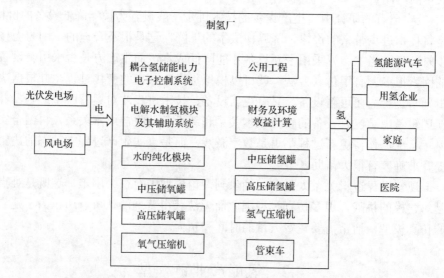

图 4.5　模型中各智能体关系图

其中，风电场与制氢厂电能是需要传输的，包括了升压和降压的过程，电能传输转化过程如图 4.6 所示。

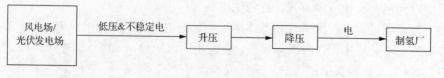

图 4.6　电压转化图

制氢厂主要工作流程及与气体需求方的供给如图 4.7 所示。

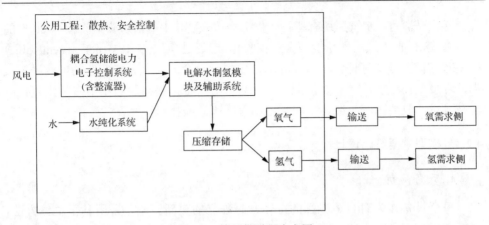

图 4.7　简要供需及生产图

制氢厂接收弃电之后，电力电子控制系统将交流电转化为直流电，水的纯化系统将天然水纯化为去离子水，而后电解水制氢模块利用直流电电解去离子水，生成氢氧混合气体，经过纯化洗涤后分离成氢气和氧气，先进入中压储气罐，压缩机将中压气体压缩后注入高压储气罐，制氢厂根据气体需求侧的订货需求，通过管束车运输至订货方，完成销售过程。

制氢厂氢气产销详细流程如图 4.8 所示。

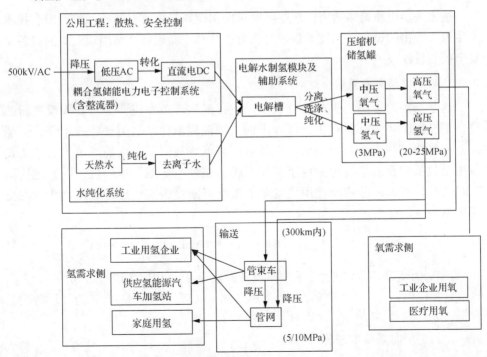

图 4.8　制氢厂详细技术路径及运输方式图

除生产流程，制氢厂还有运行数据分析模块。其中的财务模块将核算 20 年的运营情况，税收政策采用新能源企业税收标准，通过净现值 NPV（net present value）模型和其他财务指标评价项目，并输出结果。社会效益主要指节约的电网平衡成本，环境效益模块将计算氢能源产业链各部分节能减排量，包括节省的煤气化制氢减排量、氢能源汽车减排量和家用燃气减少的减排量。

4.2.3　模型主要策略设计

1. 设备更新

每个设备作为有自适应性的主体，有独立的更新策略，采用基于主体方法，更新主要分为自然更新、技术进步更新和智能决策更新，对应不同的决策逻辑。

1）自然更新策略

自然更新策略适用于所有设备，这种更新是指设备到达使用年限后更新。更新时制氢厂按照当前市场价格，购买新设备，更新对应设备参数，并记录费用，将旧设备未折旧费用一次性计入成本，设备停止工作一段时间用于安装新设备，新设备即可投入生产。

2）技术进步更新策略

技术进步更新策略适用于那些随时可能出现新技术，且新技术将对旧有技术产生很大冲击的设备，当技术进步时将直接选择更新设备。适用该策略的设备是安全控制设施。

3）智能决策更新策略

这是一类为了降低生产运营成本，或提高生产效率进而提高收入而更新的设备更新策略，主要针对生产流程中的关键流程组件，这类设备成本高、耗能高、损耗快、技术进步空间大，设备效率降低或故障后造成的影响大。这类设备主要包括耦合氢储能电力电子控制系统、碱性电解池、压缩机，因其运转情况对效益影响大，故需要使用更复杂的策略判断是否需要进行更新。涉及的更新策略为

$$(nV - v) \times utiBa_{i-1} \times R \times no_i \times (y - i) \geqslant nP \times no_i - p_m \times reV_i \tag{4.3}$$

式中，nV 为新设备额定速度；v 为原设备额定速度；$utiBa$ 为电解槽利用率；R 为气液转换比例；y 为购买时间；i 为当前时间；no 为设备数量；nP 为新设备购买价格；p_m 为旧设备价格；reV 为旧设备残值率。

设备更新时系统的逻辑过程如下：

(1) 记录设备更新时间和状态。

(2) 本设备停止工作。

(3) 若本类设备全部停止工作,制氢厂停止生产。

(4) 设备智能体参数更新。

(5) 制氢厂参数更新。

更新完成时系统的逻辑过程如下:

(1) 设更新完成时间和状态。

(2) 设备开始工作。

(3) 制氢厂重新开始生产。

具体来讲,不同的设备根据自身逻辑,可能进行智能更新的原因是不同的。整流系统更新的原因主要在于随着使用年限的增加,转化过程产生的电能损耗增加,由于用电量大,百分之几的损耗也意味着成本的急剧上升;电解池的更新原因主要在于效率,若能发现新的电极材料,电解速度将得到很大提升,或离子交换膜成本下降,可使用化学电池,效率将得到很大的提升,进而影响产氢量;压缩机的更新可能主要为了更新成大功率压缩机,可加快压缩速度;中压和高压储氢罐大部分情况下会使用到设备使用年限,但也可能随着技术进步,可制造压强更大的安全的高压储氢罐,此时换新设备将提高单次运输的氢气量,节省运输成本;车辆的更新原因是因为磨损严重后经常需要维修,维修成本上升导致继续使用旧管束车不经济,购买一台新车总费用更低。

2. 供应策略

制氢厂生产的氢气供应原则主要是:保证车用,优先工业用,剩余家用,最后进高压储氢罐计入库存。判断逻辑如图 4.9 所示。

生产出氢气后,先要保证加氢站车用氢气量的供应,弃电量不足时生产的氢气若不能满足车用氢气需求,则使用电网用电继续生产,直到满足加氢站的需求;当生产的氢气满足车用以后,优先供给需要使用氢气的企业用来工业生产,若仍有富余则输入天然气管道;当弃电量过大,生产的氢气超过天然气管网的容纳量以后,则将生产的氢气存储在仍空闲的高压储氢罐内;当需求和库存都满负荷以后,停止生产,多余的风电仍将被浪费。

3. 库存管理

制氢厂库存主要受到高压储氢罐限制,满足氢气需求后将生产的氢气存储在高压储氢罐中,用于后续的销售,库存管理模块采用系统动力学方法。以加氢站为例介绍库存消耗过程,如图 4.10 所示,图中各节点为库存系统各模块名称,本章中相关模型图均采取这种方式。

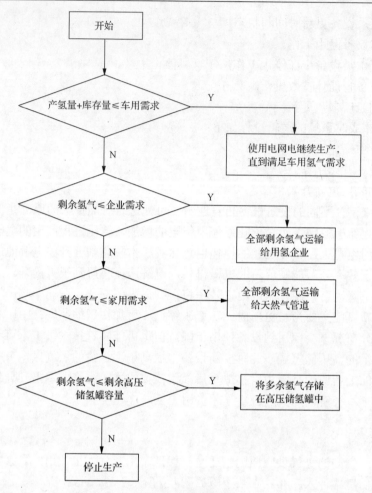

图 4.9　供给逻辑图

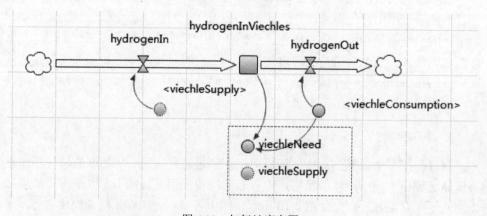

图 4.10　加氢站库存图

　　氢气需求方的库存策略主要根据需求订货，优先消耗库存氢气，库存不足时进货，订货有最低批量限制。图 4.10 加氢站将根据车用氢气需求消耗库存氢气，当库存不足以供应当日需求，则订货，制氢厂运输氢气至加氢站后库存将增加，然后开始新一轮的库存消耗过程，循环往复。

　　其中，库存的消耗过程是需要计算需求量的，部分需求侧需求随时间将增长，然后结合技术参数限制。再次以氢能源汽车的氢气需求举例（图 4.11）。

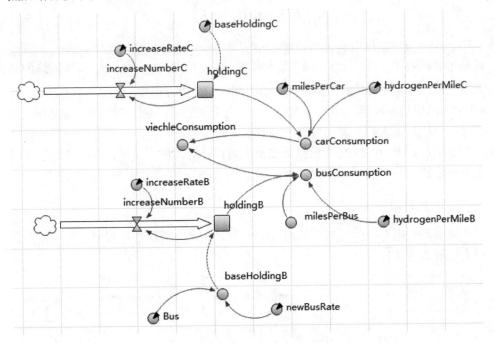

图 4.11　氢能源汽车需氢量计算图

　　图 4.11 所示的逻辑主要是私家车和公交车先根据保有量计算氢气消耗量，公交车和私家车都需要在加氢站加氢，故将两者耗氢量汇总成为车用氢气的总需求，统一进行订货，需求量详细计算逻辑见 4.2.4 节。

4.2.4　电力供给模型

1. 弃电模块

　　风电场和光伏发电厂均为集群式设计，两个模块功能和设计相似，都负责为制氢厂提供电能，供电量受到装机量、电网需求和风能等多因素影响，风电场和光伏发电厂将电网不需要的弃电传输给制氢厂，用于制氢气。弃电模块采用系统动力学方法，计算影响弃电量的各因子之间关系，此处以风电场模块为例详细介绍。

　　弃电量的计算方程式如下：

$$\text{in}C_{\text{w}} = \text{in}R_{\text{w}} \times C_{\text{w}} \qquad (4.4)$$

$$C_{\text{w0}} = \text{bs}C_{\text{w}} \qquad (4.5)$$

$$C_{\text{w}} = \sum \text{in}C_{\text{w}} + C_{\text{w0}} \qquad (4.6)$$

$$\text{mx}P_{\text{w}} = \min(C_{\text{w}}, \text{avl}P_{\text{w}}) \qquad (4.7)$$

$$\text{ex}P_{\text{w}} = \text{mx}P_{\text{w}} \times \text{ex}R_{\text{w}} \qquad (4.8)$$

式中，$\text{in}C_{\text{w}}$ 为当年风电装机增长量；$\text{in}R_{\text{w}}$ 为当年风电装机量增长率；$\text{bs}C_{\text{w}}$ 为风电场基年装机容量；C_{w} 为当年风电场装机容量，初值为 C_{w0}；$\text{mx}P_{\text{w}}$ 为风电场的最大发电量，同时受风速限制和装机量的限制；$\text{ex}R_{\text{w}}$ 为弃电率；$\text{ex}P_{\text{w}}$ 为风电弃电量；$\text{avl}P_{\text{w}}$ 为风电场实际能发出的最大电量，该电量受到风电场所在地区风能影响，风速过大时达到最大利用率，风速不足时则实际发电量降低，风机没有全速运转。

其中，$\text{avl}P_{\text{w}}$ 和 $\text{ex}R_{\text{w}}$ 为根据历史数据随机计算出的弃电率，同时考虑了不同季节风电波动分布的不同情况。

2. 电能传输模块

风电和光电均可做制氢厂的电能供应侧，在电力的传输过程中会产生损失，损失过程如图 4.12 所示。

图 4.12　电能损失图

故制氢厂可用电量实际为

$$\text{acp}P = (\text{ex}P_{\text{s}} + \text{ex}P_{\text{w}}) \times (1 - \text{trs}W_{\text{st}}) \qquad (4.9)$$

$$pE = \text{acp}P \times (1 - \text{cnv}W_{\text{st}}) \qquad (4.10)$$

式中，$\text{trs}W_{\text{st}}$ 为高压弃电到低压电传输和转化过程的损失，高压电的电压越高损失越大，在 1%～10%波动；$\text{acp}P$ 为除去电压损失后的电量为制氢厂从电网实际接受的电量，该电量为制氢厂实际需要付费的电量；$\text{cnv}W_{\text{st}}$ 为交流电到直流电的转化损失，在80%～95%波动；pE 为除去交流电转化损失后的电量为实际上可以用来电解制氢气的电量，该电量用于碱性电解池电解水制氢过程，其他设备耗电采用常规电网电。

综上，弃电量计算过程为：①根据随机分布计算弃电率和风电量；②根据随机分布计算当日最大可发电量；③根据以上公式计算制氢厂可用的电解电量。

4.2.5　制氢厂模型

1. 生产模块

　　生产流程是模拟制氢厂利用电生产氢气的过程，主要包括纯化水、分离气体、压缩气体、存储和运输等步骤。使用流程仿真方法模拟氢气的生产，流程仿真适合模拟生产过程，气体进入高压罐之前是物质流，采用连续流程仿真，进入高压罐后作为离散个体存储和运输，采用离散流程仿真方法。流程示意如图 4.13 所示。

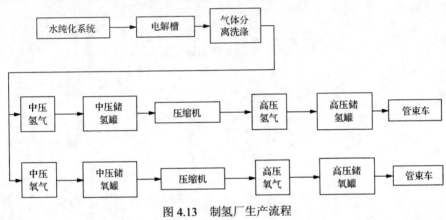

图 4.13　制氢厂生产流程

　　一个设备通常需要多个仿真组件来模拟完整的功能，故模型中的效果图如图 4.14 所示。

　　(1) 电流转化过程。该过程由耦合氢储能电力电子控制系统(含整流器)完成，将根据电能的传输和转化损失，计算出制氢厂可用电量。该可用电量将影响到电解槽实际工作效率。

　　(2) 水的纯化过程。这个过程涉及 3 个组件：水管、纯化罐和储水罐。水管将自来水注入纯化罐，纯化罐满了后停止注入。纯化罐将流经的自来水纯化为去离子水，注入储水罐，去离子水可用于电解。储水罐负责存储纯化后的去离子水，储水罐满了后停止纯化，电解槽水满后停止输出去离子水。

　　(3) 电解水制氢及其辅助流程。这部分也有一个储水罐，用于接收和存储来自纯化设备的去离子水，向电解槽注入去离子水，当电解槽中水满后停止输出去离子水。最重要的是电解槽，用于电解水，产生氢气和氧气的中压混合气。根据随机产生的弃电量，电解槽实时计算工作效率，工作效率与弃电占装机量的百分比之间并非线性关系，而是根据功效计算不同弃电量下电解槽的电解速度，计算逻辑如下：

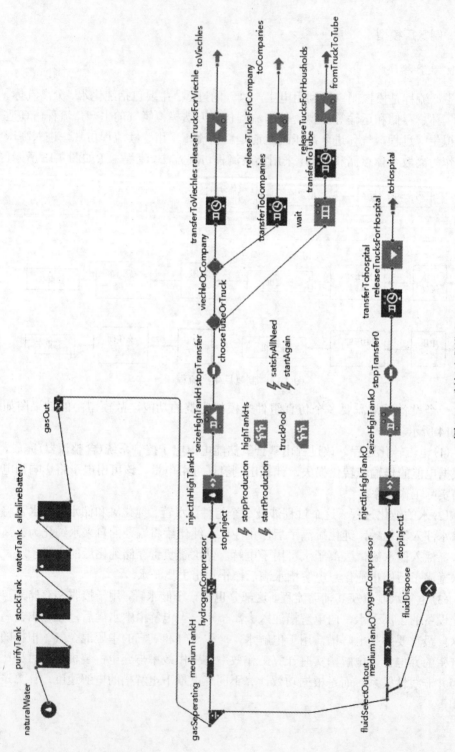

图4.14 制氢流程模型

①若弃电量过大，则电解槽全速运转，并不接受多余的弃电；②当弃电量低于电解槽额定功率的10%时，此时消耗电网上的电量来维持电解槽的基本温度；③其他弃电量下，根据弃电量和功效功率计算实际的电解速度；④记录实际消耗的电量；⑤若因其他原因停止工作，如设备数量不足、需求全部被满足或没有需求，仍将消耗一定电量维持电解槽的基本温度。

辅助系统即气体分离洗涤模块，可将电解槽中混合着的氢气和氧气分离，纯化为中压得纯氢气和纯氧气，注入中压储气罐。

(4)中压储气罐。本模型中中压罐主要作为连接电解设备和压缩机的缓冲罐（部分生产过程中可能将此设备作为存储设备），将电解模块产生的中压氢气和氧气暂时存储在中压罐中，等待压缩机压缩成高压储氢罐，若压缩机停止工作，则气体留在中压罐中，中压罐充满后电解槽将停止电解过程，不再输出气体。中压罐包括中压储氢罐和中压储氧罐，功能类似，分别存储氢气和氧气。

(5)压缩机。压缩机也分氢气压缩机和氧气压缩机，功能类似。氢气压缩机将中压氢气压缩成高压氢气，此过程中气体体积将根据中高压比例产生变化，并注入到高压储氢罐中。当没有空闲的高压储氢罐时将停止压缩，同时依次停止气体的前序生产过程。

特别地，为保持压缩机稳定工作，需要使用电网电能维持压缩机运转，不能用波动较大的弃电，因此压缩机的运营成本包括电费。

(6)高压储存。高压存储设备包括高压储氢罐和高压储氧罐，功能类似，采用储运一体式装置，可与管束车车头连接，完成运输工作。其中高压储氢罐储存高压氢气，按照容量逐个充满，若无空闲的高压储氢罐，则压缩机停止压缩工作。

2. 运输模块

运输采用储运一体的高压储氢罐和车头组成的管束车，当需要往需求侧运输时，车头连接上高压储氢罐组成的车厢即可出发。加氢站和用氢企业需要的氢气采用车运；家用天然气管网内需要的氢气采用车运加管运方式，即先用管束车将氢气运到附近的天然气管道，再将氢气注入天然气管道；医院用氧气采用车运。运输的运行逻辑如下。

(1)氢气的运输优先于氧气的运输。

(2)判断当前是否有运输需求，即全部需求均为零，或需求不为零但已全部被满足，则不进行运输。

(3)若有运输需求，将气体运输给有需求的加氢站、企业和家庭（按次序优先），以及医院。

(4)运输时间根据需求侧类型不同，在不同的时间区间随机波动，耗费成本。

(5)若车辆全部被占用，则停止运输过程。

运输完成后，管束车返回制氢厂，氢气购买方的气体库存增加，制氢厂成本增加，车头和高压储氢罐将分离，分别投入生产过程。

3. 制氢厂运营数据分析模块

运营数据主要包括财务数据、设备运行数据、氢储能系统节约碳减排量和电网平衡成本。

模型中制氢厂年末运营数据包括如下几点。

(1) 收入：各渠道销售收入、碳税潜在收入。

(2) 成本：运营成本、耗费的原材料成本、弃电成本、运输成本及设备的维修、维护、更新和购买成本。

(3) 税费：增值税及其附加和所得税。

(4) 财务指标。

(5) 现金流及净现值。

(6) 资源利用率：设备和弃电的利用率。

(7) 外部效益：碳减排和电网平衡成本。

以下详细介绍不同运营数据：

1) 制氢厂财务数据及指标

$$Rv = \Sigma hP_i \times hV_i + Vo_i \times Po_i \tag{4.11}$$

式中，Rv 为总收入；hP 为不同渠道氢气售价；i 为当前时间；hV 为不同渠道氢气销量；Vo 为氧气销量；Po 为氧气价格。

$$C_t = \sum_{i=1}^{9} E_i + C_{or} + \sum C_{trn} + C_{wP} + C_e + C_w \tag{4.12}$$

式中，C_t 为总成本；E 为制氢厂的9种设备价格；C_{or} 为运营成本；C_{trn} 为运输成本，每次运输时加总；C_{wP} 为使用弃电成本；C_e 为使用电网电成本；C_w 为水的成本。

$$C_{wP} = usExP/(1 - cnvW_{st})P_{wP} \tag{4.13}$$

式中，$usExP$ 为实际使用弃电量；P_{wP} 为弃电价格。

$$C_e = \sum hydrV_i \times elHydr \times P_{el} \tag{4.14}$$

$hydroV$ 为各渠道销量；$elHydr$ 为单位氢气其他设备耗电；P_{el} 为电网电价格。

$$E = C_{dsp} + C_{mt} + \sum C_{rp} + F_{up} \tag{4.15}$$

式中，E 为设备成本；C_{dsp} 为每年折旧成本；C_{mt} 为维护成本；C_{rp} 为维修成本，每次维修时计算；F_{up} 是更新花费。

$$Tx=adVT+adVTs+incT \tag{4.16}$$

式中，Tx 为应缴税费；adVT 为增值税；adVTs 为增值税附加；incT 为所得税。

$$p=Rv-C_t-T \tag{4.17}$$

式中，P 为利润。

$$NPV=\sum\left(\sum cIn-\sum cOut\right)\Big/\left(1+r_i\right)^i-C_{inv}$$

式中，cIn 为现金流入；cOut 为现金流出，在每次支出费用时计算；r 为折现率；C_{inv} 为初始投资，初期项目投入包括建设成本、土地成本、工程设计费、全系统集成调试及费用、安监费。

$$utiExP=usExP/(1-conWst)\times tAcptP \tag{4.18}$$

式中，utiExP 为弃电利用率；tAcptP 为总接收电量。

$$utiBa=hydrPrV/v\times baNo\times 2/3T \tag{4.19}$$

式中，utiBa 为电解槽利用率；v 为电解槽出气速度；baNo 为电解槽数量；乘以 2/3 是因为出气中氢氧比例为 2：1；T 为时间。

$$rvPerWP=Rv/(usExP/(1-conW_{st})) \tag{4.20}$$

$$rvPerC=Rv/C_t \tag{4.21}$$

$$rvPerHy=Rv/hySdV \tag{4.22}$$

$$pR=p/Rv \tag{4.23}$$

$$rtRI=p/C_{inv} \tag{4.24}$$

式(4.21)~式(4.24)中，rvPerWP 为风电单位营收；rvPerC 为毛利率；rvPerHy 为氢气单位营收；hySdV 为氢气销量；pR 为净利率；p 为净利润；rtRI 为单位投资成本净利润率。

2) 节约的电网平衡成本

利用弃风弃电有利于电网平稳运行，将节约电网的平衡成本，因此也将产生一部分效益，只是这部分节约的成本只作为一个风电制氢系统经济性的参考，不计入制氢厂的利润范围。

$$svBlC=(blC-blCHy)\times usExP/(1-conWst) \tag{4.25}$$

式中，svBlC 为节约的电网平衡成本；blC 是没有氢储能系统时电网的平衡成本；blCHy 是有氢储能系统时电网的平衡成本。

3）碳税

目前碳税方案并不确定，费率和计算方法都不明确，故这部分效益暂时不计入收入，计算出来作为一个参考，是一种潜在的收入。

$$\text{cInc} = T_c \times \text{Qut} \tag{4.26}$$

式中，cInc 为碳税收入；T_c 为碳税价格；Qut 为可卖额度。

4）图表

完成以上计算过程后，生成重要数据的图表，动态显示 20 年之内的变化。分别显示产量、成本、收入、财务指标、设备等资源的利用率和环境效益等主要参数，为决策提供直观的数据支持。

4.2.6　氢气需求侧模型

1. 用氢企业和医院

企业及医院的逻辑几乎相同，只涉及参数差别，故此处只以企业为例说明其需求逻辑。

需要利用氢气的生产企业主要有炼油企业、制甲醇企业和合成氨企业，由于地域差异，不同地区分布的用氢企业类型不同，需求量也不同，可根据具体情况进行设置。本文并不重点关注用氢企业生产过程，故这部分没有分企业类型分别预测，将不同企业需求简化为相同的关键过程。

$$\text{hyInCm} = \text{hyI}_c - \text{hyO}_c \tag{4.27}$$

$$\text{hyI}_c = \text{Sup}_c \tag{4.28}$$

$$\text{Nd}_c = \max(0, \text{Cnsp}_c - \text{hyInCm}) \tag{4.29}$$

$$\text{hyO}_c = \min(\text{hyInCm}, \text{Cnsp}_c) \tag{4.30}$$

式中，Cnsp_c 为用氢企业需求量；Nd_c 为企业当前需求；Sup_c 为工业用氢气的供给量；hyInCm 为企业的氢气库存量；hyI_c 为库存流入流量；hyO_c 为库存流出流量。

2. 氢能源汽车

氢能源汽车分私家车和公交车两类，不同车辆类型单位里程的耗氢量不同，车用氢气等于所有车辆需求加总。私家车数量基数大，但氢能源车增长速度慢，且受政策调整影响大，无法准确预知保有量的变化趋势。相反，公交车虽然基数小，但可由政策调控，可按规定比例换成氢能源车，并按可控制的速度增长，且单车耗氢量较大，具有很大应用前景。从制氢厂运输来的车用氢气存储在一个中转站中,供城市内加氢站使用。模型中车辆增长速度可调,可根据不同的预期做估计,方便分析需求组合方案对制氢厂经济效益的影响。

$$\text{inNo}_C = \text{inR}_C \times \text{hd}_C \tag{4.31}$$

$$\text{hd}_C = \sum \text{inNo}_C + \text{bsHd}_C \tag{4.32}$$

$$\text{inNo}_B = \sum \text{inNo}_B + \text{bsH} \times \text{nR}_B \tag{4.33}$$

$$\text{Cnsp}_c = \text{hd}_C \times m_C \times \text{hyM}_C + \text{hd}_B \times m_B \times \text{hyM}_B \tag{4.34}$$

$$\text{hyInV} = \text{hyI}_v - \text{hyO}_v \tag{4.35}$$

$$\text{hyI}_v = \text{Sup}_v \tag{4.36}$$

$$\text{hyO}_v = \min(\text{hyInV}, \text{Cnsp}_v) \tag{4.37}$$

$$\text{Nd}_v = \max(0, \text{Cnsp}_v - \text{hyInV}) \tag{4.38}$$

式(4.31)~式(4.38)中,inR_C 为氢能源私家车数量增长率;hd_C 为氢能源私家车保有量;inNo_C 为氢能源私家车增量;bsHd_C 为氢能源私家车初始数量;bsH 为公交车数量;nR_B 为公交车换氢能源车的比例,该比例可由政策调控;Cnsp_v 为氢能源车总耗氢量;m_C 为氢能源私家车日均行驶里程;hyM_C 为氢能源私家车每公里耗氢量;后缀为 B 的代表公交车数据;hyInV 为加氢站氢气库存量;hyI_v 和 hyO_v 为库存流量;Nd_v 为加氢站需求量;Sup_v 为车用氢气供应量。

3. 天然气管网

家用需求需要通过管道运输,氢气混合天然气存在安全隐患,如前所述,目前国际上的研究及实践探索表明,氢气入天然气管网的安全比例为 5%~20%,因此需求量限制为天然气管网的安全氢容量,并非真实使用量,该部分比例也可调整做方案对比。

$$\text{Cnsp}_h \leqslant \text{Cap}_{tn} \times \text{pct} \tag{4.39}$$

$$\text{hyInHs} = \text{hyIn}_h - \text{hyO}_h \tag{4.40}$$

$$\text{hyIn}_h = \text{Sup}_h \tag{4.41}$$

$$\text{Nd}_h = \max(0, \text{Cnsp}_h - \text{hyInHs}) \tag{4.42}$$

$$\text{hyO}_h = \min(\text{hyInHs}, \text{Cnsp}_h) \tag{4.43}$$

式(4.39)~式(4.43)中,Cnsp_h 为家庭最大可用氢量;Cap_{tn} 为天然气管道的最大容量;pct 为氢气入管网的比例;hyInH 为天然气管道中未消耗完的氢气量;Nd_h

为天然气管道还能接纳的氢气量，即家用天然气当前的需求；Sup_h 为制氢厂供给天然气管网的氢气量。

4.2.7　环境分析模块

环境分析暂时只考虑碳减排。从风能发电到利用弃风弃电制氢，整个产业链都是清洁无污染的，传统上来说，需要利用煤气化制氢，也需要消耗大量电能，而传统的电也是煤发出的，所以新旧两种方式对比，节约的二氧化碳排放量是很可观的。碳排放计算公式如下：

$$S_{hy} = C_{hy} \times hyV_p \times hyD \tag{4.44}$$

$$S_g = C_g \times Clr_{hy} / Clr_g \times hyV_v \times hyD \tag{4.45}$$

$$S_{ng} = C_{ng} \times Clr_{hy} / Clr_{ng} \times hyV_h \times hyD \tag{4.46}$$

$$svC_c = (S_{hy} + S_g + S_{ng}) \times C_c \tag{4.47}$$

式(4.44)～式(4.47)中，S_{hy} 为制氢节约的碳排放量；C_{hy} 为煤制氢碳排放量；hyV_p 为氢气产量；hyD 为氢气密度；S_g 为氢能源汽车节约的碳排放量；C_g 为汽油碳排放量；Clr_{hy} 为氢气热值；Clr_g 为汽油热值；hyV_v 为车用氢气量；S_{ng} 为家用氢气节约的碳排放量；C_{ng} 为天然气碳排放量；Clr_{ng} 为天然气热值；hyV_h 为家用氢气销量；svC_c 为节约的谈治理成本；C_c 为单位碳治理成本。

4.2.8　能效分析模块

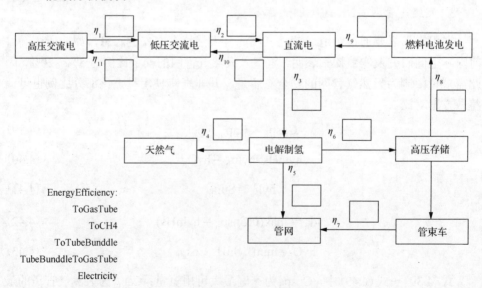

图 4.15　能效分析界面

能效分析界面如图 4.15 所示，是一个运行时的用户交互界面，用户可以根据实际情况在编辑框中输入对应的能效，页面即可显示各技术路径能源转化总效率。能效是指能量在各物质或流程之间转化时的能量转化效率，共 5 种技术路径，分别如下。

(1) ToGasTube：高压交流电-低压交流电-直流电-电解制氢-管网。

(2) ToCH4：高压交流电-低压交流电-直流电-电解制氢-天然气。

(3) ToTubeBunddle：高压交流电-低压交流电-直流电-电解制氢-高压存储-管束车。

(4) TubeBunddleToGasTube：高压交流电-低压交流电-直流电-电解制氢-高压存储-管束车-管网。

(5) Electricity：高压交流电-低压交流电-直流电-电解制氢-高压存储-燃料电池发电-直流电-低压交流电-高压交流电。

其中，η_1 和 η_{11} 互为逆过程，转化率相似，η_2 和 η_{10} 互为逆过程，转化率相似，高压向低压的转化耗能几乎为 0，故从管束车到管网的能量损失来源于车辆运输过程中的耗能，能效参数说明如表 4.3 所示。

表 4.3　能效参数说明

参数	说明
η_1	变压损耗，高压部分越高，损耗越大
η_2	转换损耗
η_3	物质转化损耗
η_4	效率较低
η_5	距离越远损耗越大，管道建设费用高，一般较少采用这种方式
η_6	高压按 200MPa 计，压强越高损失越大
η_7	高压向抵押的转化耗能几乎为 0，能量损失来源于车辆运输过程中的耗能
η_8	再发电效率较低
η_9	一般较小
η_{10}	η_2 和 η_{10} 互为逆过程，转化率相似
η_{11}	η_1 和 η_{11} 互为逆过程，转化率相似

4.3　设备管理模型

制氢厂的主要设备除了达到使用年限后需要更新外，还将按照 4.2.3 节提到的设备更新策略进行更新，同时，每台设备都有损坏维修和维护等状态，不同的状态将对生产过程和利润产生影响，因此需要建模模拟设备的运行过程。此外，为了达到最佳的收益和最大化利用弃电，关键设备的数量需要根据运行情况进行调整。设备管理中主要采用基于智能体仿真方法，每个设备都是具有自决策逻辑的智能体，将设备的运行分解为工作、损坏、维护、更新和技术进步等状态，每个状态根据一定条件进行转化，设备在不同状态的运行逻辑不同。

4.3.1 基本运营策略

所有设备均有基本运营策略逻辑，但有一部分设备只有基本运营策略，这部分设备包括耦合氢储能电力电子控制系统(含整流器)、水的纯化模块、中压储氢罐和中压储氧罐、空冷系统、集成和调试系统。这些设备对电解制氢来说属于辅助设备，数量一般不发生变化，技术更新对生产效率影响较小。故只有基本的维修、维护和自然更新过程。这部分策略中每个设备的具体参数不同，发生以上情况时，对制氢厂及模型参数产生的影响稍有不同，故只在此列出，不分别描述。逻辑及模型图如图 4.16 所示。

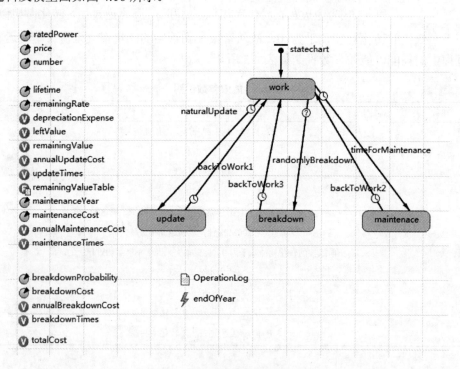

图 4.16　设备基本运营策略及管理

1. 维护

生产过程中，为延长设备使用寿命，保障生产安全和提高效率，设备需要按照维护周期进行定期维护保养，在此期间设备将停止工作，制氢厂产能受限或停止工作。

维护时，同种设备采用逐个维护的机制，被维护的设备将停止工作，耗费随机的一段时间完成维护工作，完成后投入生产，开始维护下一个设备，这样可尽量减少对生产过程的干扰。记录设备维护开始和结束的时间。

维护将花费维护成本，计入设备当年的维护成本，运营成本在年末会统一计入当年制氢厂的设备成本和现金流出。设备会记录自己总的维护次数。

2. 故障

所有的设备都会发生故障，但发生故障的时间是不确定的。设备可能本年度一直正常运行，没有故障，也可能一年故障了几次，故障在生产中是随机出现的，一般只能根据历史数据掌握某个设备的平均故障率。以此为依据，设备将随机地按照一定损坏概率发生故障。故障期间，该设备将停止工作，同种设备若有多个，制氢厂可继续生产，只是当日产能下降，若只有一个设备，制氢厂将停止工作。

发生故障后进行维修，需要耗费随机的一段时间完成维修过程，完成后设备和制氢厂都恢复工作。记录设备故障开始和结束的时间。

故障将花费故障成本，计入设备当年的故障成本，运营成本在年末会统一计入当年制氢厂的设备成本和现金流出。设备会记录总的故障次数。

3. 更新

基本策略中的更新指的是自然更新，即设备到达使用年限后更新为新设备，更新时，制氢厂将购买新设备，将设备的设备参数更新为新设备的设备参数，将制氢厂中设备的相关参数也更新。更新完成后，设备和制氢厂都恢复工作。

更新后，将费用记为更新成本，同时制氢厂销项税增加，未摊销账面价值将转为当年设备成本，残值(若有)计入收入，记录更新完成的时间，统计更新次数。

4. 独立成本核算

每年计算设备的运营成本，包括维修和故障成本，更新成本只影响现金流，并不计入成本，只有更新后当年的折旧计入成本，最后将所需财务数据传递给制氢厂。

不同设备的故障、维护和更新的基本逻辑与前述内容相同，但更新制氢厂设备数据和财务数据时的更新对象稍有不同，均更新只与本设备相关的参数。

5. 运行日志

每个设备有单独的设备运行日志，可以记录维护、故障和更新的开始及结束时间，可以直观的看到多次运行中设备的基本情况，为安排生产过程提供参考。

维修维护更新和增加数量等记录都会输出到文档中，如图 4.17 所示，模型中将 2016 年初设为第 0 年，2035 年末为第 20 年，输出时也以此为时间基准。

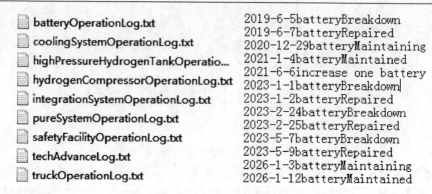

图 4.17　电解槽运营结果示例

电解水制氢及其辅助系统模块、压缩机、高压罐、管束车和安全控制设施这几个模块，除了基本运营策略外，还有自身独特的逻辑过程，以下详细介绍。

4.3.2　电解槽及其辅助系统管理

电解槽作为制氢厂的关键设备，除基本运营策略外，还包括智能更新、增加数量和技术进步等更复杂的决策逻辑。

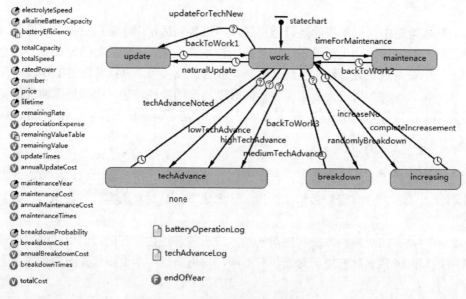

图 4.18　电解槽参数及运行逻辑图

1. 电解槽的更新

(1)智能更新：电解槽将判断是否需要更新，更新的判断条件如前所述，其中旧设备价值前五年采用剩余价值衡量，5 年以后采用残值计算，更新期间电解将停止工作，制氢厂也停止工作，记录电解槽更新开始的时间。

(2) 自然更新：到达使用年限以后更新。

(3) 更新时，将购买新设备，影响制氢厂当年的运营成本，将电解槽的设备参数更新为新设备的设备参数，同时将制氢厂中电解槽的相关参数也更新。

(4) 需要耗费随机的一段时间完成设备更新，完成后电解槽和制氢厂都恢复工作，记录更新完成的时间，统计更新次数。

2. 技术进步

技术进步不是电解槽主体的决策，但这属于电解槽可能会发生的变化，故将此逻辑布置在这里。

(1) 技术进步分高、中、低 3 种，每种技术进步发生时，价格和生产效率将发生不同程度的变化。

(2) 电解槽发生技术进步时将记录进步时间和类型，同时页面将显示技术进步的类型。

(3) 技术进步不耗费模型的运行时间，不影响生产。

3. 增加数量

(1) 电解槽的数量受如下几个因素的影响：上一年弃电量、弃电利用率、需求量、需求满足情况、电解槽利用率及更换以后收入成本比。保守设置的判断条件为

$$\text{utiP}_i \leqslant \text{s\&\&} \tag{4.48}$$

$$\text{utiBa}_i \geqslant \text{t\&\&} \tag{4.49}$$

$$[(1-\text{hsR}_i) \times \text{hsN}_i \times \text{hsP} + (1-\text{cmR}_i) \times \text{cmN}_i \times \text{cmP}] \times \text{pR}_i > \sum E_i / y \times \text{utiBa}_i \tag{4.50}$$

其中，

$$\text{hsR}_i = \sum_{j=i-T}^{i} \text{hsR}_j \bigg/ T \tag{4.51}$$

$$\text{cmR}_i = \sum_{j=i-T}^{i} \text{cmR}_j \bigg/ T \tag{4.52}$$

式 (4.48)~式 (4.52) 中，utiP 为弃电利用率；utiBa 为电解槽利用率；hsR 为家用氢气需求一年内满足率；hsN 为家用需求量；hsP 为家用氢气售价；cmR 为工业用氢需求一年内满足率；cmN 为工业用需求量；cmP 为工业用氢气售价；pR 为前一年利润率；E 为所有配套设备的价格，包括电解槽、压缩机和中压储氢罐；y 为期望收回投资成本的时间；i 为当前时间；T 为统计时间，暂设一年；s、t 为阈值。

(2)增加数量时记录时间和数量。

(3)电解槽相关参数更新,制氢厂中电解槽相关参数更新。

(4)支出费用,影响制氢厂现金流,计入成本。

4.3.3　压缩机管理

压缩机的数量与高压储氢罐数量相关,无需自我决策数量变化过程,更新原因也是需要与高压罐的压强变化相匹配,故这两部分逻辑是压缩机独有的,压缩机行为如图 4.19 所示。

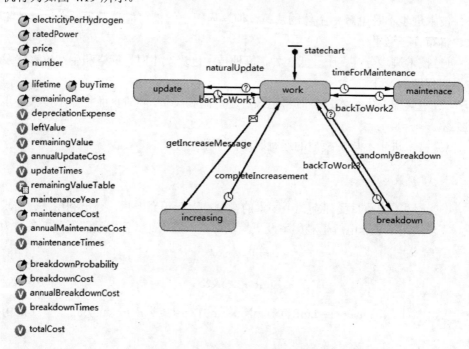

图 4.19　压缩机参数及运行逻辑图

1. 更新

(1)自然更新:到达使用年限以后更新。

(2)强制更新:压缩机的更新不受自身变化的影响,而是需要根据高压储氢罐的更新而更新的,当接收到高压罐更新的信息后,为匹配相应压强的压缩机,将进行压缩机的更新过程。

(3)更新时,将购买新设备,影响制氢厂当年的运营成本,将压缩机的设备参数更新为新设备的参数,同时将制氢厂中压缩机的相关参数也更新。

(4)需要耗费随机的一段时间完成设备更新,完成后压缩机和制氢厂都恢复工作,记录更新完成的时间,统计更新次数。

2. 数量变化

(1) 当接收到电解槽的数量变化指令时，改变压缩机的数量。

(2) 数量变化时，需要产生采购成本。

(3) 数量变化并不影响原本压缩机的运行，完成后压缩机的数量将改变。

4.3.4　高压罐和安全控制装置管理

高压储氢罐和安全控制设施除基本运营策略外，还会因为出现重大技术进步更新新设备，运营策略如图 4.20 所示。

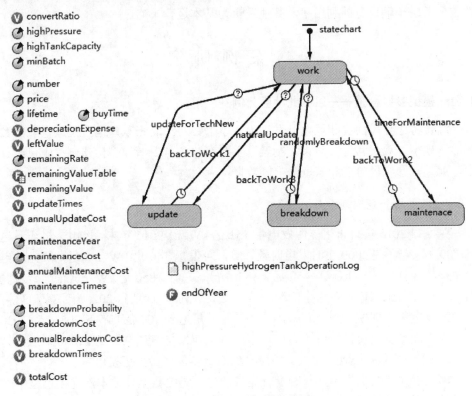

图 4.20　高压储氢罐运营图

安全控制设施的特点是新产品的推出速度快于其他设备、几乎无耗能无损坏和数量一般无需变化。安全控制设施虽然对运营过程来说存在感较弱，但它是必需的设备，且对此设备的投入并不能单纯地用价格衡量，而是应该考虑该设备若安全性低将会造成的潜在伤害。因此本书给这类设备设置的更新条件为：当出现性能明显优越的产品时，只要价格在可承受范围内，则更换设备。

目前有研究机构致力于研发压强更大的高压储氢罐，以提高运输和存储效率，若发生技术进步，则需要将压缩机进行更新。

4.3.5　管束车管理

管束车有两个特点：一个是本质上它只有一个车头，因此损坏到需要停止工作程度的可能性很小，且故障以后维修速度一般较快，故这部分参数明显与其他设备不同；另一个是它没有太大的技术更新，一般只会使用到无法工作的年限为止。

管束车的数量按照经验来说是与储氢罐数量和需求相匹配的，但多次运行以后观察发现，管束车的利用率偏低，即使增加少量储氢罐并不会立即提高车辆利用率，故其数量变化只需要考虑本身的利用率，因此，管束车增加数量的判断条件主要考虑车辆自身的利用率，其他逻辑为基本运营策略。

4.4　案例研究

4.4.1　模型参数设置——以张北地区为例

综合考虑弃风情况和风电开发潜力，本书针对河北张家口地区某风电厂的数据输入模型，观察其运行效果。制氢厂主要参数在 4.2 节模型构建过程中已经列出，此处只介绍供电侧和氢气需求侧数据。

1. 风电场和光伏发电厂模块

张家口 2015 年可再生能源发电量 151 亿 kW·h。2015 年末，风电装机容量达到 700 万 kW，按 2000 小时发电时数计算，可发电 140 亿 kW·h。远期风光发电总量可达 800 亿 kW·h（风）+450 亿 kW·h（光），总计 1250 亿 kW·h。根据最新发布的《河北省张家口市可再生能源示范区发展规划》，计划到 2020 年张家口可再生能源发电装机规模达到 2000 万 kW，年发电量达到 400 亿 kW·h 以上。到 2030 年可再生能源发电装机规模达到 5000 万 kW，年发电量达 950 亿 kW·h 以上，如图 4.21 所示，为张北地区某风电场检测到的全年风能最大可发电量。

河北省光伏发电量小，暂时没有光伏发电厂详细数据，故本次建模过程中暂时不计算光伏发电厂的弃电数据，若应用到其他地区，光伏发电厂数据可以补足，同样地，也可能出现没有风电场的情况。

弃电率主要受风速、电网需求、政策调控、节日、异常天气等各种因素的影响，无法建立准确对应关系，故只从弃电率本身数据特征进行计算，本模型中考虑了不同季节风电波动分布，设定了不同时段的风电最大可发电量和弃电率分布，据此采用蒙特卡洛模拟随机计算风电场弃电情况，如图 4.22 所示，为张北地区某风电场全年弃电情况分布。

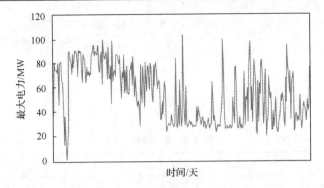

图 4.21　张北地区某风电场检测到的全年风能最大可发电量

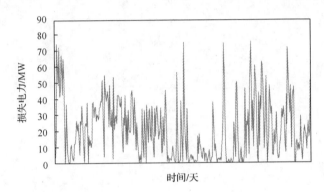

图 4.22　张北地区某风电场全年弃电情况分布

2. 需求参数

河北炼油投产产量近 3000 万 t/年，在建 1000 多万吨，规划还有 1500 万吨；全国炼油总产量接近 3 亿 t，如果按照平均每吨原油炼制需氢 1%计算，全国总需氢量可达 600 万 t，河北总需氢量 50 万 t。本书主要考虑河北省内的用氢企业。全国合成氨总量近 6000 万 t，总需氢量可达约 1060 万 t；河北省年合成氨总产量约 310 万 t，耗氢量约为 55 万 t。河北炼油投产产量近 3000 万 t/年，在建 1000 多万 t，规划还有 1500 万 t；全国炼油总产量接近 6 亿 t，如果按照平均每吨原油炼制需氢 1%计算，全国总需氢量可达 600 万 t，河北总需氢量 50 万 t。工业企业采购过程较为市场化，按市场占有率衡量，假设该制氢厂初始市场占有 50 万 t 的工业用氢市场，以后每年增加 5%。

车辆总体需氢量较小，公交车由于可以受公共政策调控，因此将主要考虑公交车用氢，可设置公交车初始采用比例为 20%，私人用氢能源汽车数量基数和增长率均小于公交车。

根据《张家口市发展和改革委员会 2015 年度天然气迎峰度冬工作总结》中提

供的数据，2015 年月平均天然气使用量约为 40 万 m^3，冬季明显多于夏季。入网安全比例为 5%～20%，该参数初始设置为 20%，做对比方案时可调整该比例。

3. 能效参数

能量参数见表 4.4。

表 4.4　能效参数值

参数	波动范围/%	建议取值
η_1	90～99	95
η_2	80～95	90
η_3	70～85	80
η_4	60～80	65
η_5	95～100	98
η_6	85～95	90
η_7	90～95	95
η_8	45～60	50
η_9	90～98	95
η_{10}	80～95	90
η_{11}	90～99	95

建议取值只是系统默认值，用户可根据实际情况调节能效参数。

4.4.2　不同运行方案的对比分析

本模型在 RAM 为 128GB 的计算机上运行 10～15min 输出一次实验结果，输出的结果包括利润表数据、净现值、碳排放、财务指标、电网平衡成本等很多指标，不能一一在此列出。当考虑最优方案时，暂时以 NPV 和投资回报率为最优方案的衡量标准。

1. 供应策略方案

两种策略下，综合考虑初始投资收益率和 NPV，均是优先车用氢气经济性更好，如图 4.23 所示。家用氢气利润率非常低，优先家用后经济性较差，篇幅有限不在此处放出图表结果。

此外也对比了不同管束车数量的方案，与图 4.24 结果类似，篇幅有限没有放出运行结果。

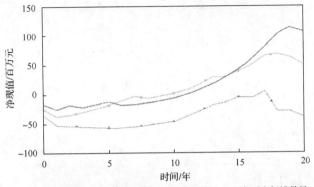

　　— 原电解槽数量：1 高压罐数量：4 管束车数量：2 更新后电解槽数量：5
　　— 原电解槽数量：2 高压罐数量：5 管束车数量：2 更新后电解槽数量：6
　　— 原电解槽数量：3 高压罐数量：6 管束车数量：2 更新后电解槽数量：5

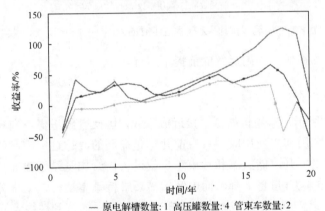

　　— 原电解槽数量：1 高压罐数量：4 管束车数量：2
　　— 原电解槽数量：2 高压罐数量：5 管束车数量：2
　　— 原电解槽数量：3 高压罐数量：6 管束车数量：2

图 4.23　优先车用氢-无碳税-无技术进步时的 NPV（上）和初始投资收益率（下）

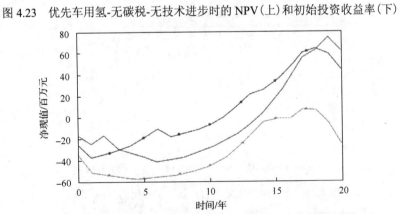

　　—原电解槽数量：1 高压罐数量：4 管束车数量：2 更新后电解槽数量：5
　　—原电解槽数量：2 高压罐数量：5 管束车数量：2 更新后电解槽数量：6
　　—原电解槽数量：3 高压罐数量：6 管束车数量：2 更新后电解槽数量：7

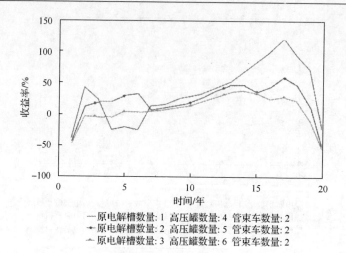

　　　　——原电解槽数量: 1 高压罐数量: 4 管束车数量: 2
　　　　—•—原电解槽数量: 2 高压罐数量: 5 管束车数量: 2
　　　　—▲—原电解槽数量: 3 高压罐数量: 6 管束车数量: 2

图 4.24　优先工业用氢-无碳税-无技术进步时的 NPV(上)和初始投资收益率(下)

以下结果均在优先车用氢气的前提下运行。

2. 氢气应用方案

　　如图 4.25 所示,家用价格低,接近成本线,因此曾经考虑不向家用管道输送氢气,但只有车用和工业用时,只有前几年是盈利的,超过一定时间之后,由于车用氢气需求量上升,储氢罐和管束车负载过大,给加氢站运输非常耗时,因此单位时间销售的氢气量将下降,而电解槽需要维持基本运行,大部分时间只是耗费电量维持一定温度,因此成本急剧上升,导致最后的营利性很差。

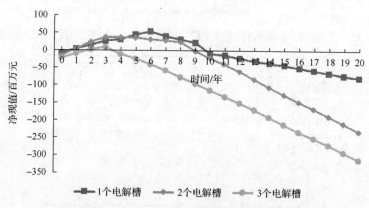

图 4.25　无家用、优先车用、其次工业用的 NPV 比较

3. 技术进步的影响

可以看出有技术进步时，各种方案的经济性均优于图 4.3 中优先车用无技术进步的情况。

每次运行技术进步的情况都不同，图 4.26 的运行采用同一随机数，过程中只发生了一次因技术进步而更新设备的情况。若有更多技术进步，则营利性将会更好。

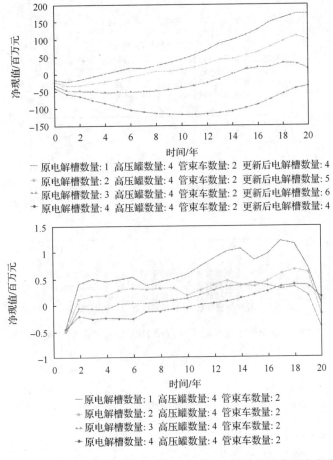

—— 原电解槽数量：1 高压罐数量：4 管束车数量：2 更新后电解槽数量：4
—— 原电解槽数量：2 高压罐数量：4 管束车数量：2 更新后电解槽数量：5
—— 原电解槽数量：3 高压罐数量：4 管束车数量：2 更新后电解槽数量：6
—— 原电解槽数量：4 高压罐数量：4 管束车数量：2 更新后电解槽数量：4

—— 原电解槽数量：1 高压罐数量：4 管束车数量：2
—— 原电解槽数量：2 高压罐数量：4 管束车数量：2
—— 原电解槽数量：3 高压罐数量：4 管束车数量：2
—— 原电解槽数量：4 高压罐数量：4 管束车数量：2

图 4.26　有技术进步时不同规模 NPV（上）和初始投资收益率（下）

4. 碳税的影响

如图 4.27、图 4.28 所示，有碳税时的经济性优于无碳税，且有碳税无技术进步的影响幅度略微超过上述有技术进步无碳税的情况，可以看出碳税对清洁能源发展的推动作用。且在这种情况下，装机量为 10MW 的经济性与 5MW 的经济性差别与前两种情况比都缩小了很多。

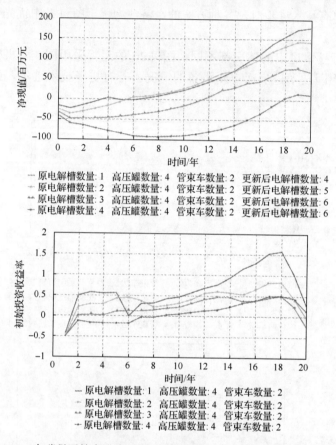

图 4.27　有碳税无技术进步时不同规模 NPV(上)和初始投资收益率(下)

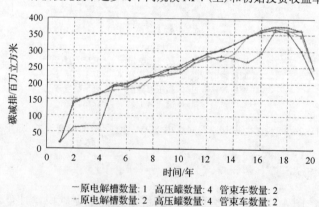

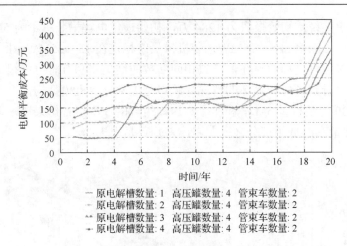

图 4.28　有碳税无技术进步时，每年碳减排(上)和电网平衡成本(下)

其实若加上电网平衡成本，10MW 的经济性将稍微优于 5MW。考虑到氢储能的其他外部效益，如节约的碳减排量，装机量为 10MW 时的总体效益将更加优于 5MW。

5. 方案确定

以下分析均基于优先车用氢气、无碳税、有技术进步、规模动态调整的方式运行。

1) 最佳电解槽装机量分析

如图 4.29 所示，第 20 年时大部分设备需要更新，所以 NPV 会向下，因此衡量 NPV 最优的标准是第 19 年的 NPV 值以及趋势差别。

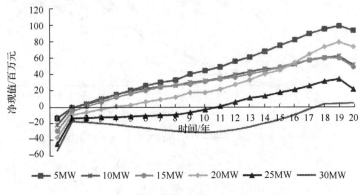

图 4.29　不同装机方案对比

若不考虑碳税，初始投资为 1284 万，初始最优电解槽装机量为 5MW，受技术进步影响，可能追加 5~25MW，装机量最终稳定在 15~25MW，回收期 2 年。

由于众多随机过程的存在，导致相同参数的结果差别有时可以很大，这样的优点就是可以看到最好和最坏的情况，缺点是大部分随机模型均需多次运行取随机数。图 4.30 为装机量 5MW 和 4 个高压罐组合的 5 次运行结果图，可以看出最低的 NPV 比最高的低了三分之一左右，差别还是很大的。

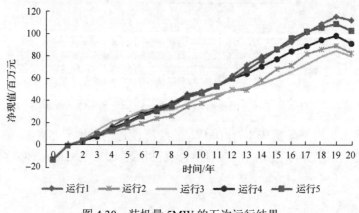

图 4.30　装机量 5MW 的五次运行结果

2) 储氢罐数量

不同的电解槽需要配备的最佳高压储氢罐数量不同，两者的组合也将对 NPV 产生影响，图 4.31 是装机量 5~20MW 配备 4~6 个高压储氢罐的 NPV 分析。

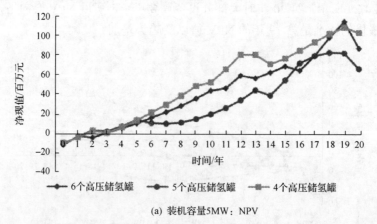

(a) 装机容量 5MW：NPV

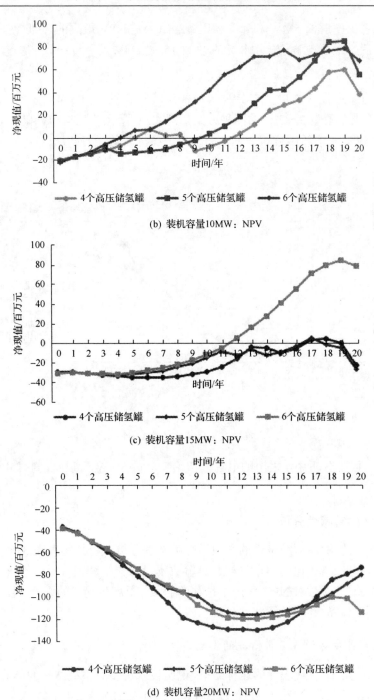

(b) 装机容量10MW：NPV

(c) 装机容量15MW：NPV

(d) 装机容量20MW：NPV

图 4.31　电解槽和高压罐的不同组合 NPV

可以看出电解槽 5MW 和 4 个高压罐的组合是 NPV 最高的,回收期只有 2 年,多次运行后,最后电解槽一般稳定在总数 15~25MW。

3) 管束车数量

上述方案中发现装机量 5MW、4 个高压罐和装机量 10MW、5 个高压罐的组合最佳,管束车数量 2~3 个的四种方案如图 4.32 所示,综合 NPV 和设备利用率,装机量 5MW,4 个高压罐和 2 辆车的组合是经济效益最好的。

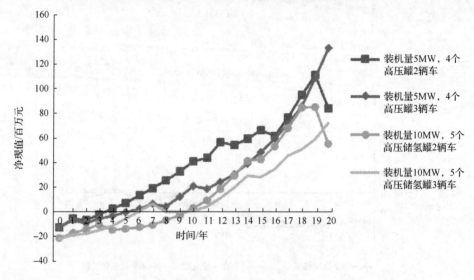

图 4.32　管束车方案对比

因此,以下分析中,采用的电解槽初始装机量 5MW,高压储氢罐 4 个,管束车 2 辆。

4.4.3　参数的敏感性分析

本节针对影响模型经济性的参数进行敏感性分析,包括氢气在 3 个渠道的销售价格、弃电价格、电网用电价格、运输成本、公交车转换数量、水价。初始投资等固定成本类参数对 NPV 只产生平移的影响,不产生趋势的影响,且只会提前或延后回收期,故并不做敏感性分析。

1. 技术进步对设备运行情况的影响

这里挑选 3 个有代表性的运行结果,说明技术进步对模型结果的影响,图 4.33 中 batteryNo 的数值含义为,1 对应 5MW,2 对应 10MW,以此类推。3 种运行结果对应的更新次数和最终装机量为：5、15MW；2、25MW；0、30MW。可以发现，技术进步次数越多，最终制氢厂需要的电解槽数量就会越少。当技术进步导致设备更新次数增加时，会增加产能，进而提高需求满足率，降低制氢厂需要的电解槽数量。相应的，技术进步越多，NPV 越大，但对回收期没有影响。

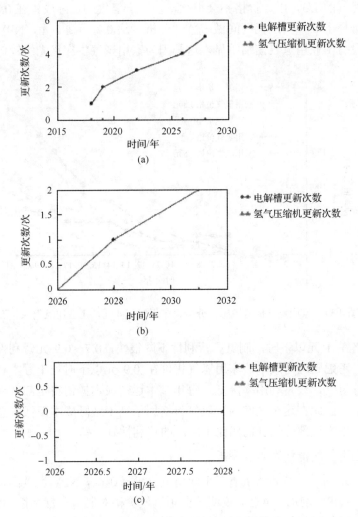

图 4.33　batteryNo=1 时的 3 种运行结果

　　不过，技术进步在现实中与模型中都是可遇不可求的，目前将高、中、低 3 种幅度的技术进步可能性保守地设置为为万分之三、万分之三和万分之五。

2. 氢气价格敏感性分析

1）家用氢气价格敏感性分析

如图 4.34 所示，家用天然气价格一般在 2～3 元之间，依地区而不同，氢气热值是天然气的 1/3，因此价格不会很高，但生产氢气的边际成本在 0.7 元左右，所以此处选择了 0.7～1.5 元区间做敏感性分析。从 0.7 元到 1 元，NPV 增加了一倍，幅度没有工业用氢气差别明显，这是因为家用氢气供应优先级较低。

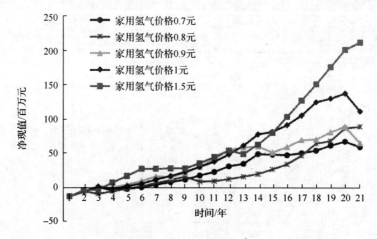

图 4.34　家用氢气价格敏感性分析，车用氢气 4 元，工业用氢气 3.5 元

当价格在 1 元以下时，制氢厂营利性下降很快，0.7～0.9 元营利性变化幅度相对平缓。考虑到运营成本，家用氢气售价在 0.9 元以下时处于亏本状态，但不生产此部分氢气，设备利用率降低，每年基本运营成本摊销将全部转移到企业和家用氢气上。因此在这个区间内，氢气价格属于高于边际成本但低于总成本的状态，制氢厂生产该部分氢气仍然比不生产的营利性好一些。

2）工业用氢气价格敏感性分析

如图 4.35 所示，从趋势上看，工业用氢气价格越高，NPV 也越高，从 3 元提高到 3.5 元，NPV 增加了 4 倍。说明工业用氢气价格对制氢厂营利性影响非常大，因为工业用氢气量很大，优先级虽然比车用氢气低，但车用氢气量小，所以制氢厂主要在满足工业用氢需求。这也说明项目实施所在地区氢气价格对部署相关项目有最重要的影响。

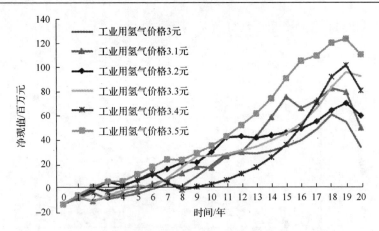

图 4.35　工业用氢气价格敏感性分析，车用氢气 4 元，家用氢气 1 元

3) 车用氢气敏感性分析

如图 4.36 所示，车用氢气运输成本较高，需要运送到大城市的指定地点，因此成本偏高，价格也偏高。车用氢气价格为 3.5 和 4 元时，经济性差别不大，但达到 4.5 元时，明显高于另外两种价格。这是因为车用氢气需求量明显小于另外两种需求，因此在 3.5~4 元时，销售车用氢气维持在稍微盈利的状态，NPV 主要受到很多其他因素影响，在某个范围内产生波动。而在 4.5 元时，不论其他运行状况如何，都将明显的提升制氢厂盈利状况。

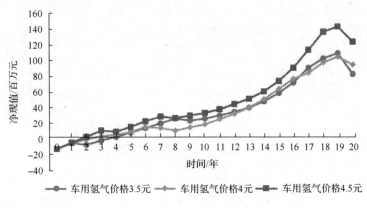

图 4.36　车用氢气价格敏感性分析

3. 风电价格

如图 4.37 所示，风电价格的变化对 NPV 的上升速度有很大影响。当价格超过 0.15 以后，NPV 每年增量趋于平均，当风电价格大于等于 0.1 元时，NPV 增速明显加快，而当风电价格为 0 时，甚至最后一年全部设备更新成本都没有使 NPV

向下，说明利润非常高。超过 0.21 元后将无法盈利。

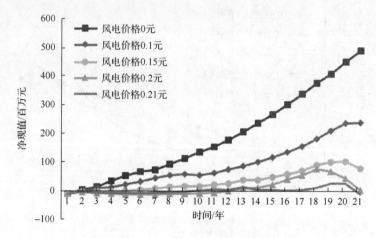

图 4.37　风电价格敏感性分析

可以看出风电价格对制氢厂盈利情况影响最大，相差一毛钱，意味着一倍的
NPV 差别。因此风电价格是制氢项目建立时需要与供电方重点协商的参数。

4. 电网电价格

制氢厂除电解槽使用弃电外，其他设备需要稳定的运行，其中压缩机耗电量
相对较大，因此电网的电价对制氢厂的经营也有一定影响，如图 4.38 所示。价格
从 0.5 元上涨到 1 元时，经济性下降约 30%。

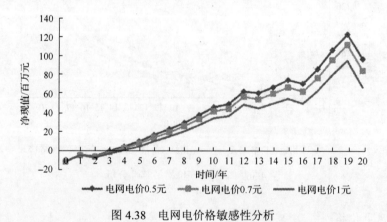

图 4.38　电网电价格敏感性分析

5. 运输成本敏感性分析

如图 4.39 所示，运输成本占制氢厂成本比重 30%~40%，因此对利润影响很

大，尤其是供应给企业和车用的氢气，需要运输的距离很远，每单位氢气运输成本甚至可能超过生产成本。当单车运输成本超过 3500 元以后，制氢厂在第六年收回成本，且一旦有设备更新，制氢厂现金流将会很紧张。因此单车运输成本若能在 3000 元及以下，制氢厂才能有较好的经济效益(图 4.39)。

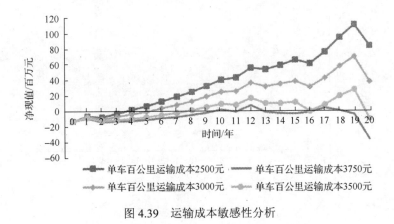

图 4.39　运输成本敏感性分析

6. 氢能源车数量

公交车属于可以受公共政策控制的部门，所以可以调控初始转换比例，但从图 4.40 可以看出从 20%~40%，NPV 在第 19 年差别不大，只是回收期长了，只有达到超高的 50% 时，NPV 才比其他方案高出 20%。有时政策的实施过程可能会遇到各种各样的阻碍，过高的转换比例可能并不可行，因此公交车初始转换比例可以不必过高，以后每年增速加快也是一种可行的选择。

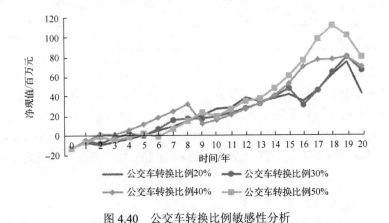

图 4.40　公交车转换比例敏感性分析

7. 水价

数据本身稍有差别，画成折线图后可看出 3 条线几乎重合，因为水的用量很小，占成本的比例也小，所以用水成本对制氢厂经济效益影响几乎为 0（图 4.41）。

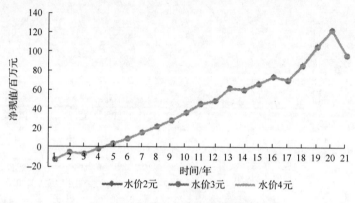

图 4.41　工业用水价格敏感性分析

4.4.4　运营数据全面分析

根据以上敏感性分析及方案对比，采用表 4.5 的参数全面分析制氢厂的运营状况，参数设置偏保守，成本偏高，价格偏低。

表 4.5　运行参数表

参数名称	电解槽数量/MW	高压罐数量/个	管束车数量/个	家用氢气价格/元	工业用氢气价格/元	车用氢气价格/元	风电价格/元	电网电能价格/元	水价/元	公交车转氢能源车比例/%	运输成本/(元/车)	土地成本/元
参数值	5	4	2	1	3.5	4	0.15	0.6	5	30	3000	2000000

运行结果如下。

家用氢气的供应优先级低，因此在第 17 年往后，由于车用和工业用的氢气量需求很高，家用氢气属于供不应求状态，如图 4.42 所示。

由于成本设得偏高，NPV 只有 4000 万，如图 4.43 所示，投资 1284 万元，在第 3 年回收投资成本。最终电解槽装机量为 20MW，分别在第 2 年、第 9 年、第 19 年增加了 1 个。

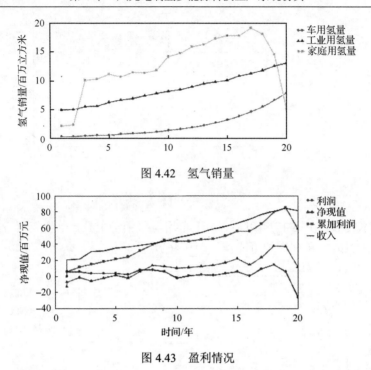

图 4.42　氢气销量

图 4.43　盈利情况

成本随着销量增加而增加，如图 4.44 所示，但在第 17 年以后，车用氢气需求量增加，运输成本急剧上升，导致成本也增加得很快。虽然最开始氢气使用量较小，但只要保持增长势头，未来车用氢气也是有很大增长空间的。

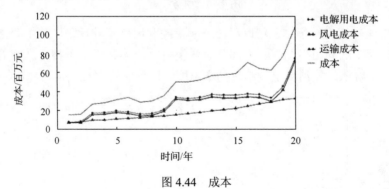

图 4.44　成本

本次运行中，电解槽更新了两次，在多次的运行经验中看属于中等偏上水平。大部分时候电解槽更新次数为 0~1 次，有时也会更新 2~4 次，在多次模拟实验过程中只有 3 次出现了电解槽更新 5 次，一次出现更新 6 次的情况。更新较多的实验中，营利性普遍优于没有更新的实验。

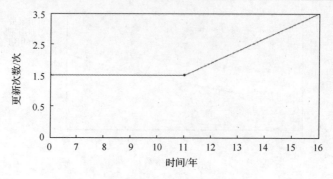

图 4.45　电解槽更新次数

与成本类似，在第 17 年以后，由于车用氢气销量上升，单位氢气带来的营业收入增加，但成本和利润却下降，如图 4.46 所示。

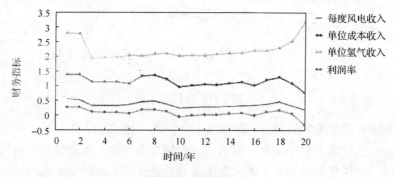

图 4.46　财务指标

如图 4.47 所示，第 18 年以后，电解槽的利用率不升反降，这主要是因为高压罐和管束车的利用率偏高，大部分时候没有高压罐和管束车将生产好的氢气销售出去，电解槽只能消耗电量维持基本温度，因此利用率低。

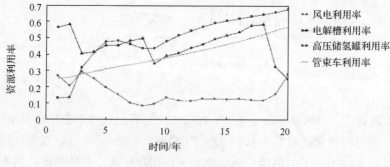

图 4.47　资源利用率

初期虽然只有几十万,但当设备数量增加后,制氢厂使用的弃电量可达到百万级别。节约的电网平衡成本可鼓励电力系统接纳氢储能的方式,也可为弃电议价提供支持,如图 4.48 所示。

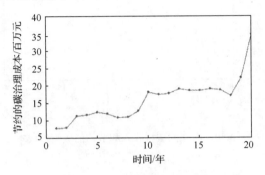

图 4.48　节约的电网平衡成本

图 4.49~图 4.50 是耦合氢储能系统的环境效益,可以看出总体节约的碳排放量是非常可观的。其中只有生产氢气节约的碳才是有碳税收入的,目前并不真正计入制氢厂收入,车用氢气和家用氢气节约的数量只算整体环境效益。

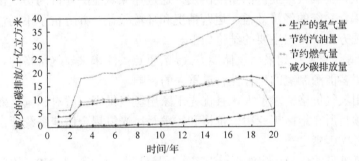

图 4.49　减少的碳排放量:m^3

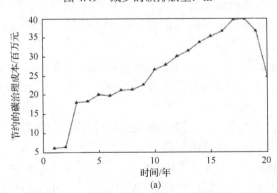

(a)

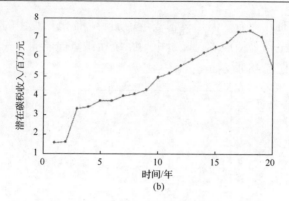

图 4.50　潜在的碳税收入和节约的碳治理成本

4.5　本 章 小 结

1. 研究结论

本文从整个氢气产业链的角度出发，通过建立氢能产业链的仿真模拟模型，衡量风氢耦合系统的经济效益、运营情况和环境效益，并分析了不同情况下合适的项目实施方案，得出主要的结论如下。

(1) 能源体系若计划采用氢储能方式，需重点关注未来氢气价格的走势及需求量，这对于多能源制氢的可行性有最重大的影响。

工业用氢气价格需求量大，且优先于家用氢气供应，故对制氢厂效益影响最大，因此项目所在地区工业用氢价格和需求是风光氢耦合储能系统项目选择地区时的主要考虑因素之一。

家用氢气虽然供应优先级低，当需求量持续增长以后，对 NPV 的影响也不容小觑，但同体积天然气热值是氢气的 3 倍，因此家用氢气价格不会太高，家用天然气的主要意义是对其利用了清洁能源，减少碳排放，同时对制氢厂来说可以提高设备利用率，避免浪费。

车用氢气对纯度要求高，但因使用量小，且运输成本高，因此成本和价格都偏高。然而市场机制决定价格受供求关系影响，但不会高于汽油的使用成本，否则不利于氢能源汽车的增长。

(2) 对制氢厂营利性第二重要的因素是风电价格。若制氢厂与风电场有更紧密的附属关系或商业合作，则这部分成本可以得到很大提升，同时电网将节约平衡成本，达成双赢局面。若风电超过 0.2 元/kW·h，则回收期将快速延长，对项目运行影响极大。鉴于制氢采用的风电是一种弃电资源，同时考虑到制氢厂对环境的贡献、对电网平衡成本的贡献和提高风机利用率等因素，制氢厂的风电价格可以有较大议价空间。

(3)技术进步是一个很大的不确定性因素，以最坏情况做计算，仍可盈利，但若发生技术进步，制氢厂只需少量设备即可获得更高的收益。

新能源领域目前很多技术不成熟，尤其是不同类型电解槽的价格差别大。本模型中考虑使用碱性电解槽，目前该技术已经可以大规模应用。但碱性电解槽电极易损耗，维护一次成本高昂，效率一般。

若全社会加大对新能源领域投入，进而产生效率更高、单位成本更低的电解槽和压强更大、存储量更高的储氢罐，不仅可以提高耦合氢储能系统的可行性，推动氢能经济的发展，也将对整个新能源产业产生深远影响。

(4)碳税实行以后，将扩大可行的制氢规模，同时，经济性将得到提升。

目前碳税还未在我国实行，国际上碳税的标准相差较大，因此本书没有将碳税列入收入范围。但若将来确定征收碳税，对耦合氢储能系统和其他所有利用清洁能源的生产方式都起到极大的推进作用，将扩大清洁能源的使用总量，进而促进我国能源体系转型，淘汰落后高污染产业，开辟新的经济增长模式，并改善日渐恶化的生存环境。

(5)弃风弃电制氢项目，除经济效益外，还有重要的环境效益，若氢气能在整体能源体系中占据一席之地，那么对于碳减排将有很大贡献，可以节约大量的碳治理成本。

2. 未来展望

本书所涉及的模型未来可在以下 3 个方面进一步探索。

(1)设备方面，由于各类技术参数难获取，无法得到主要部件损耗导致的效率参数的变化情况数据，且设备的残值变化情况无法准确给出每一年的数值，新旧设备涉及生产效率的参数差别未知，虽然更新策略是对的，但其中的参数可能和实际运行中设备的参数稍有差别，导致更新决定有偏差。

若有以上数据的详细情况，可以准确地检测设备每时每刻的运行情况和参数变化，残值也更加接近市场价格实际值，那么模型中设备更新策略的准确性将会得到提高。

(2)风电的发电量与风速做联动。目前是根据不同时段的最大可发电量历史数据随机出当前的最大可发电量。若能从地理信息系统中获得某个具体位置的一手风速数据，通过连续几年的数据检测，给出该地区的风能历时曲线，再结合风速与不同功率风机发电能力的函数关系，对风电场实际可发电量的模拟会更符合能源领域习惯的方法。

(3)整个系统产生的外部效益，除碳减排外还有很多方面。如环境指标，包括废水废物排放量、对水质造成的污染、对空气造成的污染等；社会效益指标，包括人才数量和科技发展等。若把这些因素都纳入模型的考核中，对风光氢多能源转化系统的评价将更全面。

第5章　风光电耦合制氢系统经济效益评价

5.1　研　究　概　述

1. 问题提出

随着世界化石能源资源进一步趋紧以及全球性环境的持续恶化，能源利用方式将进一步向节能、高效、清洁和低碳化方向发展。可以预见，未来世界能源结构将发生重大改变，清洁的可再生能源将逐步成为主要能源形式。我国的能源结构以煤为主，燃煤为我国提供了70%的发电量，同时也带来了严重的环境污染、资源枯竭和温室效应等问题。能源结构不合理导致能源利用率较低，能源供需不平衡的问题日益凸显。因此，开发清洁能源成为国家能源发展战略的重要组成部分。

风能资源作为一种清洁的可再生能源，一直受到广泛关注。风力发电作为当今可再生资源发电技术中最成熟、最具有大规模开发条件和商业化前景的发展方式，有着巨大的经济、社会和环保价值，已成为世界各国争先开发的可再生能源。从风电的发展现状及我国能源发展的中长期规划可以清楚地看到，我国的风电发展已经步入了快速发展的通道。但由于可再生能源普遍具有随机性、间歇性等特点，风电在发展的时候也遇到一些困境。首先，风能的间歇性和波动性导致风电的发电品质不高。随着风电的装机容量增速迅猛，并网风电穿透功率日趋增大，风电的发电品质对电网安全带来挑战。无论在重视可再生能源发展的欧洲诸国，还是在可再生能源发展迅速的我国，都存在大规模可再生能源与并网容量有限性之间的矛盾，一定程度上存在可再生能源入网受限的问题。其次，我国风电资源分布不平衡，对电网公司的配套建设能力提出了很高的要求。风电出现了较高比例的弃风弃电现象。转变可再生能源利用思路，开拓多种能源转换形式，对无法入网的可再生能源转换利用，提高可再生能源综合利用效率，是未来高效利用可再生能源推进清洁替代的重要战略选择。

氢是一种高效、清洁、可持续的理想能源载体，适合大规模存储和运输，同时氢能的二次利用不仅利用效率高，而且不会产生任何污染。合理利用氢能是缓解能源污染和实现能源可持续发展的有效方法。根据风电发电系统的特点，探索耦合氢能系统的风电多能源转换系统，是解决弃风弃电现象的理想途径。该系统的技术原理是将富裕的电能(波动性大额电能、弃电等)经电解水过程转化为氢能，并储存和输运，或进一步将氢与二氧化碳反应合成甲烷，进入天然气管网加以利用。其技术路径与其他储能技术最大的不同点体现在：制取出的氢气可通过储存、输运等环节直接应用于下游各种氢能利用产业，实现电-氢转化与储运分离，不仅有利于提升整体电网的能源利用效率，而且对缓解电力输送压力具有非常重要的意义。目前，该技术处于技术提升阶段，本书对不同应用模式的风电制氢系统进行经济性分析，并开发可视化风电制氢系统效费分析软件，为未来大规模投资、运行类似的系统提供理论支持和决策依据。

风电制氢作为新兴的能源产业，必然存在一些亟待解决的弊端。风力发电具有涉及面广、技术复杂、波动性大的特点，加上风电制氢系统投资成本高昂，我国大多数投资方跟企业对风电制氢系统并没有全面和清晰的认识，对风电制氢系统的经济性评价研究不成熟，进而导致盲目投资的现象广泛存在。所以能否对风电制氢系统进行充分的经济性分析，直接影响系统的运行效益，包括能否节约资金、提高资源利用率和系统利用率，优化风电制氢方案及促进地区发展。风电耦合制氢系统将来能否成功运营，很大程度上取决于投资前技术经济评价是否准确。本书对构成风电耦合制储氢及燃料电池发电系统的各设备(或子系统)、材料及基建等因素给出详尽的建造成本分析，并根据风电场具体的弃电量给出制氢项目成本模型。在进行风电耦合制氢项目投资之前重点关注不同运行模式下的经济性分析，建立净现值分析模型，分析不同模式下在投资年限内的净现值情况，进行敏感性分析，找到最优的投资方案，避免造成巨大的社会资源浪费。

综上所述，本书的研究意义主要为以下 3 点。

(1)建立风电制氢系统的效费分析模型。风电耦合制氢系统的收益和成本各因素之间的关系是定性和定量的混合，其中涉及的抽象、复杂变化难以统一和定量化表现，通过编程语言用计算机软件进行模型构建、模型分析、模拟试验,分析各相关参数对于风电制氢系统经济性的影响程度情况，建立风电制氢系统的效费分析模型。

(2)对相关项目的经济可行性研究提供参考。我国对于投资和建设风电制氢系统的成本规模分析和定价分析还比较空白，对该行业经济可行性研究的具体方法还没有一个比较详细的参考样本，本书的研究希望能为风电制氢系统及其相关项目的经济可行性研究提供参考。

(3)为投资者提供参考性建议。新能源行业利润率普遍不高，且投资额较大，投资回收期很长，很多企业呈现亏损状态，市场竞争很激烈。通过对系统进行经济性评价研究，为投资者提供市场分析、效费分析、定价分析、方案选择等一系列参考数据，帮助投资者做出正确的项目决策。系统经济性分析的准确性直接影响投资者能否以最小的投资换取最大的经济效益，对投资者进行项目投资决策及整个项目建设运行都具有十分重要的作用。

2. 研究现状

1）国外文献综述

在很多工业发达国家，风电制氢系统的应用已取得一定的成果。2011 年 10 月率先由德国 E.ON 和 Greenpeace Energy 等能源公司合作，在德国东北部的勃兰登堡州普伦茨劳建立 6MW 的风-氢示范项目，在用电需求高峰时段，优先将风电全部并入电网，在（夜间）电力需求低估时段，则通过电解水的过程将风电转化为氢气存储起来，然后通过天然气管网混掺氢气输送至附近热电厂，有需求时进行热电联供。显著提升了可再生能源消纳能力。此外，英国、加拿大、希腊、西班牙、挪威等国家都有氢储能技术的示范项目运行。

风电制氢系统的主要用途是消纳多余的风电量，调节电网品质，生产的氢气可直接出售，用作新能源汽车的燃料或工业用氢，但是氢气的生产成本偏高。Linneman 和 Wilcknes（2007）对比了两种不同的风电制氢方案，一种是分布式小规模制氢，另一种是大规模集中式制氢，并比较了汽油和氢气的外部成本和内部成本。小规模制氢项目氢气的价格是大规模制氢项目氢气价格的两倍多，而如果同时考虑内部成本和外部成本，氢气和汽油的总成本相差不大。Jorgensen 和 Ropenus（2008）重点研究了风电制氢系统在 4 种不同的风电穿透率下氢气的生产价格，将生产价格表示成其他几种的函数。在所选区域内氢气的最小生产成本为 $0.41 \sim 0.45$ 美元/m^3，比普通汽油价格贵很多。Shaw 和 Peteves（2008）重点研究了风电和氢能之间的协同增效效益，根据风电的穿透率、氢气的价格和碳税这 3 个指标，将风电制氢系统分为 4 种不同的应用模式，用成本收益法评估了这 4 种应用模式对最终用户的影响。发现当风电的穿透率和氢气的价格都很低时，风电-氢项目的经济性并不好；而当氢气的价格和碳税都很高时，风电制氢系统的经济性明显变好。最后对折现率、电解槽的装机容量和风电的价格进行了敏感性分析。Antonia 和 Saur（2012）对加利福尼亚的一个大型风电制氢系统进行分析，氢气主要用于加氢站。通过修正的 H2A FCPower 模型计算出风电制氢系统每天的产氢量是 40000kg，可供应加利福尼亚 1%的新能源汽车。通过对风电制氢系统的设备成本和运营成本进行分析，计算出当内部收益率为 8%时，氢气的平准化单位成本为 5.5 美元/kg。

氢具有二次发电零排放的特点，在需要的时候可以以燃料的形式加以利用，达到合理利用能源、提高能源的转换率和利用率的目的。随着技术的进步，还有很多文章研究耦合燃料电池的风电制氢系统。Confente et al.（2010）以西班牙的一个风电场为例，当居民用电需求处于低谷时，风力发电机所发电力将主要用于电解水制氢，而制取的氢气储存于高压储氢罐中；当风速较低或无风时，氢燃料电池发电。通过此系统可将风电场装机容量提高到 54.8MW。Celik et al.（2012）研究在某个小镇建立耦合燃料电池的风电制氢系统，当风电场的发电量大于上网电量时，多余的风电量通过电解槽生产氢气，氢气存储在高压储氢罐中；当用电高峰期，风电场的发电量不能满足上网电量时，燃料电池启动发电，文章列举了 3 种不同的风电穿透率和两种不同的电解槽规格，通过方案对比法分析各个方案氢气和燃料电池发电量的平准化能源成本，发现这两种成本随着风电穿透率的升高而下降。Abdelwahab et al.(2015) 等利用 Matlab–Simulink 对位于苏格兰的某个耦合燃料电池的风电制氢系统进行模型仿真，仿真模型包括风力发电机子模块、碱性电解槽子模块、氢气存储子模块和燃料电池子模块。各子模块的参数包括稳态参数和实验参数两部分，通过对比真实的风电制氢系统校验仿真模型的真实性。该模型可模拟不同情景下风电制氢系统的运行流程。Özden 和 Tari(2016) 同样利用 TRNSYS 软件对某个耦合燃料电池的风电制氢系统进行仿真模拟，验证该系统的发电量可满足急诊室一年的用电需求。将系统的生命周期设为 20 年，计算发电量的度电成本为 0.6225 美元/kW · h。

还有一些文章同时考虑风电制氢系统的多种应用模式。Beccali et al.(2013) 提出了一种确定风电制氢系统最佳规模的优化方式，并通过实例计算，确定风电制氢系统在不同应用模式下的最佳规模，发现当风电的穿透率较高时，氢气的价格和汽油相比具有优势，而当氢气用于氢燃料电池时，只有当风电的穿透率超过 75% 时氢气才能满足当地市场的需求。

2) 国内文献综述

目前，我国的风电制氢还属于发展阶段，虽然已经有一些示范项目建立，但还不具备规模化应用的条件。关于风电制氢经济性研究的文献也很少，主要集中在以下几篇文献中。

时璟丽(2015) 等针对北方地区弃风电量用于制氢的商业应用，提出了在风电场附近制氢的方案，产生的氢气可就地利用、用管束车运输或用天然气管网；也可通过电网直供电的方式生产氢气。对各个方案的经济性进行估算和对比分析，发现氢气的需求对风电制氢项目的经济性有着至关重要的影响。氢气就地利用是经济性最好的一种方式，如果氢气在当地没有市场，则在氢市场端制氢的经济性比用管束车将氢气外输的经济性好。用天然气管网的方式还需要国家政策的支持。

方世杰(2012) 等对并网型耦合制氢系统的产能进行设计，然后对该系统的效费及净现金流进行分析。最后以东海风电场为例，分析其经济性和项目敏感性因素。如果利用东海风电场的弃电进行风电制氢，风电耦合制氢项目大概在 4 年的时候可收回投资成本。且技术进步对年产氢量的影响并不明显，而弃电的价格对项目经济性的影响非常显著。

杜成刚(2011) 等通过建立新能源项目的综合指标评价体系来评估东海风电场制氢项目的可行性。指标体系包括资源类指标、经济类指标、环境类指标和社会类指标。通过专家打分法和模糊层次分析法确定各项指标的权重。发现耦合制氢系统明显提高了风电场的资源利用率,在经济类指标中效益指标的评分也比较高,耦合制氢系统对风电场的环境效益并不明显。

可见,国内关于风电制氢系统经济性分析的研究还比较缺乏,对该行业经济可行性研究的具体方法还没有一个比较详细的参考样本。虽然国外这方面的文献比较多,但是风电制氢技术的发展在各国存在差异,设备类型、成本和国家政策都有很多不同,所以对我国的风电制氢系统进行详细的效费分析是很有必要的。本书对不同应用模式下的风电制氢系统建立详尽的效费分析模型,模型包括产能分析、成本分析、经济效益分析和环境效益分析、敏感性分析。利用平准化能源成本法和净现值法,建立数理模型分析风电制氢系统的最佳规模,并开发可视化风电制氢系统效费分析软件,以可视化界面的方式实现数据交互性的输入输出,实现了风电制氢系统效费分析的智能化和可操作性。

5.2　风电制氢系统介绍

1. 系统构成及工作流程

1) 系统构成

风电制氢系统包括以下几个子系统。

控制系统:电力电子控制模块(包括交流整流器)、安全控制设施。

电解制氢系统:中压碱性电解槽、氢氧除雾分离器、氢氧平衡阀、过滤器、稳压罐组成。

存储系统:中压缓冲储氢罐、高压储氢模块。

压缩系统:压缩机。

辅助系统:分离器、洗涤器、冷却器、碱液泵水、供给设备、水温控制设备、抽水泵、通风设备、供暖设备、供电设备等,以及控制和调节阀门,工况测量的在线和远程仪表。

2) 风电制氢工作流程

电解水制氢是由电能提供动力,通过化学反应将水分解成氢和氧的过程。根据电解质类型的不同,电解制氢系统可分为碱性电解槽、聚合物薄膜电解槽及固体氧化物电解槽。其中碱性电解槽是历史最悠久的电解方式,具有技术成熟、经济性最好和易于操作等特点,因此本书采用的是中压碱性电解制氢系统,如图 5.1所示。风电场富裕的风电(弃电)首先经过电力电子控制系统降压整流变成直流电,然后进入中压碱性电解槽,电解槽产生的氢气经过分离、洗涤和纯化后进入压缩存储模块。由于电解制氢需要消耗大量电能,高昂的用电成本一直是制约风电制氢系统发展的主要因素，而利用风电场闲置的风能进行制氢，不仅可以大大降低风电制氢系统的用电成本，还可以调节并网风电的品质，在提升电网安全性能的同时降低调控系统的使用成本和维护成本，提高整个风电场的资源利用率。产生的氢气可通过天然气管网或管束车直接出售给用户，还可通过燃料电池再转换成电能，调节电网用电负荷，实现资源的综合利用。

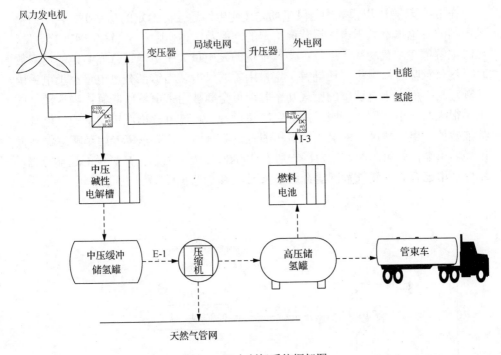

图 5.1   风电制氢系统框架图

2. 风电制氢应用模式分析

根据上一节的分析可知，风电制氢系统主要有两种应用模式，如表 5.1 所示，第一种应用模式是最大化利用闲置的风电生产氢气，氢气可用于传统工业用氢、供应氢能源汽车的加氢站和家庭用氢。在这种模式下风电制氢系统实现的是电-氢转换，最终产物为氢气；第二种应用模式是将风电制氢系统作为电力存储单元，生产的氢气先存储在储氢罐中，在需要的时候通过燃料电池再发电，调节电网的电力平衡。这时风电制氢系统实现的是电-氢-电的转换，最终产物为电能。本节主要将风电制氢系统分为这两种应用模式进行经济性分析。

表 5.1　风电制氢系统应用模式

电-氢转换应用模式	电-氢-电转换应用模式
①氢气通过管束车运输，需要高压存储模块； ②氢气直接接入天然气管网，与天然气混合运输，不需要高压存储模块	氢气通过燃料电池再发电

注：本节不考虑制氢系统中氧气的使用。

在电-氢转换应用模式中，风电场先按照电网运营商给定的功率数并网，如果风电场的发电量不大于电网运营商给定的功率数时，风电场不会产生闲置的电量，这时电解槽在空载功率下运行；当风电场的发电量大于电网运营商给定的功率数时，这就意味着风电机组还拥有一定量闲置的风电。当这部分风电量小于电解槽的额定功率但大于电解槽的空载功率时，可全部被用来电解水制氢；当这部分风电量很大时，电解槽将按照最大额定功率运行，超过电解槽额定功率的风电量将被浪费掉。电解槽产生的氢气经过压缩存储后可通过管束车等专用车辆运输到氢市场需求端，管束车的运输范围一般在 300km 以内。为了提高氢气的运输范围，还可利用已有的天然气管网混合运输氢气。该模式下的流程图 5.2 所示。

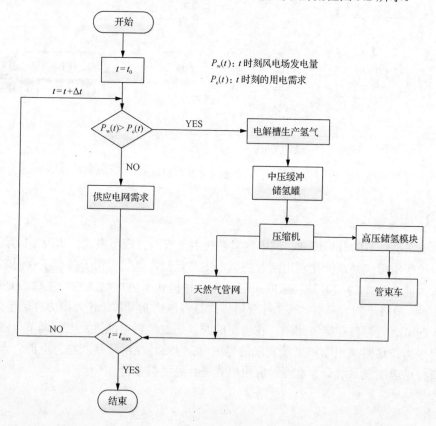

图 5.2　电-氢转换应用模式流程图

氢具有二次发电零排放的特点，在需要的时候可以燃料的形式加以利用，达到合理利用能源、提高能源的转换率和利用率的目的。燃料电池是一种将化学能转化为电能的化学装置，具有利用率高、环保和可以定制等特点，所以风电制氢系统还可以耦合氢燃料电池，作为电力存储单元。在正常风速发电情况下，风机发电除了主要用于居民的日常生活消耗外，还有一部分被用于电解水制氢，而制取的氢气首先需要通过压缩机增压，然后储存于高压储氢罐中以备燃料电池使用；当风速较低或无风时，燃料电池启动供电；当居民用电需求处于低谷时，风力发电机所发电力将主要用于电解水制氢，而后进行储存。电-氢-电转换应用模式的流程如图 5.3 所示。

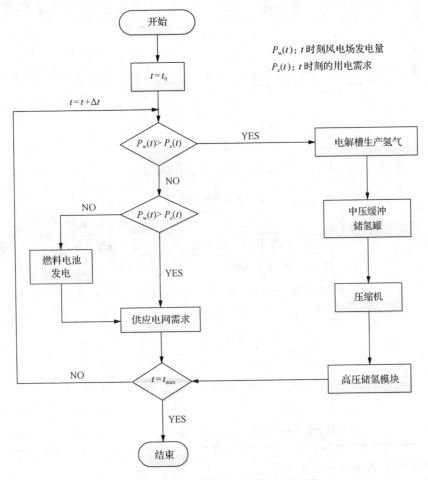

图 5.3　电-氢-电转换应用模式流程图

3. 能效转换率

在电能、化学能、热能相互转换的过程中，必然伴随着不同程度的能源转换损失和各能源转换系统中并不直接输入能源转换设备的耗电量。这也导致输入能源转换设备的能量总是大于该设备输出的二次能源的能量。而这些能源之间的转换效率又直接影响最终的产量。图 5.4 是制储氢过程中的能源转换图，用 η 代表能效转换率，如表 5.2 所示。可见，在多种氢能应用模式下电-氢转换和电-氢-电转换中的每一步都有转换损失。

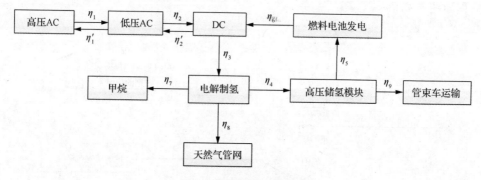

图 5.4　能效转换路线图

表 5.2　能效转换率

符号	含义	取值范围/%	本书取值/%
η_1 / η_1'	从高压交流电到低压交流电变压器的转换效率	~100	98
η_2 / η_2'	从低压交流电到直流电的转换效率	80~95	95
η_3	电解槽将电能转换成氢能的转换效率	70~85	80
η_4	氢气通过分离、洗涤、纯化和压缩后的转换效率	85~95	90
η_5	燃料电池的发电效率	45~60	60
η_6	逆变系统的转换效率	90~98	95
η_7	氢气与二氧化碳结合生成甲烷	60~80	70
η_8	氢气直接通过天然气管网输送到用户端	95~100	98
η_9	氢气用管束车运输的过程中会出现热值损失	70~90	80

本节主要考虑 3 条转换路线：

① $\eta_A = \eta_1 \eta_2 \eta_3 \eta_4 \eta_9$；② $\eta_B = \eta_1 \eta_2 \eta_3 \eta_8$；③ $\eta_C = \eta_1 \eta_2 \eta_3 \eta_4 \eta_5 \eta_6 \eta_2' \eta_1'$

5.3　风电制氢系统效费分析模型

5.3.1　参数符号说明

表 5.3 列出本章涉及参数,其中数据来源栏中,实际值是提供的初始数据,计算值是通过本文计算后得到的值,预测值是通过一定的方法预测出的未来数据。

表 5.3　参数符号说明

参数符号	参数意义	数据来源
N	项目的生命周期/年	实际值
AC	年总成本/万元	计算值
AR	年总收入/万元	计算值
P_{N_E}	电解设备的额定功率/kW	实际值
P_{idle}	电解设备的空载功率/kW	实际值
P_{DC_day}	每日风电场的空闲风电量/kW·h	实际值
P_{AC_day}	经电力电子控制系统减压变流后的风电量/kW·h	计算值
E_{ELY}	生产单位氢的电解设备能耗/$(kW·h/Nm^3)$	实际值
$Q_{H_2\_year}$	电解槽的年产氢量/Nm^3	计算值
P_{N_FC}	氢燃料电池的额定功率/kW	实际值
LHV_{H_2}	氢气的热值/$(kW·h/kg)$	实际值
$Q_{electronics\_year}$	氢燃料电池的年发电量/kW·h	计算值
$NPV_{RS^{electronics}}$	燃料电池发电收入的净现值/万元	计算值
g_{H_2}	氢气价格的通货膨胀率	预测值
g	一般的年通货膨胀率	预测值
g_{EE}	电价的年通货膨胀率	预测值
P^{H_2}	氢气价格/$(元/Nm^3)$	实际值
$NPV_{RS^{H_2}}$	氢气销售收入的净现值/万元	计算值
M_t	将氢气的年耗电量转换成年耗煤量/t	计算值
Q_m	燃煤的热值/(MJ/t)	实际值
V_i	第i项污染物的环境价值$(元/kg)$	计算值
Q_i	第i项污染物 的排放量/kg	计算值

参数符号	参数意义	数据来源
C_{env}	常规燃煤电厂的年环境成本/万元	计算值
NPV_{RS}	外部环境价值的净现值/万元	计算值
C_{land}	土地、厂房的初始成本/万元	实际值
CF_t	土地、厂房每年摊销额/万元	计算值
C_k	设备 k 的初始投资/万元	实际值
$C_{investment}$	初始投资成本/万元	计算值
$NPV_{O\&M}$	期间费用的净现值/万元	计算值
P_{EE}	单位风电的价格/(元/kW·h)	实际值
P_{EI}	单位工业用电的价格/(元/kW·h)	实际值
E_C	压缩机压缩一单位氢的电能消耗/(kW·h/Nm³)	实际值
$NPV_{electronics}$	耗电成本净现值/万元	计算值
P_w	单位水的价格/(元/吨)	实际值
CW	电解制氢系统生产单位氢气的耗水量/(kg/Nm³)	实际值
NPV_{water}	耗水成本净现值/万元	计算值
C_{fix_k}	设备的维修费/万元	实际值
N_{fix_k}	设备的维修周期/年	实际值
N_k	维修的次数	计算值
NPV_{fix_k}	设备 k 维修费用的净现值/万元	计算值
g_k	设备 k 每年价格下降的百分比/%	预测值
Lg_k	设备 k 价格下降百分比的极限/%	预测值
I	项目的折现率	预测值
$Life_k$	设备 k 的使用寿命/年	实际值
Y_{k-g}	设备 k 价格下降的年份/年	计算值
$N_{first\_r\_k}$	设备 k 在价格下降期间的更新次数	计算值
N_{r_k}	设备 k 总的更新次数	计算值
NPV_{r_k}	设备 k 更新费用的净现值/万元	计算值
P_{TR}	运输一单位氢的运输费用/元	实际值
NPV_{CT}	管束车运输费的净现值	计算值

续表

参数符号	参数意义	数据来源
C_0	项目的年增值税/万元	计算值
C_1	项目的年营业税及附加/万元	计算值
C_2	项目的年所得税/万元	计算值
LCOE	单位能源成本/元	计算值
NPV_A	用管束车运输时项目的净现值/万元	计算值
NPV_B	用天然气管网运输时项目的净现值/万元	计算值
NPV_C	电-氢-电转换应用模式的净现值/万元	计算值

5.3.2　风电制氢系统产能分析

1. 电-氢转换应用模式

风电制氢系统的产能是由风电场的闲置风电量和风电制氢系统的装机容量共同决定的，风电制氢系统的装机容量，是指该系统实际安装的电解制氢设备额定有效功率的总和。图 5.5 的柱状体代表某风电场 5 月份的日闲置风电量(波动性大额电能、弃电等)，由于风力发电具有不稳定性，每日的闲置风电量是波动的。横线代表电解制氢系统额定装机容量下的日耗电量。当闲置的风电量小于横线且大于生产氢气的最低风电量要求时，此部分风电将全部被用来电解水制氢；当闲置的风电量超过横线时，电解槽将按照最大额定功率运行，超过横线部分的风电量会被浪费掉；当风电机组的发电量不大于电网运营商给定的功率数时，风电场没

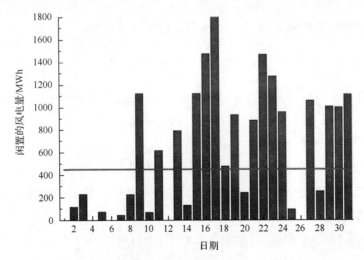

图 5.5　闲置风电量

有闲置的风电量，电解槽在空载功率模式下运行，保持待生产的状态。这里假设电解槽的空载功率是 P_{idle}。当已知风电场的日弃电量 P_{AC_day} 和电解制氢系统的额定功率 P_{N_E} 时，可以计算出电解制氢系统的日产氢量 $Q_{H_2\_day}$。

首先将风电场的日弃电量 P_{AC_day} 通过电力电子控制模块（包括交流整流器）变成直流电 P_{AC_day}。

$$P_{DC\_day} = P_{AC\_day}\, \eta_1\, \eta_2 \tag{5.1}$$

式中，$\eta_1\, \eta_2$ 为电力电子控制模块（包括交流整流器）的转换效率。

当 $24P_{N\_E} \leqslant P_{DC\_day}$ 时，

$$Q_{H_2\_day} = \frac{24P_{N\_E}\, \eta_3}{E_{ELY}} \tag{5.2}$$

式中，$24P_{N\_E}$ 为在额定功率下电解槽的日耗电量；E_{ELY} 为解槽生产单位氢气的电耗；η_3 为电解槽的制氢效率。

当 $P_{idle} \leqslant P_{DC\_day} \leqslant 24P_{N\_E}$ 时，

$$Q_{H_2\_day} = \frac{P_{DC\_day}\, \eta_3}{E_{ELY}} \tag{5.3}$$

当 $P_{DC\_day} \leqslant P_{idle}$ 时，

$$Q_{H_2\_day} = 0 \tag{5.4}$$

则电解槽的年产氢量 $Q_{H_2\_year}$ 等于所有日产氢量相加：

$$Q_{H_2\_year} = \sum Q_{H_2\_day} \tag{5.5}$$

当用管束车运输时，运输过程会产生一定的能耗损失，所以这时最终的产氢量 $Q_{H_2\_year}^{A}$ 为

$$Q_{H_2\_year}^{A} = \sum Q_{H_2\_day}\, \eta_4\, \eta_9 \tag{5.6}$$

式中，η_4 为氢气通过分离、洗涤、纯化和压缩后的转换效率；η_9 为氢气在运输过程中的转换效率。

当用天然气管网运输时，运输的过程中也会有能耗损失，这时最终的产氢量 $Q_{H_2\_year}^{B}$ 为

$$Q_{H_2\_year}^B = \sum Q_{H_2\_day}\, \eta_8 \tag{5.7}$$

式中，η_8 为用天然气管网运输的过程中能耗的损失。

2. 电-氢-电转换应用模式

图 5.6 是某地区的典型日电力负荷曲线，可以看出，日负荷曲线波动性较大，存在明显的峰谷差。从该地区的典型日负荷曲线可以看出，00:00～07:00 为用电低谷时期，耗电量主要来自化工、铝业和钢铁等高耗电行业，家庭、公共机构和商业楼宇的用电量极少，普通的工厂也不会进行产品生产。在这种情况下，会出现电力设备产能的闲置。但随着用电需求量的增加，这些电力设备又需要被重新启动，增加电网的发电量。这样频繁的启停电力设备，不仅会直接影响电网运行的安全性，还会减少发电设备的使用年限影响发电企业的经济利益。而中午 10:00～12:00 和晚上的 18:00～22:00 一般为用电高峰，在中午的时段，公共机构、商业楼宇和工厂等生产和营业部门的用电量快速上升，而晚上的时段主要是居民生活用电和工业用电的高峰期，在这个时段，居民家中的各种用电设备将会消耗大量的电能。用电需求的迅速增加可能导致电网出现电能短缺的情况，为了确保电网的安全运行，电网监管部门有时需拉闸限电。为了实现削峰填谷，减少峰谷差，一般在需求侧通过一些激励性机制来改变用户的用电方式。而在发电侧可以将电解水制氢技术应用于电网负荷调整，电网峰谷时多余的电能转化为氢能存储起来，在用电高峰期通过燃料电池将氢气中储存的化学能转变为电能。保证电网的安全运行，减少拉闸限电的次数。

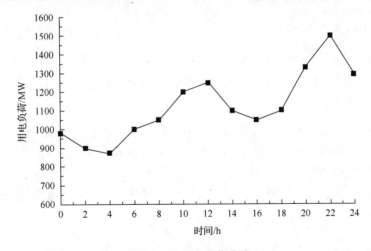

图 5.6　日用电负荷曲线

所以可以将一天的时间分为 4 个时间段：时间段 1$(h_1 < h < h_2)$，时间段

$2(h_2 < h < h_3)$，时间段 $3(h_3 < h < h_4)$ 和时间段 $4(h_3 < h < 24)$。时间段 1 和时间段 3 为谷段，时间段 2 和时间段 4 为峰段。在谷段内，空闲的风电用于电解制氢，氢气存储在储氢罐中。在峰段内，由于用电需求非常大，燃料电池将启动利用氢气供电。

假设在峰段开始的时候高压储氢罐的存储容量为 $M_{H_2\_Tank\_h}$ (kg)，则燃料电池每小时的发电量 P_{FC_h} (W)计算公式如下：

$$P_{FC\_h} = \min\left[M_{H_2\_Tank\_h}\, LHV_{H_2}\, \eta_5,\ P_{N\_FC} \right] \tag{5.8}$$

式中，LHV_{H_2} 为氢气的热值；η_5 为燃料电池的发电效率；P_{N_FC} 为燃料电池的额定功率。

燃料电池发出的电还要经过电力电子控制模块(包括交流整流器)升压整流才能并入电网。

$$P_{FC\_Sale\_h} = P_{FC\_h}\, \eta_1'\, \eta_2' \tag{5.9}$$

式中，$\eta_1'\, \eta_2'$ 为电力电子控制模块(包括交流整流器)升压整流的转换效率。

模式 2 中燃料电池总发电量为

$$Q_{electronics\_year} = \sum P_{FC\_Sale\_h} \tag{5.10}$$

5.3.3　风电制氢系统收益分析

1. 销售收入

销售风电制氢系统的最终产物是风电制氢系统的主要收入来源，在电-氢转换应用模式中最终产物为氢气，在电-氢-电转换应用模式中最终产物为电能。

1)氢气的销售收入

销售氢气所带来的收益由价格和产量决定，这里假设价格预先已定并按一定规律，如通货膨胀率的变化而变化，忽略市场的供求影响，假设所生产的氢气在既定的价格下可全部卖出；而产量变化由整个氢气市场的发展水平、风能发电市场的发展情况及氢气产量对风能市场发展的敏感性决定。销售氢气带来的年收入计算如下：

$$RS_t^{H_2} = P^{H_2}\, Q_{H_2\_year\_t}^{sale} \left(1 + g_{H_2}\right)^t \tag{5.11}$$

式中，$RS_t^{H_2}$ 表示第 t 年氢气的销售收入；P^{H_2} 表示氢气的价格；$Q_{H_2\_year\_t}^{sale}$ 为第 t

年氢气的销售量；g_{H_2} 为氢气价格的通货膨胀率。

则氢气销售收入的净现值为

$$\mathrm{NPV}_{\mathrm{RS}^{H_2}} = \sum_{t=1}^{N} P^{H_2} \, Q^{\mathrm{sale}}_{H_2\_year\_t} \, \frac{\left(1+g_{H_2}\right)^t}{\left(1+I\right)^t} \tag{5.12}$$

式中，N 为项目生命周期；I 为折现率。

2）电能的销售收入

电-氢-电转换应用模式中风电制氢系统的最终产物是电能，所以主要的收入来源是燃料电池发电收入。电价按照规定的上网电价计算。这里不能假设氢气的需求是稳定的，因为燃料电池只有当风电场没有运作或风电场的上网电量小于用户需求时才会运作，而当风电场的上网电量足够时氢气只能存储在储氢罐中。

$$\mathrm{RS}^{\mathrm{electronics}}_t = P^{\mathrm{electronics}} \, Q_{\mathrm{electronics\_year\_t}} \left(1+g_{\mathrm{EE}}\right)^t \tag{5.13}$$

式中，$\mathrm{RS}^{\mathrm{electronics}}_t$ 代表第 t 年燃料电池发电带来的收益；$P^{\mathrm{electronics}}$ 为上网电价；$Q_{\mathrm{electronics\_year\_t}}$ 为第 t 年燃料电池发电的上网电量；g_{EE} 为上网电价的通货膨胀率。

则发电收入的净现值为

$$\mathrm{NPV}_{\mathrm{RS}^{\mathrm{electronics}}} = \sum_{t=1}^{N} P^{\mathrm{electronics}} \, Q_{\mathrm{electronics\_year\_t}} \, \frac{\left(1+g_{\mathrm{EE}}\right)^t}{\left(1+I\right)^t} \tag{5.14}$$

2. 环境收益

风电制氢环境收益的计算方法采用将环境收益货币化，以常规煤电为价值计算风电制氢的环境收益。所以需要将氢气的年耗电量转换成年耗煤量 M_t。

$$M_t = 3.6 \frac{Q_{H_2\_year} E_{\mathrm{ELY}}}{Q_m} \tag{5.15}$$

式中，$Q_{H_2\_year}$ 为年产氢量；E_{ELY} 为电解制氢系统制氢单位电耗，$1\mathrm{kW \cdot h}$ 等于 $3.6\mathrm{MJ}$；Q_m 为燃煤的热值，取 $21.2\,\mathrm{MJ/kg}$，即 $2.12 \times 10^4\,\mathrm{MJ/t}$。

常规燃煤电厂的环境成本计算公式为

$$C_{\mathrm{env}_t} = \sum_{i=1}^{n} V_i \, Q_i \tag{5.16}$$

式中，C_{env_t} 为常规燃煤电厂的环境成本；V_i 为第 i 项污染物的环境价值；Q_i 为第 i 项污染物的排放量。常规燃煤电厂的污染物排放率和电力行业环境价值标准如表 5.4 所示。

表 5.4　污染物环境指标

污染物	排放率/(kg/t)	环境价值/(元/kg)
SO_2	18	6.000
NO_X	8	8.000
CO_2	1731	0.023
CO	0.26	1.000
TSP	0.4	2.200
粉煤灰	110	0.120
炉渣	30	0.001

将年耗煤量乘以各污染物的排放率就可得到各污染物的年排放量，年排放量乘以环境价值就可得到常规燃煤电厂的环境成本。而这部分成本属于风电制氢系统的外部环境收益 RE_t。

则外部环境收益的净现值为

$$NPV_{RS} = \sum_{t=1}^{N} \sum_{i=1}^{n} V_i Q_i \frac{(1+g)^t}{(1+I)^t} \tag{5.17}$$

综合以上销售氢气带来的年收益和外部环境收益两部分收益，可以估算出年总收益为

$$AR_t = RS_t + RE_t \tag{5.18}$$

式中，AR_t 为总收入；RS_t 为销售收入；RE_t 为环境收益。

5.3.4　风电制氢系统成本分析

1. 项目初始投资成本

项目初始投资成本主要考虑建设制氢厂必要的土地、厂房、主要设备等成本，该部分成本是整个资本投资中比较重要的部分。

1）土地和厂房

此土地、厂房可以是自有、租用或新买新建。如果是自有或利用空置厂房，可将此项支出考虑为机会成本。如果是租用，可根据实际租用情况按每年实际缴

纳租金进行估算。如果是自行购买建造，可按初始总成本在总投资期之内平均摊销计算。厂房主要考虑采用简易活动房，不仅成本低，而且易于搬迁，成本为 C_{land}，每年的折旧费用为 CF_t。

2) 主要设备

(1) 电力电子控制模块 (包括交流整流器)。风电场产生的风电在用于电解制氢之前必须通过电力电子控制模块降压变流，氢燃料电池所产生的电流也必须通过电力电子控制模块才能并入电网，所以含交流整流器的电力电子控制模块是电解制氢不可缺少的部分。电力电子控制模块与规模关系不大，一般风电制氢系统只需要配备一套电力电子控制模块。

(2) 中压碱性电解水制氢系统。电解制氢系统包括电解槽及其辅助系统，如氢氧除雾分离器、洗涤器、冷却器、过滤器、碱液泵水、供给设备、水温控制设备、抽水泵、通风设备、供暖设备、供电设备等，以及控制和调节阀门，工况测量的在线和远传仪表。中压碱性电解水制氢系统的价格会随装机容量变化。

(3) 水的纯化子系统。高纯水是电解制氢过程中必不可少的元素，假设氢气和氧气在冷却、洗涤和分离的过程中还会消耗少部分水分。因此，为了维持电解液液位和浓度的稳定性，水的纯化子系统必须不断给电解槽补充原料水。

(4) 中压缓冲储氢罐。从电解水制氢系统中产生的氢气需要存储在中压储氢罐中，储氢容量按电解制氢系统日产氢量的一半匹配，价格随存储容量变化。

(5) 压缩机。氢气压缩机是间歇式的工作方式，运行相对灵活，可以选择在电网负荷较低的时段工作，有利于电网调峰和降低用电成本。压缩机的工作一般要求是在额定工况下工作 (额定电流、电压)，这一点与电解池的可变功率工作不同。所以氢气的压缩环节采用的供电方式是直接从就近电网导入，输入电流为交流电。压缩机的排气压强从 $200\sim450\mathrm{bar}$[①]变化，按电解槽每小时的产氢量匹配。

(6) 高压储氢模块。氢气利用管束车运输时，可以把管束车当做高压储氢容器，一辆管束车氢气容量为 $7500\mathrm{Nm}^3$；氢气直接通过天然气管网运输时，不需要高压储氢模块；氢气通过燃料电池再发电时也需要将氢气先存储在高压储氢罐中。

(7) 燃料电池。氢燃料电池可通过电解水的逆反应，直接将化学能转换成电能，不需要经过热能和机械能的中间变换，具有无污染、无噪声、高效率的特点。但现阶段氢燃料电池的成本比较昂贵，几乎是普通汽油机的 100 倍。

设备 k 的成本为 C_k，各项设备总支出为 $\sum C_k$。由于各项设备预计使用寿命有差异，根据每一项设备的具体使用年限，在该项设备使用寿命结束后，将进行设备更新。

──────────

① $1\mathrm{bar}=10^5\mathrm{Pa}$。

3）其他初始投资

除此以外，风电制氢项目的初始投资还包括工程费用（包括建筑工程费用、工具器材费用、设备安装工程费用等），与工程相关的其他费用（包括建设单位管理费、工程建设监理费、建设用地费、咨询服务费、勘查设计费、项目技术审核费、工程保险费、投产准备费、项目验收费、环境保护工程费、施工辅助费等必须支出的建设费用），预备费用（包括基本预备费和涨价预备费，基本预备费是指设计变更和施工过程中所增加的工程费用，自然灾害造成损失和预防灾害所采取的措施费、工程质量试验费用等；涨价预备费是指建设项目在建设期间内由于价格等变化引起工程造价变化的预测预留费用），固定资产投资方向调节税和建设期借款利息。这部分费用计为 C_{other}。

电解制氢项目的总初始投资为

$$C_{\text{investment}} = C_{\text{land}} + \sum C_{k} + C_{\text{other}} \qquad (5.19)$$

2. 运营成本支出

1）期间费用

尽管风电的产量是不确定的，导致制氢厂并不能像一般的企业一样每日有固定的生产时间，一旦制氢厂建成，期间费用的发生是基本不会随着其产量变化而有很大差异的。在正常运营状态时，期间费用 $C_{\text{O\&M}}$ 包括多项内容。

（1）与设备等相关的多项费用，如厂房设备保险费、设备日常维修费、设备调整费等。

（2）与制氢厂管理人员相关的多项支出，如管理人员工资及福利费、工会经费、工人教育经费及办公费、业务招待费、差旅费等。

（3）职工福利费、劳保统筹和住房基金等。

（4）其他相关费用，如财务费用（特别是借款的利息费用）、还款总额、滞纳金、罚款等。

（5）其他费用依据会计报表及会计分录可知。

则期间费用的净现值为

$$\text{NPV}_{\text{O\&M}} = \sum_{t=1}^{N} C_{\text{O\&M}} \frac{(1+g)^{t}}{(1+I)^{t}} \qquad (5.20)$$

式中，N 为项目生命周期；g 为通货膨胀率；I 为折现率。

2) 电解制氢系统的年总直接成本

生产氢能源的直接成本是随着氢产量的变化而变化的，这一部分成本与氢产量呈线性正比关系。在技术进步时，这一部分成本会成为直接影响氢能价格的重要因素。在氢的生产过程中，在不考虑对设备进行大规模技术更新换代的情况下，一段时间内电解设备、压缩设备及存储设备的单位成本变化不大。可以通过上文中对氢产量的预测，结合生产单位氢的电解能耗、压缩能耗及单位风电、水电的价格，估算出电解制氢系统每年的直接成本。

(1) 年耗电成本。耗电成本是影响氢气价格的重要因素，风电制氢系统的耗电成本主要分两部分，一部分是电解制氢设备的电耗，另一部分是压缩机的电耗。电解槽必须使用直流电，而氢气的压缩环节采用的供电方式是直接从就近电网导入，输入电流为交流电。压缩机的电耗与电解槽的电耗相比，其占比非常低。设 P_{EE} 为单位弃电的价格，P_{EI} 为单位工业用电的价格，E_{ELY} 为中压碱性电解槽生产单位氢气的制氢电耗，E_C 为压缩机压缩每单位氢气的压缩电耗，则年耗电成本 $C_{electronics_t}$ 计算公式如下：

$$C_{electronics_t} = P_{EE}\, E_{ELY}\, Q_{H_2 year_t} + P_{EI}\, E_C\, Q_{H_2 year_t} \tag{5.21}$$

则耗电成本的净现值为

$$NPV_{electronics} = \sum_{t=1}^{N} \left(P_{EE}\, E_{ELY} + P_{EI}\, PR\, E_C \right) Q_{H_2 year_t} \frac{(1+g_{EE})^t}{(1+I)^t} \tag{5.22}$$

式中，g_{EE} 为电费的通货膨胀率。

(2) 年耗水成本。设 P_W 为单位水的价格，设 CW 为电解制氢系统生产单位氢气的耗水量，则年耗水成本 C_{water_t} 计算公式如下：

$$C_{water_t} = CW\, P_W\, Q_{H_2 year_t} \tag{5.23}$$

则耗水成本的净现值为

$$NPV_{water} = \sum_{t=1}^{N} CW\, P_W\, Q_{H_2 year_t} \frac{(1+g)^t}{(1+I)^t} \tag{5.24}$$

(3) 年维修成本。每项设备都有固定的维修周期和维修成本，设 C_{fix_k} 为设备的维修费；c 为维修次数 N_{fix_k} 为设备的维修周期；N 为项目的生命周期；N_k 为维修的次数。设备维修成本的净现值为

$$\mathrm{NPV_{fix\_k}} = \sum_{i=1}^{N_k} C_{\mathrm{fix\_k}} \frac{\left(1+g\right)^{iN_{\mathrm{fix\_k}}}}{\left(1+I\right)^{iN_{\mathrm{fix\_k}}}} \tag{5.25}$$

$$N_k = \mathrm{int}\left[\frac{N}{N_{\mathrm{fix\_k}}}\right] \tag{5.26}$$

(4)设备更新成本。由于风电制氢行业属于新兴产业，技术进步非常快，所以假设设备价格每年都会有一个下降百分比 g_k，当下降到 $\mathrm{Lg_k}$ 时产业已经趋于成熟，价格不会再下降了，这时设备的价格只受通货膨胀率 g 的影响。则设备 k 更新成本的净现值为

$$\mathrm{NPV_{r_k}} = \sum_{i=1}^{N_{\mathrm{first_{r_k}}}} C_k \frac{\left(1+g_k\right)^{i\mathrm{Life}_k}}{\left(1+I\right)^{i\mathrm{Life}_k}} + \sum_{i=N_{\mathrm{first\_r\_k}}+1}^{N_{\mathrm{r\_k}}} C_k \frac{\left(1+g_k\right)^{Y_{k-g}}\left(1+g\right)^{i\mathrm{Life}_k - Y_{k-g}}}{\left(1+I\right)^{i\mathrm{Life}_k}} \tag{5.27}$$

$$Y_{k-g} = \frac{\lg\left(1+\mathrm{Lg_k}\right)}{\lg\left(1+g_k\right)} \tag{5.28}$$

$$N_{\mathrm{first\_r\_k}} = \mathrm{int}\left[\frac{Y_{k-g}}{\mathrm{Life}_k}\right] \tag{5.29}$$

$$N_{\mathrm{r\_k}} = \mathrm{int}\left[\frac{N}{\mathrm{Life}_k}\right] \tag{5.30}$$

式中，C_k 为设备 k 的成本；g_k 为设备 k 的下降比例；I 为折现率；Life_k 为设备 k 的使用寿命；Y_{k-g} 为设备 k 价格下降的年份；$N_{\mathrm{first\_r\_k}}$ 为设备 k 在价格下降期间的更新次数；$N_{\mathrm{r\_k}}$ 为设备 k 总的更新次数；N 为项目的生命周期。

(5)运输成本。氢气通过管束车运输时还会产生运输费用，此处采用外包专业气体公司的运行模式，考虑了现有技术的成熟度情况下尽可能地简化工艺，降低装备及使用成本。而且不考虑氢气的运输和销售环节，有利于降低管理成本，充分体现风电场的电力企业的主体特色。设 P_{TR} 为运输单位氢的运输费用，则在模式 1-A 中年运输成本为 $P_{\mathrm{TR}}\, Q_{\mathrm{H_2\_year\_t}}^{\mathrm{A}}$。则运输成本的净现值为

$$\mathrm{NPV_{CT}} = \sum_{t=1}^{N} P_{\mathrm{TR}}\, Q_{\mathrm{H_2\_year\_t}}^{\mathrm{A}} \frac{\left(1+g\right)^t}{\left(1+I\right)^t} \tag{5.31}$$

3. 税收分析

该项目依法应缴纳的税金主要包括增值税、营业税金附加和所得税。

1) 增值税

国家为支持新能源发电，对新能源行业在增值税方面实行即征即退 50%的税收优惠政策。

增值税分为销项税和进项税。当期增值税销项税额表示一般纳税人向购货方收取的货物增值税税额，当期增值税进项税额是一般纳税人可以在增值税中抵扣的税额。本节中风电制氢厂所发生的用于生产经营的水电费的增值税可以抵扣，用于非生产经营的水电费的增值税不能抵扣，如本企业的福利部门、在建工程等均不能抵扣。电费税率为 17%，水费为 13%或 6%。

应纳增值税 C_0=(当期增值税销项税额 – 当期增值税进项税额)×增值税率

2) 营业税金及附加

营业税金及附加=营业税+消费税+城市维护建设税+资源税+土地增值税+教育费附加+地方教育费附加，其中，营业税=0；消费税=0；城市维护建设税=(应纳增值税+营业税+消费税)×7%(注：在市区的纳税人，税率为 7%；在县城、建制镇的纳税人，税率为 5%)；资源税=0；土地增值税=0；教育费附加=(应纳增值税+营业税+消费税)×3%；地方教育费附加=(应纳增值税+营业税+消费税)×2%。

营业税金及附加 C_1=应纳增值税×(7%或 5%+3%+2%)。

3) 所得税

2007 年 11 月 28 日审核的《中华人民共和国企业所得税法实施条例(草案)》中规定，政府将国家重点公共设施项目实行"三免三减半"的税收优惠。"三免三减半"是指符合条件的企业从取得经营收入的第一年至第三年可免交企业所得税，第四年至第六年减半征收。除国家重点公共设施项目，从事节能环保、沼气综合利用、海水淡化等行业的企业也能享受到上述"三免三减半"的优惠。新能源行业的所得税有三免三减的优惠政策。

应纳所得税 C_2=应纳所得额×税率×(0%或 50%或 100%)

以上三项总税负：

$$C_{\text{tax}} = C_0 + C_1 + C_2 \tag{5.32}$$

5.3.5　风电制氢系统最佳规模分析

1. 问题描述

为了分析风电制氢系统的最佳规模，首先需要确定系统的产能，其他子系统都是根据产能进行匹配的。由第一节产能分析可知，风电制氢系统的产能是由风电场的闲置风电量和风电制氢系统的装机容量共同决定的。通常风电场都有历年的弃电数据，但由于风电具有不稳定性，所以日弃电量波动性很大。若使电解制氢系统的装机容量匹配最大弃电量，则在无风或风速较小的时间，将会产生制氢系统产能的闲置，降低电解制氢系统的利用率；若最大化利用电解制氢系统的产能，则在风速较大时，会浪费大量闲置的风电量，使风电制氢系统不能获得最佳收益。因此，风电制氢系统产能设计的原则，是在最大化利用风电量和最小化闲置风电制氢系统产能之间作一个权衡。为了更全面的衡量这两者之间的关系，本节引入平准化能源成本法(levelized cost of energy，LCOE)和净现值法，从成本和收益这两个角度对风电制氢系统的规模进行分析。

2. 基于 LCOE 的最佳规模分析

1) 平准化能源成本法

平准化能源成本法在 2008 年由 SunPower 公司提出，用于计算单位能源的成本，是用于分析各种能源成本问题的重要方法。平准化能源成本法是考虑能源项目生命周期内所有成本的净现值与能源产出的经济时间价值的比，并使项目生命周期内净现值等于零的方式。计算公式为

$$\text{LCOE} = \frac{C_0 + \sum_{n=1}^{N} C_n (1+I)^{-n}}{\sum_{n=1}^{N} A_n (1+I)^{-n}} \tag{5.33}$$

式中，C_0 为能源项目的初始投资；C_n 为每年的费用支出；A_n 为能源的年产量；LCOE 就是平准化的能源单位成本。

上述计算的前提条件为：①成本和收益的计算都使用的是同一个折现率 I，国际经济与合作组织(Organization for Economic Co-operation and Development，OECD)建议采用 8%或 10%这两个标准折现率来衡量能源成本；②在项目生命周期内能源市场是出清的。

平准化能源成本法有两个显著的优点：①由于该方法考虑的是单位能源的投资成本，对比较项目的规模没有限制，对规模差异很大的项目进行成本比较；②平准化能源成本法可以说明单位投资的效益情况，也就是项目实际的投资报酬率(return on investment, ROI)。由于投资大的项目收益通常都比投资小的项目大一些，但项目实际的投资报酬率不一定高，可能需要花更长的时间才能收回投资成本。通过对项目的单位能源成本进行比较，可以判断出项目实际投资报酬率的高低和回收期的长短。

2) 电-氢转换应用模式

在电-氢转换应用模式中风电制氢系统最终的产物是氢气，所以利用平准化能源成本法比较的是每单位氢气的成本。

当用管束车运输时，单位氢气成本计算公式如下：

$$\text{LCOE} = \frac{C_{\text{investment}} + \text{NPV}_{\text{O\&M}} + \text{NPV}_{\text{electronics}} + \text{NPV}_{\text{water}} + \sum \text{NPV}_{\text{fix\_k}} + \sum \text{NPV}_{\text{r\_k}} + \text{NPV}_{\text{CT}}}{\sum_{t=1}^{N} Q_{\text{H}_2\_\text{year\_t}}^{\text{A}} (1+I)^{-n}}$$

(5.34)

当用天然气管网运输时，单位氢气成本计算公式如下：

$$\text{LCOE} = \frac{C_{\text{investment}} + \text{NPV}_{\text{O\&M}} + \text{NPV}_{\text{electronics}} + \text{NPV}_{\text{water}} + \sum \text{NPV}_{\text{fix\_k}} + \sum \text{NPV}_{\text{r\_k}}}{\sum_{t=1}^{N} Q_{\text{H}_2\_\text{year\_t}}^{\text{B}} (1+I)^{-n}}$$ (5.35)

利用平准化能源成本法分析最佳规模的步骤如下。

(1) 给定某一装机容量的风电场，统计其历年的弃风弃电量数据。

(2) 给定风电制氢系统的某一装机容量。

(3) 根据闲置的风电量和系统的装机容量计算出产氢量。

(4) 根据产氢量匹配风电制氢系统的压缩模块和存储模块。

(5) 计算出风电制氢系统全生命周期的成本。

(6) 根据成本和产氢量计算出氢气的 LCOE。

(7) 重复 (2) ~ (6)，计算出不同的装机容量下氢气的 LCOE。

(8) 画出氢气的 LCOE 曲线 (X 轴为风电制氢系统的装机容量)。

比较曲线上 LCOE 的大小，当氢气的价格一样时，LCOE 越低，项目的实际投资报酬率越高、回收期越快，此时所对应的装机容量正是投资报酬率最高的产能设计。

3) 电-氢-电转换应用模式

在电-氢-电转换应用模式中风电制氢系统最终的产物是电能，所以利用平准化能源成本法比较的是每度电的成本。

$$\text{LCOE} = \frac{C_{\text{investment}} + \text{NPV}_{\text{O\&M}} + \text{NPV}_{\text{electronics}} + \text{NPV}_{\text{water}} + \sum \text{NPV}_{\text{fix\_k}} + \sum \text{NPV}_{\text{r\_k}}}{\sum_{t=1}^{N} Q_{\text{electronics\_year\_t}} (1+I)^{-n}}$$

(5.36)

利用平准化能源成本法分析最佳规模的步骤如下。

(1) 给定某一装机容量的风电场，统计其历年的弃风弃电量数据。

(2) 给定风电制氢系统的某一装机容量。

(3) 根据装机容量确定出燃料电池的额定功率。

(4) 根据闲置的风电量和系统的装机容量计算出产氢量。

(5) 根据产氢量和燃料电池的额定功率计算出发电量。

(6)根据产氢量和发电量匹配风电制氢系统的压缩模块和存储模块。

(7)计算出风电制氢系统全生命周期的成本。

(8)根据成本和发电量计算出发电量的 LCOE。

(9)重复(2)~(7),计算出不同的装机容量下发电量的 LCOE。

(10)画出发电量的 LCOE 曲线(X 轴为风电制氢系统的装机容量)。

比较曲线上 LCOE 的大小,LCOE 越小,项目的实际投资报酬率越高、回收期越快,此时所对应的装机容量正是投资报酬率最高的产能设计。

3. 基于净现值的最佳规模分析

1) 净现值

项目的净现值是把项目将会产生的增量现金流的现值进行加总,在去除成本的影响后,NPV 法综合考虑了项目投资期内的各期的现金流入及流出、项目机会成本、额外收益及负效应,将投资者在资本市场上投入同等资金获得的收益考虑为此项目的机会成本,对估算出来的每期现金流进行折现。其中,折现率按名义利率进行估算,将通货膨胀因素对投资的影响考虑在内。当净现值为正值时,投资方案是经济可行的;相反,当净现值为负值时,投资方案是经济不可行的。而且净现值越大,投资方案越好。

净现值法的优点:①净现值法考虑的是项目的现金流量,和利润相比少了很多账面上的调整项;②净现值法站在项目整体盈亏总额的角度对方案进行分析,考察了项目整个生命周期总的盈利能力。

2) 电-氢转化应用模式

当用管束车运输时,净现值 NPV_A 的计算公式如下:

$$NPV_A = -C_{investment} + NPV_{RS^{H_2}} + NPV_{RS} - NPV_{O\&M} - NPV_{electronics}$$
$$-NPV_{water} - \sum NPV_{fix_k} - \sum NPV_{r\_k} - NPV_{CT} \quad (5.37)$$

当用天然气管网运输时,净现值 NPV_B 的计算公式如下:

$$NPV_B = -C_{investment} + NPV_{RS^{H_2}} + NPV_{RS} - NPV_{O\&M} - NPV_{electronics}$$
$$-NPV_{water} - \sum NPV_{fix_k} - \sum NPV_{r\_k} \quad (5.38)$$

利用净现值法分析最佳规模的步骤如下。

(1)给定某一装机容量的风电场,统计其历年的弃风弃电量数据。

(2)给定风电制氢系统的某一装机容量。

(3) 根据闲置的风电量和系统的装机容量计算出产氢量。

(4) 根据产氢量匹配风电制氢系统的压缩模块和存储模块。

(5) 计算出风电制氢系统的初始投资和每年的现金流出。

(6) 给定氢气的价格,计算出风电制氢系统每年的现金流入。

(7) 根据初始投资和每年的总现金流计算出风电制氢系统的净现值。

(8) 重复(2)~(7),计算出不同的装机容量下风电制氢系统的净现值。

(9) 画出净现值曲线(X 轴为风电制氢系统的装机容量)。

此时净现值最大的点所对应的装机容量就是项目整体收益最好的产能设计。

3) 电-氢-电转化应用模式

在电-氢-电应用模式中净现值的计算公式如下:

$$
\begin{aligned}
\text{NPV}_C = {} & -C_{\text{investment}} + \text{NPV}_{\text{RS}^{\text{electronics}}} + \text{NPV}_{\text{RS}} - \text{NPV}_{\text{O\&M}} - \text{NPV}_{\text{electronics}} \\
& - \text{NPV}_{\text{water}} - \sum \text{NPV}_{\text{fix}_k} - \sum \text{NPV}_{r_k}
\end{aligned} \tag{5.39}
$$

利用净现值法分析最佳规模的步骤如下。

(1) 给定某一装机容量的风电场,统计其历年的弃风弃电量数据。

(2) 给定风电制氢系统的某一装机容量。

(3) 根据装机容量确定出燃料电池的额定功率。

(4) 根据闲置的风电量和系统的装机容量计算出产氢量。

(5) 根据产氢量和燃料电池的额定功率计算出发电量。

(6) 根据产氢量和产电量匹配风电制氢系统的压缩模块和存储模块。

(7) 计算出风电制氢系统的初始投资和每年的现金流出。

(8) 给定氢气的价格,计算出风电制氢系统每年的现金流入。

(9) 根据初始投资和每年的总现金流计算出风电制氢系统的净现值。

(10) 重复(2)~(9),计算出不同的装机容量下风电制氢系统的净现值;画出净现值曲线(X 轴为风电制氢系统的装机容量)。

此时,净现值最大的点所对应的装机容量就是项目整体收益最好的产能设计。

5.3.6　风电制氢系统敏感性分析

敏感性分析是投资决策中常用的一种不确定性分析方法。通过分析项目中不确定因素变动时对经济性评价指标的影响程度,确定各个因素的敏感程度。

1. 不确定性产生的原因

项目在实施的过程中,会存在很多的不确定性。产生不确定性的原因有如下

5 点。

(1) 预算资金和项目工期的变化。

(2) 经济形势的变化。

(3) 技术进步使生产设备和工艺流程发生变革。

(4) 设备产能的变化。

(5) 国家对相关的经济政策、法规进行调整。

这些因素大多数都是无法事先加以控制。

2. 敏感性分析的目的

1) 通过分析比较, 对每个不确定因素的敏感程度进行排名, 对敏感程度高的因素给予高度的重视。

2) 找出不确定因素让项目由经济可行变到不可行的临界值, 对不确定因素的取值进行控制。

3. 敏感性分析的步骤

1) 确定敏感性分析指标

在项目的投资决策中, 经济性分析最关注的问题是项目是否经济可行, 如果可行, 项目的赢利情况如何。因此, 本项目选择了 3 个较为重要的财务指标进行分析: ①净现值, 从绝对值的角度反映项目的经济情况; ②内部收益率, 从相对值的角度反映项目的经济情况; ③盈利性指数, 反映未来现金流现值和初始投资的比值;

(1) 净现值法(NPV)。净现值的计算方法和第 5.3.5 节相同。

(2) 内部收益率。内部收益率(internal rate of return, IRR)的定义是所有成本累计现值等于所有收益累计现值时对应的折现率。换言之, 就是使项目的净现值为 0 的折现率。内部收益率的投资决策准则是: 首先计算项目的收益率, 通常是公司的资金成本。由于项目风险和公司所有项目的平均风险有差异, 公司的必要收益率可能会高于或低于公司的资金成本。如果内部收益率大于必要收益率, 项目经济上可行; 如果内部收益率小于必要收益率, 项目经济上不可行的。设 A、B、C 三种情况的内部收益率为 IRR_A、IRR_B、IRR_C, A 代表电-氢转换应用模式中氢气通过管束车运输, B 代表氢气通过天然气管网运输, C 代表电-氢-电转换应用模式。利用下面的公式可以将内部收益率反解出来。

$$
\begin{aligned}
C_{\text{investment}} = {} & \sum_{t=1}^{N} P^{\mathrm{H_2}} Q_{\mathrm{H_2year}_t}^{\text{sale}} \frac{(1+g_{\mathrm{H_2}})^t}{(1+\mathrm{IRR_A})^t} + \sum_{t=1}^{N}\sum_{i=1}^{n} V_i\, Q_i \frac{(1+g)^t}{(1+\mathrm{IRR_A})^t} \\
& - \sum_{t=1}^{N} C_{\mathrm{O\&M}} \frac{(1+g)^t}{(1+\mathrm{IRR_A})^t} - \sum_{t=1}^{N}\left(P_{\mathrm{EE}}\,E_{\mathrm{ELY}} + P_{\mathrm{EI}}\,\mathrm{PR}\,E_{\mathrm{C}}\right) Q_{\mathrm{H_2year}_t} \frac{(1+g_{\mathrm{EE}})^t}{(1+\mathrm{IRR_A})^t} \\
& - \sum_{t=1}^{N} \mathrm{CW}\, P_{\mathrm{W}}\, Q_{\mathrm{H_2year}_t} \frac{(1+g)^t}{(1+\mathrm{IRR_A})^t} - \sum_{i=1}^{N_k} C_{\mathrm{fix}_k} \frac{(1+g)^{iN_{\mathrm{fix}_k}}}{(1+\mathrm{IRR_A})^{iN_{\mathrm{fix}_k}}} \\
& - \sum_{i=1}^{N_{\mathrm{first}_k}} C_k \frac{(1+g_k)^{i\mathrm{Life}_k}}{(1+\mathrm{IRR_A})^{i\mathrm{Life}_k}} - \sum_{i=N_{\mathrm{first}_k}+1}^{N_{r_k}} C_k \frac{(1+g_k)^{Y_{k\text{-}g}}(1+g)^{i\mathrm{Life}_k - Y_{k\text{-}g}}}{(1+\mathrm{IRR_A})^{i\mathrm{Life}_k}} \\
& - \sum_{t=1}^{N} P_{\mathrm{TR}}\, Q_{\mathrm{H_2\_year\_}t}^{\mathrm{A}} \frac{(1+g)^t}{(1+\mathrm{IRR_A})^t}
\end{aligned}
\tag{5.40}
$$

$$
\begin{aligned}
C_{\text{investment}} = {} & \sum_{t=1}^{N} P^{\mathrm{H_2}} Q_{\mathrm{H_2year}_t}^{\text{sale}} \frac{(1+g_{\mathrm{H_2}})^t}{(1+\mathrm{IRR_B})^t} + \sum_{t=1}^{N}\sum_{i=1}^{n} V_i\, Q_i \frac{(1+g)^t}{(1+\mathrm{IRR_B})^t} \\
& - \sum_{t=1}^{N} C_{\mathrm{O\&M}} \frac{(1+g)^t}{(1+\mathrm{IRR_B})^t} - \sum_{t=1}^{N}\left(P_{\mathrm{EE}}\,E_{\mathrm{ELY}} + P_{\mathrm{EI}}\,\mathrm{PR}\,E_{\mathrm{C}}\right) Q_{\mathrm{H_2year}_t} \frac{(1+g_{\mathrm{EE}})^t}{(1+\mathrm{IRR_B})^t} \\
& - \sum_{t=1}^{N} \mathrm{CW}\, P_{\mathrm{W}}\, Q_{\mathrm{H_2year}_t} \frac{(1+g)^t}{(1+\mathrm{IRR_B})^t} - \sum_{i=1}^{N_k} C_{\mathrm{fix}_k} \frac{(1+g)^{iN_{\mathrm{fix}_k}}}{(1+\mathrm{IRR_B})^{iN_{\mathrm{fix}_k}}} \\
& - \sum_{i=1}^{N_{\mathrm{first}_k}} C_k \frac{(1+g_k)^{i\mathrm{Life}_k}}{(1+\mathrm{IRR_B})^{i\mathrm{Life}_k}} - \sum_{i=N_{\mathrm{first}_k}+1}^{N_{r_k}} C_k \frac{(1+g_k)^{Y_{k\text{-}g}}(1+g)^{i\mathrm{Life}_k - Y_{k\text{-}g}}}{(1+\mathrm{IRR_B})^{i\mathrm{Life}_k}}
\end{aligned}
\tag{5.41}
$$

$$
\begin{aligned}
C_{\text{investment}} = {} & \sum_{t=1}^{N} P^{\text{electronics}} Q_{\text{electronics}_{\mathrm{year}_t}} \frac{(1+g_{\mathrm{EE}})^t}{(1+\mathrm{IRR_C})^t} + \sum_{t=1}^{N}\sum_{i=1}^{n} V_i\, Q_i \frac{(1+g)^t}{(1+\mathrm{IRR_C})^t} \\
& - \sum_{t=1}^{N} C_{\mathrm{O\&M}} \frac{(1+g)^t}{(1+\mathrm{IRR_C})^t} - \sum_{t=1}^{N}\left(P_{\mathrm{EE}}\,E_{\mathrm{ELY}} + P_{\mathrm{EI}}\,\mathrm{PR}\,E_{\mathrm{C}}\right) Q_{\mathrm{H_2year}_t} \frac{(1+g_{\mathrm{EE}})^t}{(1+\mathrm{IRR_C})^t} \\
& - \sum_{t=1}^{N} \mathrm{CW}\, P_{\mathrm{W}}\, Q_{\mathrm{H_2year}_t} \frac{(1+g)^t}{(1+\mathrm{IRR_C})^t} - \sum_{i=1}^{N_k} C_{\mathrm{fix}_k} \frac{(1+g)^{iN_{\mathrm{fix}_k}}}{(1+\mathrm{IRR_C})^{iN_{\mathrm{fix}_k}}} \\
& - \sum_{i=1}^{N_{\mathrm{first}_k}} C_k \frac{(1+g_k)^{i\mathrm{Life}_k}}{(1+\mathrm{IRR_C})^{i\mathrm{Life}_k}} - \sum_{i=N_{\mathrm{first}_k}+1}^{N_{r_k}} C_k \frac{(1+g_k)^{Y_{k\text{-}g}}(1+g)^{i\mathrm{Life}_k - Y_{k\text{-}g}}}{(1+\mathrm{IRR_C})^{i\mathrm{Life}_k}}
\end{aligned}
\tag{5.42}
$$

分别求出三个公式里的 IRR，就是各自的内部收益率。

(3) 盈利性指数。盈利性指数由项目预期现金流的现值除以初始资金投入所得，当盈利性指数大于 1 时，项目是经济可行的；小于 1 时，项目经济不可行。设 A、B、C 三种情况的内部收益率为 PI_A、PI_B、PI_C，计算公式如下：

$$PI_A = \left(NPV_{RS^{H_2}} + NPV_{RS} - NPV_{O\&M} - NPV_{electronics} - NPV_{water} - \sum NPV_{fix_k} - \sum NPV_{r_k} - NPV_{CT} \right) / C_{investment} \quad (5.43)$$

$$PI_B = \left(NPV_{RS^{H_2}} + NPV_{RS} - NPV_{O\&M} - NPV_{electronics} - NPV_{water} - \sum NPV_{fix_k} - \sum NPV_{r_k} \right) / C_{investment} \quad (5.44)$$

$$PI_C = \left(NPV_{RS^{electronics}} + NPV_{RS} - NPV_{O\&M} - NPV_{electronics} - NPV_{water} - \sum NPV_{fix_k} - \sum NPV_{r_k} \right) / C_{investment} \quad (5.45)$$

2) 确定敏感性因素

(1) 氢气价格。风电制氢系统主要的收入来源是氢气的销售收入，因此氢气价格是决定项目是否经济可行的关键因素，由于氢气的价格具有地方性差异，和当地的需求、生产成本、项目的赢利状况有很大的关系，本文通过敏感性分析确定氢气价格在不同生产成本和赢利要求下的取值范围，为投资者提供氢气定价的参考。

(2) 风电的价格。在风电制氢整个工艺流程中主要的成本消耗来自于电费，因此用于电解制氢的风电成本势必对制氢系统的经济性产生显著影响，风电的价格直接影响项目的投资决策。由于风电制氢系统所用电量为风电场的弃电量，所以价格可以商议。如果是风电场自备风电制氢系统，则可以不考虑弃电的成本。所以有必要通过敏感性分析确定弃电价格的取值范围及其对项目经济性的影响。

(3) 折现率。在已有风电场的基础上，投资风电制氢系统需要大量的资本投入，作为新兴产业，在我国市场上面临着巨大的投资风险。如果投资者不选择新建风电制氢系统，将相同资金投入资本市场，由于货币的时间价值与财富创造价值，投资者将获得与其承担的风险匹配的收益率。将投资者可能的收益率考虑成投资该风电制氢系统的机会成本，需要对以后各年的现金流进行折现，折现率的大小与最终项目净现金流大小呈反比例变化关系。

(4) 通货膨胀率。受到宏观经济基本面的影响，特别是在 2008 年金融危机过后，各国政府为了降低失业率，刺激市场有效需求，进行了大量的货币、财政政策调整，使得货币供给率与经济规模的实际增长率呈现不一致变化。由于新建氢能项目所使用的电力、水量及维持制公司基本运转的工人工资、管理费用、财务费用等均需使用货币进行支付，氢能项目生产的氢气的价格也会受到通货膨胀率的影响。因此，通货膨胀率的大小将直接影响到本项目的收入、成本估算，并最终可能对 NPV 预测的结果存在多方面的影响。

5.4　案 例 分 析

5.4.1　案例背景

1. 张家口地域资源

张家口拥有丰富的风能和太阳能资源，风能资源可开发量达 4000 万 kW 以上，太阳能发电可开发量达 3000 万 kW 以上。2015 年 10 月 13 日，河北省政府第 62 次常务会议讨论通过《河北省张家口市可再生能源示范区建设行动计划》。计划提出到 2020 年，可再生能源发电装机规模达到 2000 万 kW，年发电量达到 400 亿 kW·h 以上。通过可再生能源综合利用，年替代化石能源 1400 万标准煤，减少二氧化碳(CO_2)、二氧化硫(SO_2)、氮氧化物(NO_X)排放分别约 3600 万 t、35 万 t 和 6 万 t，大气质量持续改善，生态文明建设成效明显。到 2030 年，可再生能源发电装机规模达到 5000 万千瓦，年发电量达 95 亿千瓦时以上。通过可再生能源综合利用，年替代化石能源约 3300 万 t 标准煤，减少二氧化碳、二氧化硫、氮氧化物排放约 8500 万 t、84 万 t 和 14 万 t。将张家口打造成万亿级新能源"特区"。

表 5.5　张家口主要规划指标

年份	风力发电装机/万 kW	太阳能光伏发电装机/万 kW	生物质发电装机/万 kW	可再生能源生产总量/(万 t 标准煤/a)
2014	660	40	3	500
2020	1300	600	8	1400
2030	2000	2400	23	3300

虽然风力发电是绿色能源，不仅没有污染还可以优化电力能源结构，为环境做出了很大的贡献。但风电的间歇性和波动性导致风电的发电品质不高，对电网安全稳定带来新的挑战，一定程度上存在可再生能源入网受限的问题。2014 年张家口可再生能源电力装机总容量约 700 万 kW，但区内电网最大负荷仅为 185 万 kW，可再生能源对外输送能力不足 400 万 kW，可再生能源发电严重受限。考虑到张家口可再生能源发展潜力超过 5000 万 kW，对外输送通道和消纳能力建设需求迫切。

2. 张家口氢能需求分析

氢是一种理想的能源载体，适合大规模存储和运输，同时氢能的二次利用不仅利用效率高，而且不会产生任何污染。氢可以以气态、液态或固态的形式进行灵活的存储(集中储存、分散储存)和输运。储能可以达到合理利用能源、提高能效及转移能源利用和排放终端的目的。电解水制氢技术较为成熟，但现阶段能耗仍然较大，是在电力极大丰富或特定区域/时间条件下才能被采用的一种规模化制氢方式。而张北风电场大规模的闲置风电完全可以满足电解制氢对能耗的要求。除了考虑风电制氢项目的技术可行性还要考虑氢气的需求，如果氢气产出后在当地没有需求，项目也是不可行的。本书主要考虑氢气在张家口的三种需求：工业用氢、供应氢能源汽车加氢站和调整电网负荷。

1) 氢气用于工业需求分析

氢能是主要的工业原料之一，是炼油企业提高轻油收率、改善产品质量必不可少的原料，可以与氨结合生成化工产品合成氨，或者与 CO_2 结合生成甲烷。河北省炼油投产产量近 3000 万 t/a，在建 1000 多万 t，规划还有 1500 万 t，如果按照平均每吨原油炼制需氢 1%计算，则河北省每年炼油总需氢量为 50 万 t。2014 年全国合成氨总量近 6000 万 t，总需氢量可达约 1060 万 t；河北省年合成氨总产量约 310 万 t，耗氢量约为 55 万 t；而张家口涿鹿年的合成氨、尿素、甲醇项目 18 万 t，合成氨 30 万 t，尿素联产 12 万 t 甲醇。可见不管是河北省还是张家口市，工业用氢的需求都是很大的。

2) 供应氢能源汽车加氢站

氢在燃料电池发电技术上的应用被认为是最高效、最环保的利用方式。燃料电池技术上取得的巨大进步，特别是氢燃料电池在燃料电池汽车上的成功应用已成为了推动氢能源汽车发展的强大动力。氢能源汽车作为一种社会发展的趋势和必然，日益成为汽车生产大国的宠儿，与传统汽车相比，氢能源汽车节能环保，有利于人类社会经济的可持续发展，世界各国也纷纷开始对氢能源汽车这一领域进行研究开发，作为汽车生产大国的中国也紧跟时代潮流。目前张家口市总共有 387 台新能源汽车，一辆新能源汽车平均需氢量是 0.07kg/km，平均日行驶里程数为 200km，则张家口新能源汽车的年需氢量就可达 1977570kg。

2015 年 10 月 13 日，河北省政府第 62 次常务会议讨论通过《河北省张家口市可再生能源示范区建设行动计划(2015～2017 年)》。计划提出，建设可再生能源交通工程，加快构建示范区可再生能源交通网络，在公共交通、出租车、旅游观光车等领域推广使用新能源汽车，同步建设充电站等配套设施，并逐步推广电动出租车。2016 年底可再生能源交通占比达到 10%，到 2020 年实现可再生能源交通网络全覆盖，可见未来张家口市的新能源汽车对氢气的需求还会日益增加。

3) 调整电网负荷

电解水制氢技术还可以应用于电网负荷调整，将电网峰谷时的电能转化为氢能储存起来，而在用电高峰期，通过燃料电池再发电，当然也可将电解水生产的氢气用作其他移动式动力源，或分布式燃料电池发电系统。

可见在张家口推动风电制氢系统，不管是在技术上还是需求上都是可行的。本书利用张家口北部某装机容量为 100MW 的风电场的真实弃电数据，从经济性和资源利用率的角度，分析在两种不同应用模式下，风电制氢系统的最佳规模，并对关键因素进行敏感性分析，为政府和投资者提供参考性建议。

5.4.2　电-氢转换应用模式分析

1. 风电场弃风分析

图 5.7 是张家口北部某装机容量为 100MW 的风电场，从 2014 年 1 月到 2014 年 12 月间并网发电量和拟总发电量的实际情况。从图 5.7 的数据可清晰地看出，在此时间段内风电弃风现象非常严重，总体月弃电量呈上升趋势。1～5 月的总发电量和并网发电量都较大，从 6 月开始，总发电量和并网发电量都有下降的趋势，而从 10 月开始总发电量迅速增加，而并网发电量增速较慢。

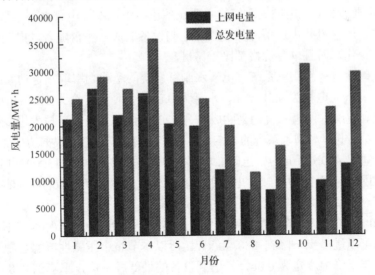

图 5.7　2014 年风电场并网发电量与拟总发电量

由于弃电量=总发电量-上网电量，可以根据真实数据计算出全年的日弃电量数据(图 5.8)，根据该数据提出与之匹配的制氢系统产能设计。根据上一节提到的张家口市可再生能源示范区的规划指标，从 2014 年到 2030 年风电发电装机的平均年增长率为 0.0767，这里假设每年的弃电也以同样的比例增加。

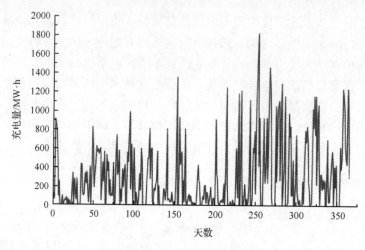

图 5.8　风电场日弃电量

2. 风电制氢系统基本参数确定

1) 设备参数

（1）主要设备。风电制氢系统的主要设备包括中压碱性电解水制氢系统、高压储氢模块、压缩机和中压缓冲储氢罐。这些设备的成本不仅随着风电制氢系统的规模发生变化，而且单台价格都比较昂贵。

中压碱性电解水制氢系统。电解水制氢系统的空载功率取额定功率的 10%，生产 $1m^3$ 氢气的电耗为 $4.5kW \cdot h$，水耗为 $0.89kg$，使用寿命为 20 年，10 年需要大修一次。电解水制氢系统的采购成本为 1200 元/kW，而随着技术进步和原材料价格的下降，电解水制氢系统的采购成本每年都有下降幅度。根据历史数据，2005 年单台产氢量 $400Nm^3/h$ 的中压碱性电解水制氢系统的价格在 13000～14000 元，2010 年相同产氢量的中压碱性电解水制氢系统的价格下降到 10000 左右。而目前国内具有一定影响力的制氢设备公司如中国船舶重工七一八所已经可以定制单机容量从 $10～600Nm^3/h$ 的电解制氢系统，成本也下降到 1200 元/kW，预计到 2020 年，价格可以进一步下降到 888 元/kW。所以本节将中压碱性电解水制氢系统采购成本的年下降幅度定为 0.06，考虑到设备的最低成本价，下降到 888 元/kW 时成本将停止下降。

高压储氢模块。高压储氢模块的使用寿命为 20 年，5 年需要大修一次。采购成本为 166 元/m³，每年也有一个下降幅度。2008 年单台容量为 4500Nm³ 的高压储氢模块价格在 110 万元左右，随着技术的进步，单台高压储氢模块的容量越来越大，价格也越来越便宜。现在单台容量为 6000Nm³ 的高压储氢模块价格下降到 90 万元，容量为 7500Nm³ 的高压储氢模块也只需要 100 万元。所以将高压储氢模块采购成本的年下降幅度定为 0.05 左右，下降到 100 元/m³ 时设备价格将不再继续下降。

压缩机。压缩机的使用寿命为 20 年，每年都需要维修一次。压缩机的排气压力为 200～400bar，出口为 200bar 的压缩机压缩每立方米氢气的电耗为 0.15kW，出口为 450bar 的压缩机压缩每立方米氢气的电耗为 0.26kW。压缩机的采购成本也和排气压力有关，一般出口为 200bar 压缩排量为 1000Nm³/h 的压缩机价格在 180 万元左右，出口为 450bar 的压缩机价格为 300 万元。2010～2015 年，压缩机的价格下降了 20%左右，所以这里取压缩机采购成本的年下降幅度为 0.04。

中压缓冲储氢罐。中压缓冲储氢罐的主要功能是缓冲存储，所需要的容量并不大，一般可以采用定制的方式。使用寿命为 20 年，5 年维修一次，中压缓冲储氢罐采购成本的年下降幅度也取 0.04。

(2)辅助设备。除了主要设备，电解制氢过程还需要辅助设备的支持。辅助设备规格不随产氢量的变化而变化。辅助设备的基本参数见表 5.6。

表 5.6 辅助设备参数

辅助设备	采购成本/万元	使用寿命/年	折旧年限/年	残值率/%	维修周期/年	维修成本/元
耦合氢储能电力电子控制系统(含整流器)	30	20	20	5	5	5000
系统集成与调试	30	20	20	5	10	2 万
空冷系统	7	20	20	5	2	2000
安全控制设施	10	20	20	5	5	5000
水的纯化子系统	7	10	10	5	2	5000

2) 其他初始投资

除了设备参数，风电制氢系统还需要支出基建(简易房屋或集装箱、通水、通电、地基)费用 30 万元，系统设计费用 35 万元，人力成本费用 30 万元和项目相关证件办理及其他费用 25 万元。

3) 财务参数

(1)税率。一般纳税人的增值税税率为 17%，营业税金及附加包括城市维护建设税、教育费附加和地方教育费附加,营业税税率取 12%,企业所得税税率为 25%,新能源企业享受增值税减半和所得税三免三减半的优惠政策。

(2)折现率。国际经济与合作组织建议采用 8%或 10%这两个标准折现率来衡量能源的价值,所以本节将折现率定为 8%,最后通过敏感性分析来说明它的变动对项目收益的影响。

(3)通货膨胀率。由于项目生命周期较长,必须考虑每年通货膨胀率对商品价格的影响。根据官方发布的居民消费价格指数(consumer price index,CPI),本文的通货膨胀率取值 4%。

(4)单位水的价格。水是电解制氢系统必不可少的原材料,电解制氢系统每年的主要支出是耗水成本和耗电成本,这里水的价格是 10 元/t。

(5)工业用电价格。为了保证电解槽安全、可靠的运行,电解槽通常需要保证最低功率下运行,此时的电能采用工业用电。而压缩机的输入电流为交流电,采用直供电方式。这里将工业用电价格设为 0.6 元/kW。

(6)风电价格。由于风电制氢系统的用电来源是风电场闲置的风电量,所以风电价格通过商业协议确定。本节假设和风电场商议的风电价格是表 5.7 中的几种,分别研究它们对风电制氢系统效益的影响。

表 5.7 单位风电价格

定价依据	风电价格/(元/kW·h)
风电场自建风电制氢系统,可以不考虑这部分费用	0
风电场按照发电成本价出售风电量	0.15
风电场按照谷电电价出售风电量	0.3
风电场按照风电上网电价出售风电量	0.49

(7)项目生命周期。本节假定项目运行 20 年。

3. 氢气通过管束车运输方式

1)年产氢量

风电制氢系统的产氢量由风电场的弃电量和电解槽的装机容量共同决定,首先根据日弃电量数据确定出装机容量所有可能的取值范围,然后计算出这些装机容量所对应的年产氢量。本节电解槽装机容量的取值范围是从 0～75MW(因为最大日弃电量为 1800MW·h,所以电解槽的最大装机容量匹配 75MW),根据式(5.1)~式(5.7),可计算出氢气通过管束车运输时最终的年产氢量,计算结果见表 5.8。

表 5.8　年产氢量

P_{N_E} /MW	H_2 年产量/(Nm^3/年)	P_{N_E} /MW	H_2 年产量/(Nm^3/年)
0	0	40	13802225.93
3	2670556.896	42	13915295.07
5	4121861.83	45	14032163.67
8	6003659.88	48	14102893.22
10	7083214.33	50	14133516.66
12	8014371.01	52	14156556.66
15	9220569.96	55	14184478.76
18	10106820.56	58	14195998.76
20	10226820.55	60	14203678.76
22	11309471.43	63	14215198.76
25	11919450.93	65	14222878.75
28	12464811.33	68	14231470.50
30	12785598.60	70	14231470.50
32	13053326.17	72	14231470.50
35	13394868.91	75	14231470.50
38	13659736.67		

2) 最佳规模分析

(1) 平准化能源成本法。根据第 5.3.5 节介绍的利用平准化能源成本法分析最佳规模的步骤，可以计算出每个装机容量所对应的单位氢气成本。

从单位氢气成本曲线的形状可以看出单位氢气成本呈先下降后上升的趋势。随着电解制氢系统额定功率的增加，消耗的弃电越来越多，年产氢量的增长速度非常快，而此时设备成本的增速相对较慢。随着额定功率的继续增加，机器需要的空载功率变大，年产氢量的增速放缓，渐渐小于设备成本的增长速度，单位氢气成本逐渐变大。由式 (5.21) 和式 (5.34) 可以发现，风电制氢系统的耗电成本是根据氢气的产量计算的，从图 5.9 可以看出，风电价格的增减只会让单位氢气成本曲线上下平移，而最小单位氢气成本所对应的装机容量都是 16MW。但从纵坐标的刻度可以看出，单位氢气成本的值有很大的差异，当单位风电价格为 0 时，最小单位氢气成本为 0.685 元/Nm^3；当单位风电价格为 0.15 元/kW·h 时，最小单位氢气成本为 1.526 元/Nm^3；当单位风电价格为 0.3 元/kW·h 时，最小单位氢气成本为 2.367 元/kW·h；当单位风电价格为 0.49 元/kW·h 时，最小的单位氢气成本已经达到 3.4321 元/Nm^3。因此，风电价格对单位氢气成本的影响是很大的。

单位氢气成本可以说明单位投资的效益情况，也就是项目实际的投资报酬率。在价格相等的情况下，如果选择单位氢气成本最小的装机容量，则在这种规模下风电制氢系统实际的投资报酬率是最高的，投资回收期最短。

由图 5.9 还可以看出，单位氢气成本最小的点并不是未利用风电量最少的点，也就是单位成本最小时资源利用率并不是最高。

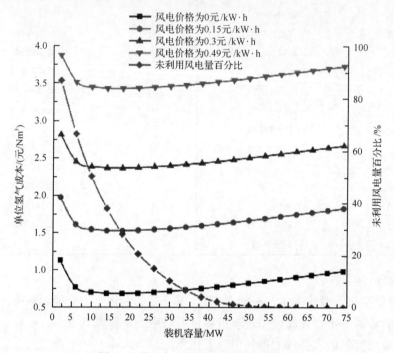

图 5.9　单位氢气价格和未利用风电量

(2)净现值法。由于氢气的价格具有地方性差异，和当地的需求、生产成本、项目的赢利要求有很大的关系。如华东地区某制氢厂，氢气的批量售价为 3 元/Nm³ 左右，高纯度氢气批量的售价为 5 元/Nm³，瓶装的高纯氢售价更高。所以这里取不同的氢气价格，根据第 5.3.5 节介绍的利用净现值法，分析最佳规模的步骤，计算风电制氢系统净现值的大小。

如图 5.10 所示，当风电价格为 0，氢气价格为 0.5 元/Nm³，小于最小的单位氢气成本时，所有装机容量的净现值均小于 0；氢气价格为 1 元/Nm³ 时，净现值最大的装机容量为 32MW；氢气价格为 1.5 元/Nm³ 时，净现值最大的装机容量为 41MW。

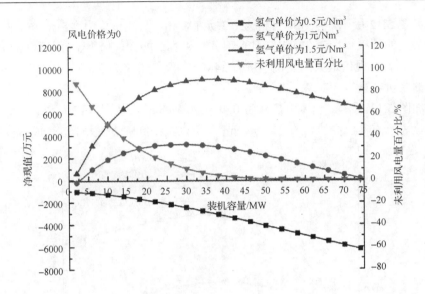

图 5.10　项目净现值和未利用风电量

如图 5.11 所示，当风电价格为 0.15 元/kW·h，氢气价格为 2 元/Nm³ 时，净现值最大的装机容量为 30MW；氢气价格为 2.5 元/Nm³ 时，净现值最大的装机容量为 38MW；氢气价格为 3 元/Nm³ 时，净现值最大的装机容量为 41MW。

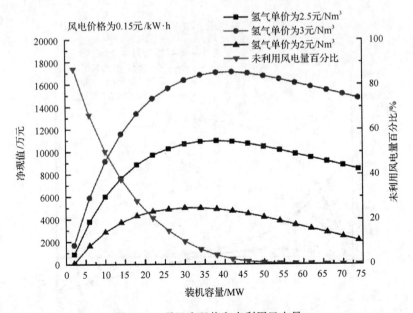

图 5.11　项目净现值和未利用风电量

如图 5.12 所示，当风电价格为 0.3 元/kW·h，氢气价格为 2.5 元/Nm³ 时，净现值最大的装机容量为 22MW，且有部分装机容量的净现值小于 0；氢气价格为 3 元/Nm³ 时，净现值最大的装机容量为 34MW；氢气价格为 3.5 元/Nm³ 时，净现值最大的装机容量为 38MW。

如图 5.13 所示，当风电价格为 0.49 元/kW·h 时，从图 5.13 可以看出，最小的单位氢气成本已经达到 3.4321 元/Nm³，所以氢气价格必须大于这个成本价。当

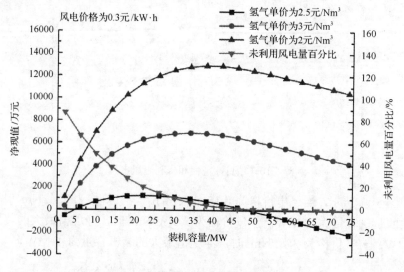

图 5.12　项目净现值和未利用风电量

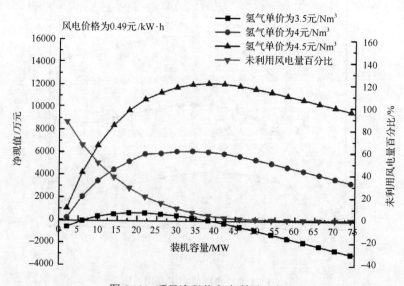

图 5.13　项目净现值和未利用风电量

氢气价格为 3.5 元/Nm^3 时，净现值最大的装机容量为 18MW，且有部分装机容量的净现值小于 0；氢气价格为 4 元/Nm^3 时，净现值最大的装机容量为 33MW；氢气价格为 3.5 元/Nm^3 时，净现值最大的装机容量为 37MW。

从图 5.13 可以看出，当单位风电价格一定时，净现值最大时所对应的装机容量会随着氢气价格的变化而变化。当风电价格已知的情况下，投资者可根据氢气价格选取一个让净现值最大的装机容量。

由图 5.13 还可以看出，净现值最大的点也不是未利用风电量最少的点，也就是说收益最高时资源利用率并不是最高。

(3)投资决策建议。企业或投资方在选择风电制氢系统的装机容量时需要从项目投资目的、氢气市场需求、初始投资大小等多个角度考虑。

当投资者关注项目实际的投资报酬率，希望实际的投资报酬率最高，项目投资回收期最短，则投资者应该选择单位氢气成本最小时所对应的装机容量为16MW。

如果投资风电制氢系统基于风电制氢系统整体收益的角度，在利用资源的同时获取更多的经济利益，则投资者应该选择净现值最大时所对应的装机容量。

如果投资风电制氢系统的主要目的是调节并网风电的品质，在提升电网安全性能的同时，降低调控系统使用成本和维护成本，以满足电网运营商提出的要求。这时风电制氢系统的效益主要是利用闲置风电电解水制氢，提升系统能源效率。在选择风电制氢系统的规模时，就可以选择比最小点适当大一些的装机容量，在保证项目经济可行的情况下尽可能地多利用空闲的风电量。

目的不同会导致风电制氢系统规模的差异性较大。本节选取 16MW 作为风电制氢系统的装机容量并假设和风电场商议的风电价格为 0.3 元/kW·h，氢气的销售价格为 2.5 元/Nm^3，对此方案进行效益评价和敏感性分析。

3)方案效益评价

(1)全生命周期成本。

①初始投资成本。

当装机容量为 16MW 时，风电制氢系统的初始投资见表 5.9，可以看到中压碱性电解水制氢系统、高压储氢模块、压缩机这几个主要设备占了非常大的投资比重。从图 5.14 可以看出，电解水制氢系统的投资成本占了总投资成本的 46%。

表 5.9　初始投资成本

装机容量	中压碱性电解水制氢系统/万元	高压储氢模块/万元	压缩机/万元	中压缓冲储氢罐/万元	其他初始投资/万元
16MW	1750	1012.37	674.91	223.063	120

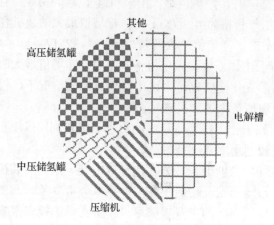

图 5.14　初始投资成本

②运营成本。

运营成本主要包括期间费用、耗水成本、耗电成本、设备维修费用、设备更新费用等，全生命周期中各运营成本的净现值见表 5.10。

表 5.10　运营成本净现值

符号	符号意义	取值
$NPV_{O\&M}$	期间费用的净现值/万元	2619.365
$NPV_{electronics}$	耗电成本的净现值/万元	17720.05
NPV_{water}	耗水成本的净现值/万元	125.53
NPV_{fix_k}	设备维修成本的净现值/万元	1268.42
NPV_{r_k}	设备更新成本的净现值/万元	35.22

③税收费用。

税金主要包括增值税、营业税金附加和所得税。新能源企业享受增值税即征即减半和所得税"三免三减半"的优惠政策，风电制氢系统 20 年的税收如图 5.15 所示。

(2)收益分析。风电制氢系统的收益主要来自氢气的销售收入和外部的环境收益，风电制氢系统的收益净现值见表 5.11。

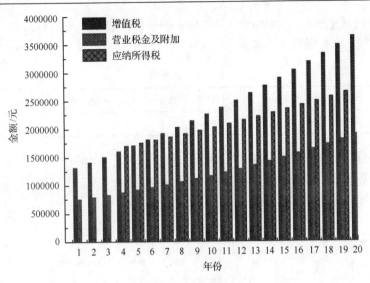

图 5.15　税收费用

表 5.11　收益净现值

符号	符号意义	取值
$NPV_{RS^{H_2}}$	氢气销售收入的净现值/万元	37349.49
NPV_{RS}	外部环境收益的净现值/万元	24.39

(3) 效益评价指标。根据式(5.27)、式(5.40)和式(5.43)，可以算出各经济性指标的值，如表 5.12 所示。

表 5.12　效益评价指标

符号	符号意义	取值
NPV	方案的净现值/万元	5395.76
IRR	方案的内部收益率/%	29
R_{BS}	方案的效益费用比	2.653
P_t	方案的动态投资回收期/年	4

可以看到，项目的净现值等于 5395.76 万元，内部收益率为 29%，效益费用比为 2.653，大于 1，4 年可以收回投资成本，所以该方案经济可行。

(4) 敏感性分析。

① 敏感性因素说明。

敏感性因素主要有氢气价格、风电价格、折现率、通货膨胀率。如表 5.13 所示氢气价格的基准值取 3 元/Nm³。风电价格的基准值取 0.3 元/kW·h。折现率的基准值取 8%，通货膨胀率的基准值取 4%。

表 5.13　基准值 1

敏感因素	氢气价格/(元/Nm³)	风电价格/(元/kW·h)	折现率/%	通货膨胀率/%
基准值	3	0.3	8	4

敏感性因素的变动幅度取正负向变动 10%、20%、30%。
②单因素敏感性分析。
首先进行净现值的单因素敏感性分析(表 5.14、图 5.16)。

表 5.14　敏感性因素变动时的净现值

项目净现值　变动率　敏感因素	−30%	−20%	−10%	0%	10%	20%	30%	敏感度系数
氢气价格	−2275.87	281.68	2839.22	5396.76	7954.3	10511.84	13069.38	4.74
风电价格	9697.99	8264.25	6830.5	5396.76	3963.01	2529.27	1095.52	−2.66
折现率	7505.1	6716.74	6018.1	5396.76	4842.2	4345.54	3899.23	−1.03
通货膨胀率	4083.63	4521.34	4959.05	5396.76	5834.47	6272.18	6909.89	0.08

注：表格中间的值表示敏感性因素变动时所对应的项目净现值(单位：万元)。

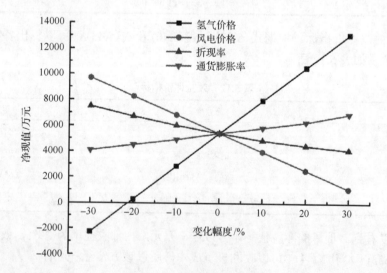

图 5.16　净现值敏感性分析

根据式(5.37)，可以算出各个敏感性因素变动时所对应的净现值。从表 5.14 可以看出，在基准值的情况下风电制氢系统的净现值为 5396.76 万元。从表格最后一列敏感度系数可以看出，氢气价格的敏感度系数最大，对净现值的敏感程度最高，投资者对该因素需要给予高度重视。又因为其敏感度系数为正值，表明净现值和氢气价格同方向变化，净现值随着氢气价格的增加而增大；风电价格的敏感度系数绝对值大于 1，对净现值敏感程度也较高，风电价格的敏感度系数为负，所以净现值和风电价格呈反方向变动的关系，净现值随着风电价格的增加而减小；其次是折现率，折现率的敏感度系数也为负，和净现值反方向变动；敏感度系数最小的是通货膨胀。从图 5.16 也可以直观地判断出各因素的敏感程度，斜率的绝对值越大，表示该因素对净现值越敏感。所以对净现值最敏感的因素是氢气价格，其后依次是风电价格、折现率和通货膨胀率。

图 5.16 每条直线与 x 轴的交点就是项目可行性的临界点。如果氢气价格下降超过基准值的 21.1%，也就是低于 2.367 元时项目由可行变为不可行。如果风电价格上升超过基准值的 41.29%，也就是超过 0.42 元时项目由可行变为不可行。而折现率和通货膨胀率在取值范围内不会影响项目的可行性。

然后进行内部收益率的单因素敏感性分析（表 5.15、图 5.17）。

表 5.15　敏感性因素变动时的内部收益率

内部收益率/% 敏感因素 ＼ 变动率	−30%	−20%	−10%	0%	10%	20%	30%	敏感度系数
氢气价格	0	9	19	29	39	49	59	3.45
风电价格	46	40	35	29	24	18	12	−1.72
通货膨胀率	24	26	27	29	31	32	34	0.898

注：表格中间的百分比表示敏感性因素变动时所对应的项目内部收益率(单位：%)。

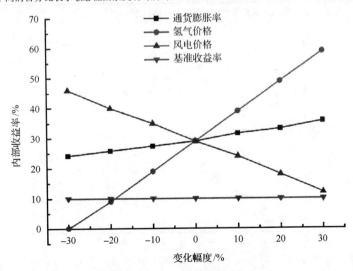

图 5.17　内部收益率敏感性分析

　　由于内部收益率就是一种折现率，所有这里去掉折现率这一敏感性因素。根据式(5.40)，可以算出各个敏感性因素变动时所对应的内部收益率。从表 5.15 可以看出，在基准值的情况下风电制氢系统的内部收益率为 29%。从表格最后一列敏感度系数可以看出，氢气价格的敏感度系数最大，对内部收益率的敏感程度最高，该因素也是内部收益率的主要敏感因素。又因为其敏感度系数为正值，内部收益率和氢气价格同方向变化，内部收益率随着氢气价格的增加而增大。其次是风电价格，风电价格的敏感度系数为负，所以内部收益率和风电价格反方向变动，内部收益率随着风电价格的增加而减小。通货膨胀率的敏感程度最低。从图 5.17 也可以看出，氢气价格斜率的绝对值最大，其后依次是风电价格、通货膨胀率。

　　在图 5.17 假设基准收益率为 10%，也就是说企业或者投资者可接受的最低收益水平为 10%，则与基准收益率的交点就是项目可行性的临界点。如果氢气价格下降超过基准值的 19.35%，也就是低于 2.4 元时，项目由可行变为不可行。如果风电价格上升超过基准值的 34.14%，也就是高于 0.402 元时，则项目由可行变为不可行。而通货膨胀率在取值范围内不会影响项目的可行性。

　　最后进行盈利性指数的单因素敏感性分析(表 5.16、图 5.18)。

表 5.16　敏感性因素变动时的盈利性指数

盈利性指数/% ＼ 变动率 ＼ 敏感因素	−30%	−20%	−10%	0%	10%	20%	30%	敏感度系数
氢气价格	0.303	1.086	1.869	2.653	3.436	4.219	5.002	2.952
风电价格	3.969	3.531	3.0918	2.653	2.214	1.775	1.335	−1.655
折现率	3.298	3.056	2.843	2.653	2.482	2.331	2.194	−0.640
通货膨胀率	2.250	2.384	2.518	2.653	2.787	2.921	3.054	0.51

注：表格中间的值表示敏感性因素变动时所对应的项目盈利性指数。

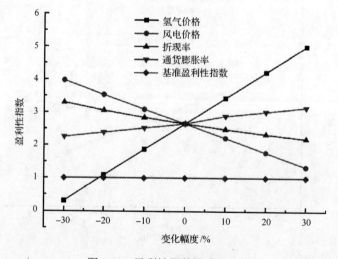

图 5.18　盈利性指数敏感性分析

根据式(5.43)，可以算出各个敏感性因素变动时所对应的盈利性指数。从表5.16可以看出，在基准值的情况下风电制氢系统的盈利性指数为2.653。从表格最后一列敏感度系数可以看出，氢气价格的敏感度系数最大，对盈利性指数的敏感程度最高。又因为其敏感度系数为正值，盈利性指数和氢气价格同方向变化，盈利性指数随着氢气价格的增加而增大。其次是风电价格，风电价格的敏感度系数为负，所以盈利性指数和风电价格反方向变动，盈利性指数随着风电价格的增加而减小。而折现率敏感度系数绝对值小于1，对盈利性指数的敏感度较低，通货膨胀率对盈利性指数的敏感度最低。

盈利性指数的判断标准是大于1的项目是可行的，小于1的项目是不可行的。所以和基准盈利性指数的交点就是临界点。如果氢气价格下降超过基准值的21.1%，也就是低于2.367元时，项目由可行变为不可行。如果风电价格上升超过基准值的41.29%，也就是超过0.42元时，项目由可行变为不可行。而折现率和通货膨胀率在取值范围内不会影响项目的可行性。

③多因素敏感性分析。

单因素敏感性分析是首先假设各因素之间是相互独立的，然后分别变动每个不确定因素。实际上，有些不确定因素之间的变动是相互影响的，某一因素的变动可能引起其他因素也发生相应的变动。因此本论文选取单因素分析中敏感度最高的3个敏感因素：氢气价格、风电价格和折现率，进行多因素敏感性分析，采用公式法和作图法相结合。通过分析这3个因素同时变动时对经济性指标产生的影响，更为全面的分析风电制氢系统经济性。

首先进行净现值的多因素敏感性分析。

设风电价格、氢气价格、折现率的变化幅度分别为x、y、z，根据式(5.37)可以得到

$$NPV = 3 \times 864.92(1+y)\sum_{t=1}^{20}\frac{1}{\left[1+0.08(1+z)\right]^{t}} - 186.826\sum_{t=1}^{20}\frac{1}{\left[1+0.08(1+z)\right]^{t}}$$

$$-1737.31(1+x)\sum_{t=1}^{20}\frac{1}{\left[1+0.08(1+z)\right]^{t}} - 3265.3$$

$$(5.46)$$

取折现率不同的变化幅度z代入上式，可求出一组NPV=0的临界方程。

当$z = -30\%$时，$y = 0.092x - 0.248$。

当$z = -20\%$时，$y = 0.092x - 0.236$。

当$z = -10\%$时，$y = 0.092x - 0.223$。

当$z = 0$时，$y = 0.092x - 0.211$。

当 $z = 10\%$ 时，$y = 0.092x - 0.198$。

当 $z = 20\%$ 时，$y = 0.092x - 0.185$。

当 $z = 30\%$ 时，$y = 0.092x - 0.172$。

对于不同的 z 值，都能够确定出一条对应的临界线方程。以上 7 组 NPV 的临界线方程可用图 5.19 所示的一组直线表示，临界方程上面的点净现值都等于 0；临界线方程上方部分表示净现值大于 0，风电价格和氢气价格的变化率在该区域任意取值项目都是经济可行的；临界方程下方表示净现值小于 0，在该区域取值，项目是不可行的。

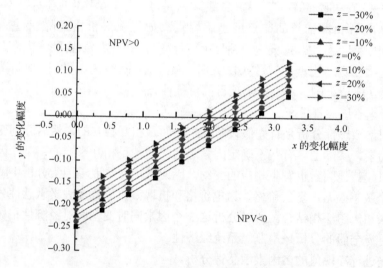

图 5.19　净现值的多因素敏感性分析

可以看出，随着折现率的变化幅度 z 的增大，临界线往上移动，风电价格和氢气价格的可变化范围同方向减小。

然后进行内部收益率的多因素敏感性分析，如图 5.20 所示。

由于内部收益率就是一种折现率，所以这里去掉折现率这一敏感性因素，只考虑风电价格和氢气价格同时变动的情况。设风电价格、氢气价格的变化率分别为 x、y，社会折现率为 8% 时，令净现值等于 0，可求出临界线方程：$y = 0.092x - 0.211$。这条线上所有点的组合都可以得到内部收益率为 8%，是内部收益率的临界线，是项目经济性可以被接受的最低标准。作一条与这条临界线平行且通过原点的直线 $y = 0.092x$，这条直线上所有点的组合得到的内部收益率为 29%，为项目实际的内部收益率。

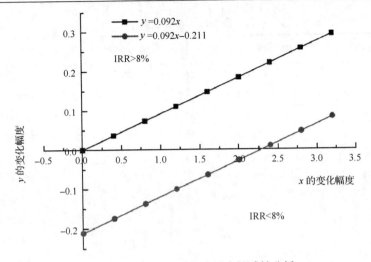

图 5.20　内部收益率的多因素敏感性分析

临界线上方区域内部收益率是大于 8% 的，且距离临界线越远对应的内部收益率越大。当风电价格和氢气价格同时变化时，两者变化率的组合点 (x, y) 在 $y = 0.092x$ 上方区域时，满足 $y > 0.092x$ 条件，方案不但可行，而且此时项目的内部收益率比基准值情况下项目实际的内部收益率大，投资收益更高。且离 $y = 0.092x$ 的距离越远，项目的净现值也就增加得越多。当变化率的组合点 (x, y) 在 $y = 0.092x$ 下方区域但不超过临界线时，满足 $0.092x - 0.211 < y < 0.092x$，项目此时的内部收益率与基准值情况下的内部收益率相比有所下降，且离 $y = 0.092x$ 距离越远，经济内部收益率减少越多，但是此时方案是经济可行的，当变化率的组合点 (x, y) 在 $y = 0.092x - 0.211$ 的下方区域时，方案经济上将变得不可行。

4. 氢气通过天然气管网运输

1) 年产氢量

根据式 (5.1)～式 (5.6)、式 (5.8)，可以计算出氢气通过天然气管网运输时最终的年产氢量，由第 5.5 节介绍的能效转换率可知，氢气通过天然气管网运输时的转换率比氢气通过管束车运输时要高，所以通过天然气管网运输时最终的年产氢量要大一些，计算结果见表 5.17。

2) 最佳规模分析

(1) 平准化能源成本法。根据第 5.3.5 节介绍的利用平准化能源成本法分析最佳规模的步骤，可以计算出每个装机容量所对应的单位氢气成本。

表 5.17　年产氢量

P_{N_E}/MW	H_2 年产量/(Nm³/年)	P_{N_E}/MW	H_2 年产量/(Nm³/年)
0	0	40	13802225.93
3	3634924.66	42	18940262.73
5	5610311.94	45	19099333.88
8	8171648.17	48	19195604.65
10	9641041.73	50	19237286.56
12	10908449.43	52	19268646.56
15	13046472.86	55	19306651.64
18	13919839.09	58	19322331.64
20	14700896.72	60	19332784.97
22	15393447.23	63	19348464.97
25	16223697.11	65	19358918.30
28	16965993.21	68	19370612.62
30	17402620.32	70	19370612.62
32	17767027.28	72	19370612.62
35	18231904.90	75	19370612.62
38	13659736.67		

　　由图 5.21 可以看出单位氢气成本曲线的形状和用管束车运输是一样的，且最小点都在 16MW 处取得，但是单位氢气成本的值有所下降。这是因为，用管束车运输时每立方米氢气会增加一个运输成本，而用天然气管网运输时氢气直接接入管网，不会产生额外的运输成本，所以成本有所下降。我国现在对天然气和氢气混运的销售价格还没有明确的规定，所以价格只能参考天然气价格。根据国家发展与改革委员会 2013 年 6 月颁布的天然气价格政策，增量气含税价格为 2.29～3.2元/Nm³。由于氢气密度小，在相同热值的条件下，体积仅是天然气的 1/3。如果考虑与天然气行业和管理部门协调，争取优惠政策，则氢气价格至多可以争取到与天然气含税价格相同。而当风电价格为 0.49 元/kW·h 时，最小的单位氢气成本为 3.0573 元/Nm³，并且如果制氢厂离天然气管网较远，可能还需要通过新建管网或者利用管束车将氢气接入天然气管网，这部分成本将会增高。可见在该电价下企业已经无法盈利。所以如果实现项目经济可行，则至少需要把风电价格商议到0.3 元/kW·h 以下。单位氢气成本越小，风电制氢系统的投资报酬率越高。

　　由图 5.21 同样可以看出，单位成本最小的点并不是资源利用率最高的点。

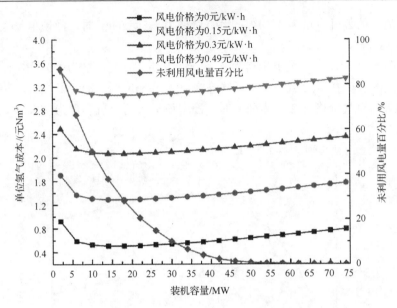

图 5.21　单位氢气成本和未利用风电量

(2) 净现值法。同样，本节利用净现值法从项目整体盈亏总额的角度对装机容量进行分析，这里最大的氢气价格不能超过天然气的含税价格。氢气价格至少要大于最小单位氢气成本才有经济可行的装机容量。

如图 5.22 所示，当风电价格为 0 元/kW·h，氢气价格为 0.5 元/Nm³ 时，价格小于最小的氢气价格，所有装机容量的净现值均小于 0；氢气价格为 1 元/Nm³ 时，

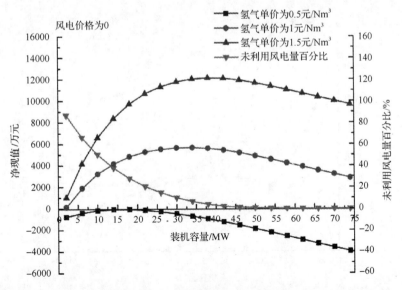

图 5.22　项目净现值和未利用风电量

净现值最大的装机容量为 34MW；氢气价格为 1.5 元/Nm³ 时，净现值最大的装机容量为 38MW。

如图 5.23 所示，当风电价格为 0.15 元/kW·h，氢气价格为 1.5 元/Nm³ 时，净现值最大的装机容量为 26MW；氢气价格为 2 元/Nm³ 时，净现值最大的装机容量为 34MW；氢气价格为 2.5 元/Nm³ 时，净现值最大的装机容量为 42MW。

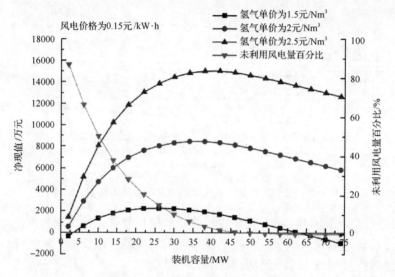

图 5.23　项目净现值和未利用风电量

如图 5.24 所示，当风电价格为 0.3 元/kW·h，氢气价格为 2.5 元/Nm³ 时，净

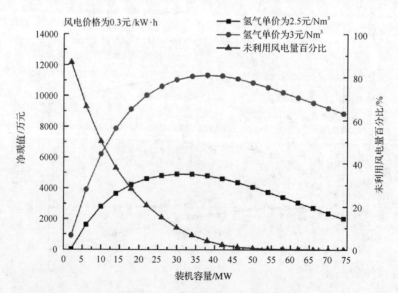

图 5.24　项目净现值和未利用风电量

现值最大的装机容量为 30MW；氢气价格为 3 元/Nm³ 时，净现值最大的装机容量为 38MW。

将氢气通过管束车运输和氢气通过天然气管网运输的最大净现值进行比较，可以看出当风电价格和氢气价格都相同时，氢气利用天然气管网运输时项目，可获得的净现值大于氢气利用管束车运输时获得的净现值。

3) 投资决策建议

(1) 氢气通过天然气管网运输时氢气价格受天然气价格的限制，如果不能直接接入天然气管网时制氢厂还需要新建管道，所以商议的单位风电价格至少要低于 0.3 元/kW·h，项目才能盈利。

(2) 当风电价格和氢气价格都相同时，氢气利用天然气管网运输可获得更大的经济收益。

(3) 投资者需要在经济性和资源利用率之间作一个权衡，如果更加重要资源的利用，则可以放弃一些经济效益，选择大一点的装机容量。

本节同样选取 16MW 作为风电制氢系统的装机容量，并假设和风电场商议的风电价格为 0.3 元/kW·h，氢气的销售价格为 3 元/Nm³，对此方案进行效益评价和敏感性分析。

4) 方案效益评价

(1) 绩效评价指标。和管束车运输相比，用天然气管网运输的主要差异是电-氢转化的效率更高，且氢气运输时不需要高压存储模块。根据第 5.3 节效费分析的公式，可以算出此时方案各评价指标的值 (表 5.18)。

表 5.18　效费指标

符号	符号意义	取值
$C_{investment}$	初始投资/万元	2590.438
$NPV_{O\&M}$	期间费用的净现值/万元	2419.365
$NPV_{electronics}$	耗电成本的净现值/万元	17720.05
NPV_{water}	耗水成本的净现值/万元	125.53
NPV_{other}	其他成本的净现值/万元	8246.82
$NPV_{RS^{H2}}$	氢气销售收入的净现值/万元	41499.505
NPV_{RS}	外部环境收益的净现值/万元	24.39
NPV	方案的净现值/万元	8553.99
IRR	方案的内部收益率/%	51
R_{BS}	方案的效益费用比	4.3
P_t	方案的动态投资回收期/年	3

可以看出方案的净现值为 41499.505 万元，内部收益率为 51%，效益费用比为 5.3，而且 3 年可以收回所有的初始投资成本，所以当装机容量，风电价格和氢气价格一样的情况下，用天然气管网运输的经济性优于用管束车运输的经济性。

（2）敏感性分析。

①敏感性因素说明

敏感性因素主要有氢气价格、风电价格、折现率、通货膨胀率。氢气的基准值取 3 元/Nm³。风电的基准值取 0.3 元/kW·h。折现率的基准值取 8%，通货膨胀率的基准值取 4%，如表 5.19 所示。

表 5.19　基准值 2

敏感因素	氢气价格/(元/Nm³)	风电价格/(元/kW·h)	折现率/%	通货膨胀率/%
基准值	3	0.3	8	4

敏感性因素的变动幅度取正负向变动 10%、20%、30%。

②单因素敏感性分析

首先进行净现值的单因素敏感性分析表 5.20、图 5.25 所示。

表 5.20　敏感性因素变动时的净现值

净现值/万元　　变动率 敏感因素	−30%	−20%	−10%	0%	10%	20%	30%	敏感度系数
氢气价格	289.82	3044.5	5799.2	8553.9	11308.7	14063.4	16818	3.22
风电价格	12855.2	11421.4	9987.7	8553.9	7120.2	5686.5	4252.7	1.68
折现率	11269.8	10254.2	9354.3	8553.9	7839.7	7200.1	6625.4	−0.843
通货膨胀率	7147.8	7616.5	8085.2	8553.9	9022.6	9491.3	9960.1	0.547

注：表格中间的值表示敏感性因素变动时所对应的项目净现值(单位：万元)。

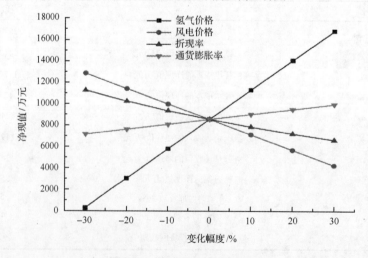

图 5.25　净现值的敏感性分析

　　敏感程度：根据式(5.38)，可以算出各个敏感性因素变动时所对应的净现值。从表 5.19 可以看出，在基准值的情况下风电制氢系统的净现值为 8553.9 万元。从表格中敏感度系数可以看出，氢气价格的敏感度系数最大，对净现值的敏感程度最高，投资者对该因素需要给予高度重视。又因为其敏感度系数为正值，表明净现值和氢气价格同方向变化，净现值随着氢气价格的增加而增大；风电价格的敏感度系数绝对值大于 1，对净现值敏感程度也较高，风电价格的敏感度系数为负，所以净现值和风电价格反方向变动，净现值随着风电价格的增加而减小；其次是折现率，折现率的敏感度系数也为负，和净现值反方向变动；敏感度系数最小的是通货膨胀。从图 5.25 也可以直观地判断出各因素的敏感程度，斜率的绝对值越大，表示该因素对净现值越敏感。所以对净现值最敏感的因素是氢气价格，其后依次是风电价格、折现率和通货膨胀率。

　　临界点：图 5.25 每条直线与 x 轴的交点就是项目可行性的临界点。如果氢气价格下降超过基准值的 31%，也就是低于 2.068 元时，项目由可行变为不可行。如果风电价格上升超过基准值的 47.89%，也就是 0.44 元时，项目由可行变为不可行。而折现率和通货膨胀率在取值范围内不会影响项目的可行性。

　　然后进行内部收益率的单因素敏感性分析(表 5.21、图 5.26)。

表 5.21　敏感性因素变动时的内部收益率

内部收益率/%　变动率　敏感因素	-30%	-20%	-10%	0%	10%	20%	30%	敏感度系数
氢气价格	9	24	37	51	64	77	91	2.54
风电价格	71	64	57	51	44	37	30	-1.37
通货膨胀率	39	43	47	51	55	59	62	0.74

　　注：表格中间的百分比表示敏感性因素变动时所对应的项目内部收益率。

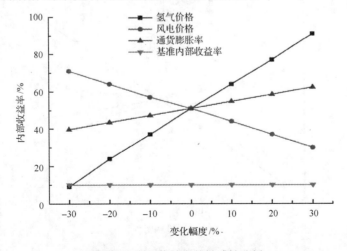

图 5.26　内部收益率的敏感性分析

由于内部收益率就是一种折现率，所以这里去掉折现率这一敏感性因素。根据式(5.41)，可以算出各个敏感性因素变动时所对应的内部收益率。从表 5.20 可以看出，在基准值的情况下风电制氢系统的内部收益率为 51%。从表格中敏感度系数可以看出，氢气价格的敏感度系数最大，对内部收益率的敏感程度最高，该因素也是内部收益率的主要敏感因素。又因为其敏感度系数为正值，内部收益率和氢气价格同方向变化，内部收益率随着氢气价格的增加而增大。其次是风电价格，风电价格的敏感度系数为负，所以内部收益率和风电价格反方向变动，内部收益率随着风电价格的增加而减小。通货膨胀率的敏感程度最低。从图 5.26 也可以看出，氢气价格斜率的绝对值最大，其后依次是风电价格、通货膨胀率。

在图 5.26 假设基准收益率为 10%，则与基准收益率的交点就是项目可行性的临界点。如果氢气价格下降超过基准值的 29.86%，也就是低于 2.1 元时，项目由可行变为不可行。如果风电价格上升超过基准值的 37%，也就是 0.411 元时，项目由可行变为不可行。而通货膨胀率在取值范围内不会影响项目的可行性。

最后，进行盈利性指数的单因素敏感性分析(表 5.22、图 5.27)。

表 5.22 敏感性因素变动时的盈利性指数

盈利性指数/%　变动率　敏感因素	−30%	−20%	−10%	0%	10%	20%	30%	敏感度系数
氢气价格	1.11	2.17	3.24	4.3	5.36	6.43	7.49	2.47
风电价格	5.96	5.41	4.85	4.3	3.75	3.19	2.64	−1.28
折现率	5.35	4.95	4.61	4.3	4.03	3.77	3.55	−0.64
通货膨胀率	3.75	3.94	4.12	4.3	4.48	4.66	4.84	0.42

注：表格中间的值表示敏感性因素变动时所对应的项目盈利性指数。

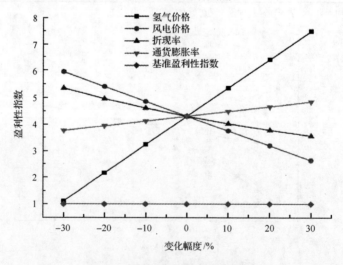

图 5.27 盈利性指数敏感性分析

根据式(5.44)，可以算出各个敏感性因素变动时所对应的盈利性指数。从表 5.21 可以看出，在基准值的情况下风电制氢系统的盈利性指数为 4.3。从表格中敏感度系数可以看出，氢气价格的敏感度系数最大，对盈利性指数的敏感程度最高。又因为其敏感度系数为正值，盈利性指数和氢气价格同方向变化，盈利性指数随着氢气价格的增加而增大。其次是风电价格，风电价格的敏感度系数为负，所以盈利性指数和风电价格反方向变动，盈利性指数随着风电价格的增加而减小。而折现率敏感度系数绝对值小于1，对盈利性指数敏感度较低，通货膨胀率对盈利性指数不敏感。

盈利性指数的判断标准是大于 1 的项目是可行的，小于 1 的项目是不可行的，所以和基准的交点就是临界点。如果氢气价格下降超过基准值的 31%，也就是低于 2.068 元时，项目由可行变为不可行。如果风电价格上升超过基准值的 47.89%，也就是 0.44 元时，项目由可行变为不可行。而折现率和通货膨胀率在取值范围内不会影响项目的可行性。

③多因素敏感性分析

首先进行净现值的多因素敏感性分析

设风电价格、氢气价格、折现率的变化幅度分别为 x、y、z，根据式(3.39)可以得到

$$
\begin{aligned}
\text{NPV} &= 3 \times 570.176(1+y)\sum_{t=1}^{20}\frac{1}{\left[1+0.08(1+z)\right]^{t}} + 248.83\sum_{t=1}^{20}\frac{1}{\left[1+0.08(1+z)\right]^{t}} \\
&\quad -1184.8(1+x)\sum_{t=1}^{20}\frac{1}{\left[1+0.08(1+z)\right]^{t}} - 2590.4
\end{aligned}
\tag{5.47}
$$

取不同折现率的变化幅度 z 代入上式，可求出一组 NPV=0 的临界方程。

当 $z=-30\%$时，$y=0.69x-0.332$。

当 $z=-20\%$时，$y=0.69x-0.327$。

当 $z=-10\%$时，$y=0.69x-0.371$。

当 $z=0$ 时，$y=0.69x-0.31$。

当 $z=10\%$时，$y=0.69x-0.322$。

当 $z=20\%$时，$y=0.69x-0.295$。

当 $z=30\%$时，$y=0.69x-0.287$。

对于不同的 z 值，都能够确定出一条对应的临界线方程。以上 7 组 NPV 的临界线方程可用图 5.28 所示的一组直线表示，临界方程上面的点净现值都等于 0；临界线方程上方部分表示净现值大于0，风电价格和氢气价格的变化率在该区域任意取值项目都是经济可行的；临界方程下方表示净现值小于0，在该区域取值项目

是不可行的。

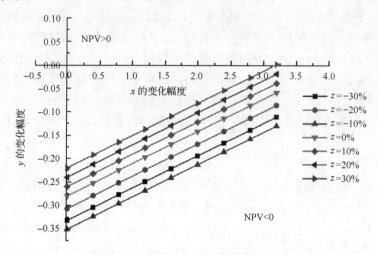

图 5.28　净现值的多因素敏感性分析

然后进行内部收益率的多因素敏感性分析，如图 5.29 所示。

由于内部收益率就是一种折现率，所以这里去掉折现率这一敏感性因素。设风电价格、氢气价格的变化率分别为 x、y，社会折现率为 8% 时，令净现值等于 0，可求出临界线方程：$y = 0.69x - 0.31$。这条线上所有点的组合都可以得到内部收益率为 8%，是内部收益率的临界线，是项目经济性可以被接受的最低标准。作一条与这条临界线平行且通过原点的直线 $y = 0.69x$，这条直线上所有点的组合得到的内部收益率为 51%，为方案实际的经济内部收益率。

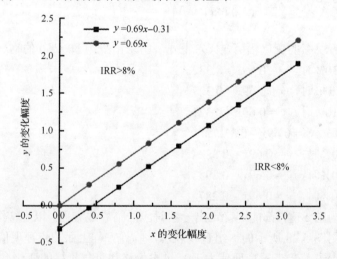

图 5.29　内部收益率的多因素敏感性分析

临界线上方区域内部收益率是大于 8% 的，距离临界线越远对应的内部收益率越大。当风电价格和氢气价格同时变化时，两者变化率的组合点 (x, y) 在 $y = 0.69x$ 上方区域时，满足 $y > 0.69x$ 条件，方案不但可行，而且内部收益率与方案实际的经济内部收益率相比有所提高，投资收益更高。且离 $y = 0.69x$ 的距离越远，投资收益净现值也就增加得越多。当变化率的组合点 (x, y) 在 $y = 0.69x$ 下方区域但不超过临界线时，满足 $0.69x - 0.31 < y < 0.69x$，方案依然可行，但项目内部收益率与实际值相比有所下降，且离 $y = 0.69x$ 距离越远，经济内部收益率减少越多，当变化率的组合点 (x, y) 在 $y = 0.69x - 0.31$ 的下方区域时，方案在经济上将变得不可行。

5.4.3　电-氢-电应用模式分析

1. 张家口日用电负荷分析

图 5.30 是张家口地区典型的日负荷曲线，可以看出，中午 10:00～12:00 和晚上 19:00～22:00 为用电高峰。中午时段的用电需求主要来自公共机构、商业楼宇和工厂等生产和营业部门，而晚上的时段主要是居民生活用电、商业和服务业用电的高峰期，在这个时段，居民家中的各种用电设备将会消耗大量的电能。根据此数据，将 22:00～10:00 和 12:00～19:00 划分谷段，将 10:00～12:00 和 19:00～22:00 划分为峰段，在谷段时产生的氢气存储在储氢罐中，到了峰段后燃料电池开始启动发电。

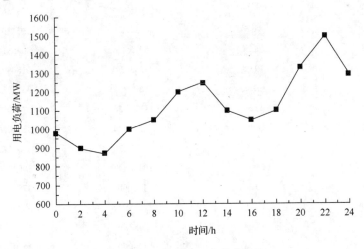

图 5.30　张家口日负荷曲线

2. 燃料电池年发电量

在电-氢-电转换应用模式中，发电量是由氢气的存储量和燃料电池的额定功率决定的。如果燃料电池的额定功率太小，每天消耗的氢气远远小于生产的氢气，则会导致大量的氢气存储在高压储氢罐中，造成资源的浪费。如果额定功率过大，则燃料电池在多数情况下不能满负荷工作，造成燃料电池产能的闲置。所以将燃料电池的额定功率定为风电制氢系统的装机容量乘以电解槽的转换效率再乘以燃料电池的转换效率。利用每小时的弃电数据，通过程序仿真，可以计算出所有风电制氢系统装机容量下所对应的燃料电池的额定功率、高压储氢罐容量和年产电量，求解结果见表 5-23。

表 5.23　求解结果

P_{N_E} /MW	P_{N_FC} /MW	$M_{H_2\_Tank\_h}$ /Nm^3	$Q_{electronics\_year}$ /kW·h
2	0.96	3555.55	2846092.205
5	2.4	8888.89	6646424.74
7	3.36	12444.44	8893264.147
12	5.76	21333.33	13932287.85
15	7.2	26666.67	16629557.58
18	8.64	32000	19120735.55
23	11.04	40888.88	22697414.94
25	12	44444.44	23983416.55
29	13.92	51555.56	26312936.93
33	15.36	56888.89	27925672.51
35	16.8	62222.22	29348036.98
38	18.24	67555.56	30655161.71
41	19.68	72888.89	31864086.76
45	21.6	80000	33276315.85
47	22.56	83555.56	33870529.54
52	24.96	92444.44	35280266.60
55	26.4	97777.78	36071110.32
59	28.32	104888.89	37028363.43
63	30.24	112000	37848332.11
65	31.2	115555.56	38208910.68
68	32.64	120888.89	38723173.12
72	34.56	128000	39307075.60
75	36	133333.33	39680099.49

3. 度电成本分析

和电-氢-电转换应用模式相比，该模式中多了燃料电池的成本，且最终的产物是电能。根据燃料电池电解质的不同，可将燃料电池分为碱性燃料电池、质子交换膜燃料电池、磷酸燃料电池和固定氧化物燃料电池等。由于风电、太阳能发电等都在常温下工作，与其相适应的燃料电池发电系统一般采用工作温度较低的碱性燃料电池与质子交换膜燃料电池发电系统。其中碱性燃料电池是最早开发和获得成功应用的燃料电池，技术成熟度较高，且与其他类型燃料电池相比，碱性燃料电池转换效率可达 60%，成本比其他类型的燃料电池低，所以碱性燃料电池是电解制氢复合储能系统的最佳选择。碱性燃料电池的价格为 4000 元/kW，使用寿命为 25000～30000h，按每天运行 6h 计算，则燃料电池的使用寿命为 10 年。系统的其他基本参数和电-氢转换应用模式一样，同样选取 0 元/kW·h、0.15 元/kW·h和 0.3 元/kW·h 这 3 个单位风电价格，根据第 5.3.5 介绍的利用平准化能源成本法分析最佳规模的步骤，可计算出每个装机容量所对应的度电成本，如图 5.31 所示。

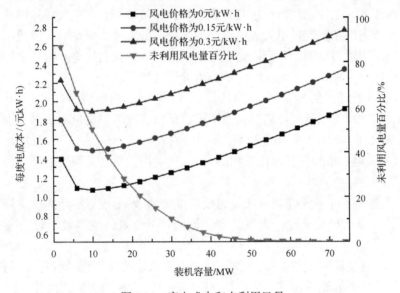

图 5.31　度电成本和未利用风量

　　从每度电的成本曲线可以看出，当装机容量为 9MW 时，每度电的成本达到最小值。但是每度电的成本是非常高的，当风电价格为 0.15 元/kW·h 时最小的度电成本为 1.4746 元/kW·h，当风电价格为 0.3 元/kW·h 时最小的度电成本为 1.8959元/kW·h。即使不考虑用电成本，将风电价格设为 0，最小的度电成本也为 1.052元/kW·h。

　　参考北京地区的峰谷分时销售电价，如表 5.24 所示。对比可知，当风电价格为 0 时的最小度电成本 1.8959 元/kW·h，仅低于峰段时工业用电的电价，所以在现有的技术水平下，该模式的设备投资成本太高，而电-氢-电的转换效率太低，导致项目经济上不可行。

表 5.24　北京地区峰谷分时销售电价

用电分类	普通用电	工业用电
峰段销售电价/(元/kW·h)	0.984	1.116
平段销售电价/(元/kW·h)	0.676	0.775
谷段销售电价/(元/kW·h)	0.281	0.306

5.4.4　结果分析及建议

通过对案例分析,可得出在电-氢转换应用模式下风电制氢系统具有很强的可操作性和可行性,不仅有利于调节并网风电的品质,提高风电场整体的利用率,且就张家口而言,由于新能源产业、化工产业的基础较好,对于氢气需求的发展预期非常强劲。氢能系统自身也具有非常好的经济效益。而氢气通过燃料电池发电,虽然该方法是实现风电大规模存储的一种有效方式,但是现阶段我国缺乏对大功率电站用燃料电池的研究,燃料电池成本过高。如实现电氢燃料电池发电模式则需要进一步降低燃料电池的成本。决策建议如下。

(1)氢气通过天然气管网运输时氢气价格受天然气价格的限制,当不能直接接入天然气管网时制氢厂还需要新建管道,所以商议的单位风电价格至少要低于0.3 元/kW·h,否则项目将不能盈利。

(2)当风电价格和氢气价格都相同时,氢气利用天然气管网运输可获得更大的经济收益。

(3)当投资者重点关注项目实际的投资报酬率,希望投资实际的投资报酬率最高,项目投资回收期最短,则投资者应该选择单位氢气成本最低时的装机容量16MW。

(4)如果投资风电制氢系统是站在风电制氢系统整体收益的角度,在利用资源的同时获取更多的经济利益,则投资者应该选择净现值最大的装机容量。

(5)如果投资风电制氢系统的主要目的是调节并网风电的品质,在提升电网安全性能的同时,降低调控系统使用成本和维护成本,以满足电网运营商提出的要求。这时风电制氢系统的效益主要是利用闲置风电电解水制氢,大大提升系统能源效率。则在选择风电制氢系统的规模时就可以选择比最小点适当大一些的装机容量,在保证项目经济可行的情况下尽可能地利用空闲的风电量。

(6)如果想让电-氢-电应用模式经济可行,则需要进一步降低燃料电池的成本和提高燃料电池的转换效率,保证燃料电池的度电成本低于上网电价。

5.5　可视化风电制氢系统效费分析软件

5.5.1　软件的规划设计

由于风电制氢效费分析模型涉及的参数比较多，且部分参数是可变参数，再加上风能发电具有波动性，计算过程中涉及很多逻辑判断和循环遍历的过程。为了增加效费分析模型的实用性、便利性和快捷性，本节利用 Java 语言实现了风电制氢系统效费分析平台的搭建和相关经济性分析模型的封装。用户只需要在该软件平台中进行简单操作即可实现命令选择、链接数据库、数据输入输出、执行计算等功能。软件规划。

(1)为用户提供多种氢能应用模式，用户可根据自己的需求选择不同的应用模式进行效益分析，或对比不同应用模式之间的经济性。

(2)用户可根据项目的财务预算更改系统基本参数的默认值，使计算结果更加真实性和有用性。

(3)软件可根据用户录入的弃电数据为其匹配合适的风电制氢系统规模，不仅可以对风力发电的弃电数据进行分析，还可以对不同来源的弃电数据进行经济性分析，如光伏发电、潮汐发电等，极大地增加了软件的普适性。

(4)软件可实现对系统经济性分析的自动计算，计算结果以图形、数据表格等多种形式呈现，同时，用户可通过快捷键对可变参数做任意修改，实现多种方案对比，观察可变参数取不同值时风电制氢系统的经济效率的改变。经济分析结果还可以导出保存。

5.5.2　软件功能介绍

1. 整体框架

图 5.32 是风电制氢系统效费分析软件的整体框架图，分为新能源介绍、应用模式选择、系统参数设置和经济性分析四大模块。

2. 子模块功能介绍

1)新能源介绍子模块

图 5.33 为新能源介绍子模块，该模块主要分为两部分，第一部分介绍了新能源、风电、氢气的定义和范围；第二部分介绍了电转气的目的、意义和存在的不足。

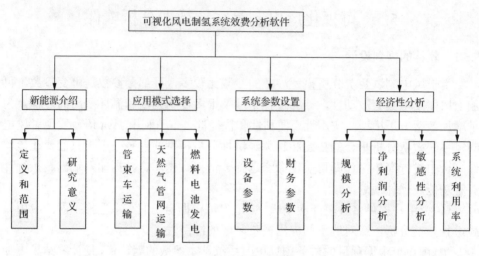

图 5.32　系统框架图

图 5.33　新能源介绍窗体

2) 方案选择子模块

图 5.34 为方案选择子模块。该模块提供了所有的能效转换路径，每条转换路径上都表明了转换效率，系统已经给出了默认值，用户可点击 η 对转换效率进行修改。页面下方列出了 3 种不同的能效转换路线，分别是从高压交流电到氢气用管束车运输、从高压交流电到氢气通过天然气运输、高压交流电转换成氢气然后氢气再转换成高压交流电。用户可任意选择其中一种方案进行经济性分析。

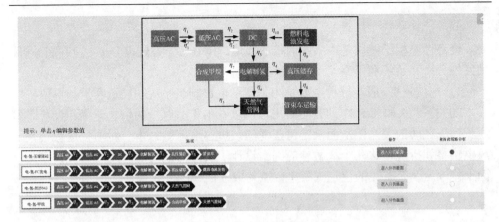

提示：单击 η 编辑参数值

图 5.34　方案选择子模块

3) 方案参数设置子模块

当用户选择好某一方案后，系统会自动跳转到方案参数设置子模块，该模块分为财务参数子模块和设备参数子模块(图 5.35)，该界面显示了风电制氢系统的框架图，用户点击每个设备图标，会跳出该设备的全部参数，系统对所有的参数都给出了默认值。用户可根据初始投资决策修改各参数的值，截图如图 5.36，在财务参数中本节列出了各项税收的税率、通货膨胀率、折现率和商品的单价，用户也可对各项取值进行修改。

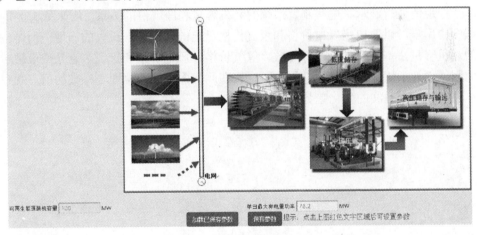

可再生能源装机容量 100　MW　　　　　单日最大弃电量功率 76.2　MW
加载已保存参数　　保存参数　提示：点击上图红色文字区域后设置参数

图 5.35　设备参数窗体

图 5.36　财务参数窗体

4) 经济性分析子模块

经济性分析子模块是本系统的核心模块,其中又分为规模分析、净利润分析、敏感性分析和系统利用率 4 个子模块。

(1) 规模分析。成本分析主要是为了展示电解制氢系统的装机容量和单位氢气成本的关系,从如图 5.37 的截图中用户可以看出年产氢量的增长速率和设备成本增长速率之间的关系,从而确定可接受的装机容量范围。本节对项目运行年数、风电价格和折现率这几个最敏感的因素设计了快捷修改功能,用户可直接在此界面上修改这 3 个参数的值,观察单位氢气成本曲线的变化趋势。

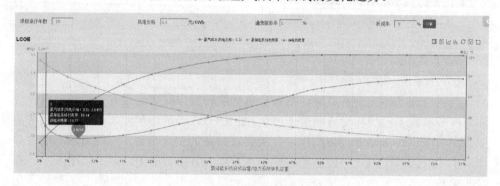

图 5.37　成本分析窗体

净现值分析展示了电解制氢系统的装机容量和净现值的关系,从如图 5.38 的截图中用户可以看出当风电价格和氢气价格已定的情况下,最大的净现值所对应的装机容量。本节对项目运行年数、氢气价格、风电价格和折现率这几个最敏感的因素设计了快捷修改功能,用户可直接在此界面上修改这四个参数的值,观察单位氢气成本曲线的变化趋势。

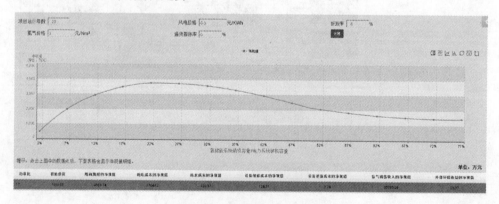

图 5.38　净现值分析窗体

（2）净利润分析。图 5.39 是净利润分析子模块，系统用表格的形式和图形的方式对计算结果进行展示的截图。表格列出了不同年限下氢气的销售收入、环境收益、期间费用、运营成本、年折旧费用和税收的值，并利用折线图加柱状图，说明年总收入、年总支出和年净利润的变化趋势。方便用户对各项数据进行比较和分析。系统同样对装机容量、风电价格、氢气价格和项目运行年数设置了快捷修改，方便用户对不同投资方案的净利润进行比较和分析。

图 5.39　净利润窗体

（3）敏感性分析。敏感性分析子模块包括对氢气价格、风电价格、折现率和通货膨胀率的敏感性分析，截图如图 5.40 所示。系统在每个分析界面中都画出了净现值、内部收益率、回收期和盈利性指数这四个经济性评价指标随敏感性因素变动的曲线，并对装机容量、当前年分数、风电价格、氢气价格和折现率设置了快捷修改键，用户可根据快捷键，更改参数值观察敏感性分析的变化。

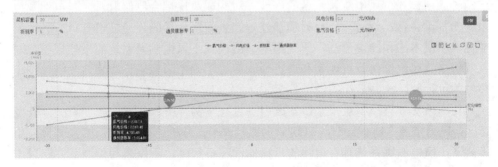

图 5.40　敏感性分析窗体

（4）系统利用率。图 5.41 为系统利用率子模块截图，因为风电是不断波动的，所以电解制氢系统不能保证每个时刻都在额定功率下工作，系统利用率子模块列出了风电制氢系统在每个月的系统利用率，用户可以查看哪几个月风电制氢系统的利用率是很低的，从而采取相应的应对措施提高系统的利用率。用户可以修改风电制氢系统的装机容量，查看不同装机容量下系统利用率的差异。

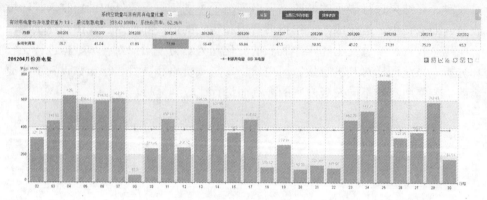

图 5.41　系统利用率窗

5.6　结论与展望

1. 总结

1) 结论

本章利用技术经济性分析方法，建立效费分析模型，对风电制氢系统进行经济性分析。根据风电制氢系统最终产物的不同，将其分为电-氢转换应用模式和电-氢-电转换应用模式。首先介绍两种应用模式的流程图和能效转换路径。然后分析这两种应用模式下风电制氢系统的产能，对构成风电耦合制储氢及燃料电池发电系统的各设备(或子系统)、材料和基建等因素给出详尽的建造成本分析。利用平准化能源成本法和净现值法，研究不同应用模式下风电制氢系统的最佳规模。对氢气价格、风电价格、折现率和通货膨胀率等不确定因素进行敏感性分析，确定它们的可行域，找到最优的投资方案。

利用效费分析模型对张家口某风电场进行案例分析。张家口属于新能源开发特区，风力资源丰富但同时弃风现象也比较严重。分析结果表明在电-氢转换应用模式下，风电制氢系统具有很强的可操作性和可行性，不仅有利于调节并网风电的品质，提高风电场整体的利用率，且就张家口而言，由于新能源产业、化工产业的基础较好，对于氢气需求的发展预期非常强劲，氢能系统自身也具有非常好的经济效益。而电-氢-电转换应用模式虽然是实现风电大规模存储的一种有效方式，但现阶段我国缺乏对大功率电站用燃料电池的研究，燃料电池成本过高，如果想要这种应用模式经济可行，还需要进一步降低燃料电池的成本，提高电-氢-电之间的转换效率。决策建议如下。

(1)氢气通过天然气管网运输时价格受天然气价格的限制，当不能直接接入天然气管网时制氢厂还需要新建管道，所以商议的单位风电价格至少要低于 0.3 元/kW·h，项目才可以盈利。

(2)当风电价格和氢气价格都相同时，氢气利用天然气管网运输比利用管束车运输的经济收益更好。

(3)当投资者重点关注项目实际的投资报酬率，希望投资报酬率最高，项目投资回收期最短，则投资者在设计风电制氢系统的产能时应该选择单位氢气成本最小的装机容量。

(4)如果投资者是站在风电制氢系统整体收益的角度，在利用资源的同时获取更多的经济利益，则投资者在设计产能时应该选择净现值最大的装机容量。

(5)如果投资风电制氢系统的主要目的是为了调节并网风电的品质，在提升电网安全性能的同时，降低调控系统使用成本和维护成本，以满足电网运营商提出的要求。这时风电制氢系统的效益主要利用闲置风电电解水制氢，大大提升了系统能源效率，在选择风电制氢系统的规模时就可以选择比最小点适当大一些的装机容量，在保证项目经济可行的情况下尽可能地多利用空闲的风电量。

(6)如果想让电-氢-电转换应用模式经济可行，则需要进一步降低燃料电池的成本和提高燃料电池的转换效率，保证燃料电池的度电成本低于上网电价。

为了增加效费分析模型的实用性、便利性和快捷性，本文最后利用 Java 语言开发可视化风电制氢系统效费分析软件，对相关经济性分析模型进行封装。软件可实现对系统经济性分析的自动计算，计算结果以图形、数据表格等多种形式呈现，同时，用户可通过快捷键对可变参数做任意修改，实现多种方案对比，观察可变参数取不同的值时风电制氢系统的经济效率的变化。不仅可以对风力发电的弃电数据进行分析，还可以对不同来源的弃电数据进行经济性分析，如光伏发电、潮汐发电等，极大地增加了软件的普适性。

2)成果

本章针对风电制氢系统建立了一个比较全面的效费分析模型，该模型可以对不同应用模式的风电制氢系统进行产能设计、成本分析、收益分析、效益评价和敏感性分析等。并开发可视化风电制氢系统效费分析软件，用户只需要在该软件平台上进行简单操作即可实现方案选择、链接数据库、计算分析、数据输入输出等功能，增加效费分析模型的实用性、便利性和快捷性。

3)不足

(1)数据问题。由于风电场的弃电量受风速、电网需求和国家政策等多种因素的影响，充电量无法精确预测，本章根据张家口风电场 2014～2030 年装机容量的增长规划，给予弃电量相应的一个年增长比例。虽然具有一定的参考性，但还是与真实情况存在一定的出入。

(2)实际限制。本章在进行案例分析时没有考虑实际中的一些限制问题。如由于氢气价格和风电价格存在地方性差异，和当地的需求、生产能力、政策等因素有关，本章在进行案例分析时主要通过列举可能的取值来进行方案比较，寻找最优方案，但可能最优方案里的氢气价格或风电价格是达不到的，投资者需要根据实际情况进行分析。因为风电制氢系统的初始投资较高，企业可能还会存在银行的贷款利率，贷款利率的高低会影响企业对风电制氢系统方案的选择，在案例分析本文没有考虑到这一点，但是在可视化软件中有加入银行贷款利率这一指标，让决策过程更加真实准确。

(3)软件设计。由于是初次尝试设计可视化软件，还存在一些不完善的地方有待改进，比如界面的友好性、功能的多样性等。

2. 展望

风电制氢系统可以结合多种应用模式，如生产的氢气首先考虑出售，如果在有库存的情况下再将氢气用于燃料电池发电。运输方式也可以是管束车运输和管网运输相结合。所以还可以对多种应用模式相结合时的风电制氢系统进行深入分析。其次风电制氢系统整个运营过程中还存在很多不确定因素，如生产设备可能没有到使用寿命就发生故障需要更换，氢气出现产销不平衡的状况。作决策时若全面考虑这些不确定因素发生的概率，会增加决策的真实性和可靠性。

第6章 城市谷电耦合制氢系统经济效益评价

6.1 研究概述

随着经济的快速发展和人民生活水平的逐步提高，我国工业、农业、服务业及居民家庭的用电需求急剧增加，电网高峰时期用电负荷屡创新高。通常情况下，用电负荷在一天24小时之内会按一定的规律而变化，负荷曲线从08:00～12:00、12:00～16:00及17:00～20:00左右将产生3个用电高峰期，到了晚上用电负荷急剧减小电网负荷迎来低谷期，电网峰谷差也就随之产生。如图6.1所示，该电网的日负荷峰值达到了244.89万kW，而日负荷谷值只有146.32万kW，峰谷差达到了98.57万kW，相当于每天有98.57万kW电能没有被有效利用(杨瑞瑜，2012)。

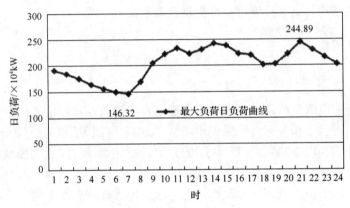

图6.1 电网日负荷曲线

我国目前主要存在两大问题：第一，电网峰谷差日益增大，电网负荷低时的多余电能未得到合理利用被白白浪费；第二，传统能源资源有限且污染严重，发展氢气等新能源是急需解决的问题同时也是未来的必然发展趋势。基于以上问题，本章从需求侧缓解城市电网现状的角度出发，提出利用电网负荷低谷时期的多余电能通过电解水制氢方式获取氢气实现电转气的技术方案，即城市电网耦合氢储能系统方案，该方案不仅可以将多余电能有效利用有效减小峰谷差，同时可以将产出的氢气替代汽油等传统能源实现清洁能源替代，一举两得。

城市电网耦合氢储能系统具有良好的社会效应，该系统的运行不仅可以有效地利用城市电网负荷低谷时段存在的多余电量，而且可以平滑电力负荷曲线，实现电网经济安全运行，解决电力需求侧用电量波动较大的社会问题。此外，氢储能系统生产的氢气可代替传统能源汽油为氢能源汽车提供能源供应，通过清洁能源替代方式可有效减少汽油燃烧产生的二氧化碳、二氧化硫等有害气体的排放，具有良好的环境效益。但受氢储能生产技术的限制，目前氢储能系统的投资成本过高。对于电网公司和相关投资者来说，氢储能系统除了具有良好的社会效应和环境效应外，还应当具有一定的经济性，即投资氢储能系统参与消纳城市电网中的富余电能平滑负荷曲线是否有利，能否在解决电网问题的同时使氢储能系统具有投资的经济可行性，受到了广大学者的关注。

因此，在实行氢储能系统参与消纳城市电网用电负荷低谷时期富余电能这一方案时，规划前期对其进行投资决策就显得十分重要。对于投资决策问题而言，首先需要明确的是氢储能系统在运行期内的各项成本和收益状况。

对城市电网耦合氢储能系统进行投资决策研究，目的是梳理该产业链的各项成本和收益参数，对其投资成本和预期收益进行数学建模，通过科学的管理思想对城市电网耦合氢储能系统参与消纳负荷低谷时期富余电能的经济效用进行定量的分析，从而为投资者在氢储能系统规划前期如何确定投资规模、氢气价格等相关因素才能使项目具有投资可行性提供决策依据。

6.1.1　研究现状

1. 城市谷电利用领域

为了解决电网负荷低谷时期电力资源浪费的问题，实现电能的有效利用，很多学者对此进行了相关研究同时提出了解决方案。孙跃斌和王奇（2001）提出了在低谷电能时期利用电热锅炉进行采暖的方案。黄亚斌等（2006）将抽水蓄能电站应用于电力市场环境中，即利用用电低谷时期的多余电能将水抽到高处，然后在用电负荷高峰时期将水从高处释放产生电能，采用"低储高发"的运营模式从而获取收益。任玉珑等（2006）提出谷电电解水制氢方案，利用全生命周期评价方法从经济、环境和能源利用效率 3 个方面对其进行了评价。张好明等（2008）在农村电网用电不连续、低峰时期存在剩余电能的背景下，结合在体积、能量密度、单位电压、内阻等多个方面均具有优势的锂电池和具有电力保护功能的电池智能管理系统构造锂电池/超级电容储能系统作为新型储能系统来存储农村电网用电低谷时期的电能。张培（2009）在电网峰谷差增大的背景下提出火电电网与抽水蓄能电站共同运营的方案。熊雄、杨仁刚等（2013）同样利用电池储能系统的冲放电特性对电网进行削峰填谷。韩晓娟等（2014）将电池储能系统应用于配电网进行削峰填谷以解决用电量分配不均负荷波动大的问题，电池储能系统削峰填谷的原理是将用电低谷时期的多余电能储存起来，在用电高峰时期释放，实现电力负荷的时空平移。张浩(2014)将电池储能系统应用于电网中进行削峰填谷，对系统的投资成本包括初始投资成本和维护成本以及环境收益、售电收益等经济收益进行经济性模型数学建模，然后利用经济性模型、博弈论方法、遗传算法对储能系统进行电池选型和最佳规模确定，最终通过该方法来指导实际实践。

Oi 等(2004)对利用谷电电解水制氢从而为燃料电池汽车提供燃料的氢储能方案进行分析，从经济和环境效益的角度验证该方案不仅具有经济可行性，同时可以有效减少二氧化碳的排放。Floch 等(2007)提出在电力负荷低谷时期使用碱性电解槽制取新能源氢气的方案。Ferruzzi 等(2016)提出利用分布式电化学储能系统采用低储高发负荷转移运行模式的方案，对该方案构造净现值模型并对实际系统的相关参数发生不同变动后的经济性进行仿真计算，最后得出只有在峰谷分时电价差异很大的地方消费者实行该方案才具有经济可行性的结论。

从现有研究来看，目前我国消纳城市电网低谷时期富余电能的方案主要为电池储能系统、抽水蓄能电站、谷电蓄热等传统方式，相关研究成果也主要集中于这些传统方案中。与国内研究现状不同的是，国外除了传统消纳富余谷电的方案外，对将电能转换为清洁可再生能源如氢储能方案也已经有不少的研究成果。由于氢气可通过分解水的方式获得且不会产生污染，被认为是最有潜力的可再生能源。在这样的背景下，氢储能系统作为消纳富余电能的新型解决方案成为未来的发展趋势，故本章将氢储能系统引入我国城市谷电有效利用的方案中，并对其投资决策相关问题展开研究。

2. 氢储能系统投资决策领域

我国的氢储能系统技术起步较晚，截至目前，共有 3 个风电耦合氢储能项目获得立项支持，如中节能发电公司张北分公司的一个风电场，其制定额定装机容量为 100KW，燃料电池发电功率为 30KW。3 个项目均用于消纳无法并入电网的风电场弃风电量。与国内的发展情况相比，国外的氢储能系统发展更为迅速。从 2013 年开始，德国已经先后将十多个氢储能示范项目投入运行，并率先将氢能加入欧盟能源体系。此外，美国、挪威、日本等多个国家均有氢储能项目的运行。

国内外学者在氢储能系统投资决策评价领域均有了一定的研究成果。由于我国氢储能项目起步较晚，国内学者近几年才开始对该领域的投资决策等经济性问题展开研究，研究方法主要是通过成本效益模型确定氢储能系统的经济可行性。方世杰等(2012)对并网型风电耦合氢储能系统的经济性问题进行了研究。伊立其等(2015)提出风电-耦合氢储能系统消纳弃风的方案。时璟丽等(2015)利用氢储能系统制氢来消纳北方地区的弃风电量，提出自备电厂与氢气就地利用、氢气外输利用、氢气注入天然气管网和风电直供与氢气就地利用 4 种运营方式，并对 4 种方式的成本和收益分别进行估算和比较。

　　从我国目前的研究成果来看，氢储能系统均被应用于消纳风电场的废弃风电，研究思路是首先确定风电场每年可用于氢储能系统电解水制氢的弃风电量，然后根据单位制氢电耗确定系统的年氢气产量和装机容量等相关数据，最后根据上述数据对氢储能系统的成本和收益进行核算。由于可用电力资源存在波动的特性，当某时刻风电场供给氢储能系统的弃风功率大于其额定功率时，此时这部分多余的电能并没有被氢储能系统有效利用，自然也不存在产出。通过现有研究方法计算会将这部分无法利用的电能计算在用电成本和产出中，这显然不符合氢储能系统的实际运行规律，对于成本和收益的计算均存在一定的误差。同时，上述研究在计算成本和收益时并没有考虑设备更新、技术进步影响和设备残值部分，构造净现值模型时也没有考虑通货膨胀对成本和收益造成的影响，现有的这些不足都需要加以改进。

　　与国内的研究现状相比，国外在氢储能系统领域的相关研究成果比较丰富，研究方法也比国内多一些。国外学者采取仿真的方法对可再生能源电源如风电场、光伏发电和氢储能系统各时刻的用电模式进行仿真模拟，再利用成本效益模型对其进行经济性评估。Bartholomy（2005）对加利福尼亚地区氢储能系统利用风电制氢并将氢气作为汽车燃料的方案进行研究。Greiner 等（2007）对氢储能系统利用风能电解水制氢的氢气成本进行研究。Bernal-Agustin 等人（2008）提出了将负荷低谷时期风电场的多余电能用于电解水制氢，在用电负荷高峰时期将氢能转换为电能然后输入电网以实现风电场发电负荷曲线与电网用电负荷曲线相协调的电-氢-电转换方案。Shaw 等（2008）重点研究了风电和氢储能系统之间的协同效应。Jorgensen 和 Ropenus 等（2008）通过仿真方法对氢储能系统在风电不同穿透力环境下每年的运行小时数与氢气的最低销售价格之间的对应关系进行模拟计算，并对氢储能系统的初始投资成本进行敏感性分析。Aiche-Hamane 等（2009）对氢储能系统利用风电制氢的可行性进行分析。Bernal-Agustin 等（2010）提出了氢储能系统利用光伏发电机和风电场的电能进行电解水制氢并通过销售氢气获取收益，当氢储能系统无法消纳全部电能时将剩余电能销售给电网获取售电收益的方案。Gutierrez-Martin 等（2010）针对位于西班牙西北地区装机容量为 48.8MW 的风电场存在用电负荷低谷时期平均有 18.84% 的剩余电能无法消纳的问题，提出利用氢储能系统消纳剩余电能并将其在用电高峰期作为氢燃料电池的方案。Carton 和 Olabi（2010）针对爱尔兰地区大量风能资源浪费的现象提出应用氢储能技术的方案。Menantea 等（2011）考虑风电制氢、风电与电网互联共同制氢、利用低谷时期的风电制氢 3 种氢储能系统制氢方式和高速公路加氢站、燃料电池公交车、生产二代生物燃料、储存电能 4 种应用模式下对氢气的生产成本进行估算。Beccali 等（2013）对氢储能系统利用风电场弃风电方案进行研究，从技术和经济两方面对氢储能系统设计了成本最优化方法以解决氢储能最低成本下的最优装机容量问题。

Eichman 等(2016)对氢储能系统应用于加利福尼亚电力市场的方案建立收益最优模型和成本模型,计算最大可行利润和系统每年花费成本,并将模型分别应用于12 种系统方案。

从国内外现有研究成果来看,氢储能系统投资决策的相关研究主要集中于消纳废弃可再生能源如风电、光电等领域中,关于氢储能系统消纳城市谷电的相关研究还比较少,且研究成果多涉及方案的成本或收益核算。同时,由于国内外电力市场具有不同的市场体制,所以在将氢储能系统应用于我国电力市场中时应根据我国的市场机制展开具体分析,本章基于城市电网负荷峰谷差大导致大量电力资源严重浪费的现状,对氢储能系统应用于我国城市电网中时面临的相关决策问题进行研究。

6.1.2　相关理论介绍

1. 投资决策概述

通常在项目已经初步制定了技术方案和实施方案后,项目投资者需要选取科学的投资分析方法对项目的经济可行性和如何实现项目特定目标的相关决策进行分析。投资决策评价方法包含多种可以反映投资收益的评价指标并通过定量的标准和尺度对投资方案进行比较和分析,投资者可通过对拟建项目在未来运行周期内投入的成本和收益等众多经济性指标进行行业调查、搜集、归纳计算、分析验证等操作,从而为投资者的投资决策提供科学依据。

投资决策主要有以下几个特点。

(1)投资决策需要预先制定明确的目标。凡事预则立不预则废,投资决策如果事先没有制定明确的投资目标那么就不存在投资决策,无法实现投资目标的决策就是失策。

(2)投资决策具有现实意义,是投资行动的基石。现代化企业的运行已经离不开投资决策,投资决策是项目获取高额收益的有效保障。

(3)投资决策具有选优性。当项目决策存在多种方案可供选择时,如何在众多方案中选出相对最优的决策方案是投资决策需要解决的问题,投资决策可以通过科学的分析论证得出投资者最值得投资的方案。

(4)投资决策存在风险。由于投资决策的方案发生在未来的时间和环境下,对于未来可能发生的风险应尽可能的进行考虑,并在决策时对于风险提前做出应对处理。

综上所述,投资决策对于项目未来的发展情况起至关重要的作用。成功的投资决策是项目成功的基石,投资者可以在投资年限内取得预期的收益,反之,失败的投资会使项目失去可行性,从而产生亏损。所以在项目正式进行运行之前,对其进行投资决策是十分有必要的。

投资决策评价方法按照是否考虑货币的时间价值分为静态评价方法和动态评价方法,投资者可针对自身实际需求选择合适的评价方法对其项目进行决策评价。

2. 静态投资决策评价方法

静态投资决策评价方法的特点是未将货币的时间价值考虑在内,评价方法有投资回收期和平均报酬率。

1) 静态投资回收期

该评价指标是一种可以兼顾项目风险和盈利能力的评价方法。静态投资回收期是指方案从投资建设之日开始算起,计算项目每一年的净现金流量,当累计净现金流量为正数时说明该项目在该年将全部收回投资成本并开始盈利,同时说明该项目的投资回收期应该出现在该年的前一年。这里假设该年年中仍未收回的投资成本会被平均收回,那么该年的前一年加上该年年初没有被收回的投资成本与该年净现金流量的比值便是本项目的投资回收期。静态投资回收期可以通过下面的表达式算出。

$$\sum_{n=0}^{P_n}(\mathrm{CI}-\mathrm{CO})_n = 0 \tag{6.1}$$

式中,CI 为第 n 年现金流入量;CO 为第 n 年现金流出量;P_n 为静态投资回收期。

决策方法如下。

(1)若投资者设定的投资回收期大于经过计算得出的投资回收期,那么该项目可以进行投资;反之,投资者不应该进行投资。

(2)多方案选择时,优先选择投资回收期最短的项目方案。

2) 平均报酬率

投资收益率相对来说计算比较简单,可直接通过查询会计报表的收益和成本数据计算得出。平均报酬率(accounting rate of return,ARR)是项目投资寿命期间内平均的年投资报酬率,表示项目投资期间常规年份的年息税前利润占项目总体投资的比例,该指标不包括资金的时间价值,一般会被用于经济数据不全面的项目初评阶段,计算公式如下:

$$\mathrm{ARR} = \frac{\mathrm{NB}}{P_0} = \frac{\text{年息税前利润}}{\text{项目总投资}} \tag{6.2}$$

式中,NB 为年息税前利润;P_0 为项目总投资。

决策方法如下。

(1)投资者在运用此评价指标时通常会提前设定一个基准投资报酬率,当 ARR 大于或等于基准投资报酬率时,该投资可行;反之,该投资不可行。

(2)多方案选择时，优先选择平均报酬率高的项目方案。

3. 动态投资决策评价方法

与静态投资决策评价方法相反，动态投资决策评价方法在计算时将货币的时间价值考虑在内。动态投资决策评价方法包括净现值、内部收益率、获利指数和动态投资回收期。

1)净现值

净现值(NPV)是在项目的运行周期内将每一年的现金收入与现金流出的差值按照社会贴现率进行折现并累加计算得出的数值，其计算公式如下：

$$\text{NPV} = \sum_{n=1}^{N} \frac{(B-C)_n}{(1+I)^n} \tag{6.3}$$

式中，B 为第 n 年的现金流入；C 为第 n 年的现金流出，$(B-C)_n$ 为第 n 年的净效益；I 为社会贴现率；N 为项目的运行期限。

决策方法如下。

(1)当 NPV 的值大于零时，表明该项目除了能收回预期收益之外还可以获得额外富余的净现值；当 NPV 的值等于零时，表明该项目可以达到预期收益；当 NPV 的值小于零时，表明该项目投资之后无法达到预期收益。

(2)NPV 可用于对多种投资方案进行对比，如当各方案的投资金额相同且 NPV 均大于零时，投资者应该选择 NPV 最大的方案进行投资；当各方案的投资金额不相同时，可以结合净现值和内部收益率共同对方案进行评价。

2)内部收益率

参考 5.3.6 节，其计算公式如下：

$$\sum_{n=1}^{N} \frac{(B-C)_n}{(1+\text{IRR})^n} = 0 \tag{6.4}$$

决策方法如下。

(1)将计算得出的内部收益率与社会贴现率进行作差，当差值大于零时，说明该投资项目获取经济效益的潜力比较强；当差值等于零时，说明该投资项目能够获取的收益与预期持平；当差值小于零时，说明该投资项目的收益能力比较差，投资者获取的收益将低于预期收益。

(2)多方案选择时，优先选择内部收益率高的项目方案。

3）获利指数

获利指数（profitability index，PI）是指项目投入正常运行后，每一年现金流入量折现后的累加值与所有成本包括初始投资成本的现值累加和之比。其计算公式如下：

$$PI = \frac{NPR}{NPC + CI} \tag{6.5}$$

式中，NPR 为项目运行期内现金流入的总现值；NPC 为项目运行期内现金流出的总现值；CI 为项目的初始投资。

如果获利指数 PI 的值大于零，说明贴现后现金流出量小于现金流入量，项目预设的贴现率小于投资项目的报酬率，即项目是可行的。决策方法如下。

（1）若获利指数大于等于基准投资收益率，该项目值得投资；反之，该项目不值得投资。

（2）多方案选择时，优先选择获利指数高的项目方案。

4）动态投资回收期

动态投资回收期将社会折现率因素考虑在内，更加符合实际投资情况。动态投资回收期是指方案从投资建设之日开始计算，当累计折现净现金流等于零时项目的运行时间。动态投资回收期可以通过下面的表达式算出：

$$\sum_{m=0}^{P_m} (CI - CO)_m (1 + I)^{-m} = 0 \tag{6.6}$$

式中，CI 为第 m 年现金流入量；CO 为第 m 年现金流出量；P_m 表示动态投资回收期。

决策方法如下：若投资者设定的投资回收期大于经过计算得出的投资回收期，那么该项目值得投资；反之，投资者不值得投资。

4. 不确定性分析方法

对于项目未来发生的事情通常无法进行准确的预测，所以在经济可行性分析的基础上，对于未来可能会出现的不确定性因素在其可取的范围内再次进行分析，避免项目正式运行后不能获取目标收益或产生亏损现象，从而达到提高投资科学性和有效性的目的。

不确定性主要由建设风险、市场和运营风险、金融风险、政治风险、法律风险等因素的波动变化而引起。建设风险是指竣工延期、不可抗力因素、投资成本等；市场和运营风险是指市场竞争、市场准入、生产成本、技术进步；金融风险是指通货膨胀、利率变化等；政治风险是指体制改革、政策变化等。除此之外，还有很多难以预测且影响项目投资决策的因素。不确定分析分为敏感性分析、概率分析和盈亏平衡分析。

1) 敏感性分析

敏感性分析是一种经常被用于分析经济效益不确定因素的方法，通过该方法可以研究分析不确定性因素对项目投资评价指标的影响程度，从而对不确定因素发生不利变化时投资方案的抗风险能力做出评价。敏感性分析通常是对具体的项目方案和方案所反映的经济效益进行分析，所以项目方案的净现值、内部收益率、投资回收期等指标均可看作敏感性分析指标，对项目投资评价指标影响较大的不确定因素称之为敏感性因素。通过敏感性分析可以达到以下的目的。

(1) 通过敏感性分析研究得出不确定性因素对于项目经济性评价指标影响的变化幅度。

(2) 对项目进行敏感性分析之后可找出影响项目经济指标变化的敏感因素，从而测算项目面临风险的大小。

(3) 当存在多个可选方案时，通过敏感性分析之后可以选择对于敏感性因素影响较小的方案进行投资。

(4) 通过敏感性分析得出项目最理想和最差的经济效益变动范围，为投资者预测项目可能出现的风险，投资者可对项目方案提前采取合适的控制措施，从而减小投资风险。

对不确定因素进行敏感性分析的一般过程是保持其他因素不变的情况下，对一个或多个不确定因素按照一定的变化幅度改变其数值，然后计算不确定因素数值改变后投资评价指标的新数值，将该新数值与评价指标的原始数值进行比较，计算出该指标的变化率。

敏感性分析包括单因素、双因素、多因素敏感性分析。单因素敏感性分析是指每次只变动一个不确定因素来研究项目投资评价指标的变化情况。同理，双因素敏感性分析和多因素敏感性分析是指每次同时变动两个或多个不确定因素进行敏感性分析。

2) 概率分析

敏感性分析虽然可以说明不确定因素对技术方案效益的影响程度，从而求出在方案可行的基础上不确定因素的变动范围和估计项目方案承受的风险，但敏感性分析存在的弊端无法表明该风险的发生概率。如对于两个敏感性因素来说，可能一个敏感性因素使得项目经济性低于预期值的发生概率很小，而另外一个使得项目经济性低于预期值的发生概率却很大。显而易见，后一个对于项目的经济性影响很大，而另外一个对于项目的经济性影响就比较小。解决这一问题就需要进行概率分析。

该方法是通过概率论思想分析不确定性因素发生不同变化幅度时对方案经济性指标的影响，是一种可以对项目的可行性和优劣程度进行判断的不确定分析方法，故经常被用在项目投资决策的过程中。

3）盈亏平衡分析

顾名思义，盈亏平衡分析就是分析项目盈利与亏损的临界点。由于不确定性因素如产品销售量、价格、投资成本等的变动会对项目的投资方案产生影响，当这些因素变化到某值时，就会对项目的盈亏产生影响。盈亏平衡分析就是为了计算得出这一临界值，也就是盈亏平衡点。投资者可根据盈亏平衡点判断投资方案承受不确定因素的能力，从而为决策提供依据。通过盈亏平衡分析即收入等于成本的表达式可以确定盈亏平衡时的产量或者价格。

6.2　氢储能系统方案

目前，我国电网用电负荷存在明显的峰谷差现象。有关数据显示，陕西电网2005 年的电网峰谷差为 2660MW，预测 2020 年电网峰谷差将达到 10480MW，如此之大的峰谷差意味着 2005 年陕西电网每天约有 2660MW 的谷电被白白浪费。峰谷差的增大不仅意味着电能资源的浪费，同时对电能质量和运行安全也带来了负面的影响。为了适应电网每日明显负荷变化的用电需求，保证供需平衡和供电质量，通常要求电力系统必须配备有足够的有功调节容量，以满足用电高峰时期的用电需求。我国目前主要的发电方式为火电机组，由于火电机组每次开机耗费时间较长，且每次启停会花费几十万的启停成本，重启的成本非常昂贵，用电低谷时期用电负荷的降低导致火电机组的利用率下降，资源浪费情况十分严重。

国家为了降低电网负荷峰谷差采取了一系列的负荷管理政策，如峰谷分时电价鼓励用户将用电需求转移到低谷时期，用电低谷时期对于用户来说不仅电价便宜而且可以消纳电网多余的电能，可以有效地改善电力负荷曲线。但人们的生活方式导致了峰谷分时电价并不能从根本上解决谷电的消纳利用，峰谷差现象仍然存在且十分严重。

受到全球环境的持续恶化和世界化石能源资源日益减少的威胁，能源利用方式迫切需要向清洁、低碳和可再生能源的方向发展。由于氢能是非常环保的资源，可以利用化学反应生产电能和水，实现氢能到电能的转移，也可以代替汽油作为氢能源汽车的燃料，该过程均不产生二氧化碳、二氧化硫等气体，具有无污染零排放的特性；其次，氢能可以大规模储存，而电能却无法大规模储存；最后，氢能是可再生能源，氢能通过化学反应产生电能和水，而电能通过电解水制氢又可以产生氢气，实现氢能到电能的循环。基于上述优点，氢能源受到了世界各国的关注和认可。

针对以上社会现象，本文提出了氢储能系统消纳弃电的方案。氢储能系统方案的实质是利用电网负荷低谷时期的多余电能进行电解水制氢，将富裕的电能转化为氢能，制取的氢气供应给新能源汽车使用。该方案不仅可以消纳用电负荷低谷时期的多余电能，提高电力资源的利用率，同时，氢气具有无污染零排放的特性,用氢气代替传统燃料汽油可减少汽油燃烧过程中二氧化碳等有害气体的排放。所以,氢储能系统消纳电网弃电制取氢气是一个变废为宝一举两得的方案。

氢储能系统消纳低谷电能方案如图 6.2 所示,发电厂发出的电能经过变压器升压等一系列变压处理后,通过电力传输装置将高质量的电能传输到电网中。当电网用户用电负荷处于低谷时期时,氢储能系统利用该时期的富余电量进行电解水制氢。由于城市电网为交流电电源,所以富余电量在进入氢储能系统之前首先经过电力电子控制模块即整流器的转换处理,将交流电变为直流电后,电能进入电解制氢装置后才可以进行常规的制氢生产。

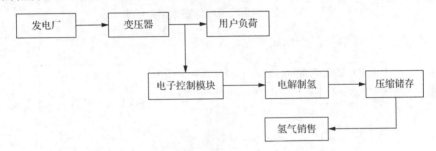

图 6.2　氢储能系统消纳低谷电能方案示意图

氢气的制取方法多种多样,一般包括热化学制氢、天然气蒸汽重整制氢、生物质制氢、电解水制氢等。热化学制氢是指水系统在不同温度下经历一系列不一样但却相互关联的化学反应,最终生成氢气和氧气的过程。热化学反应的过程中只消耗水和一定的热量,不消耗制氢过程中的添加元素或者化合物,能耗比较低,可以实现工业化和大规模生产。

天然气蒸汽重整制氢是以天然气为原料,经过除硫、重整后得到含有氢气和少量一氧化碳、二氧化碳以及甲烷的混合气体,混合气体经过蒸汽变换装置和变压吸附等操作后,得到高纯度氢气的过程。

生物质制氢是采取生物质能源如生物质秸秆为原料,利用超临界水的独特性质,对生物质进行气化,一般生物质的气化率可以接近100%,氢气含量约占产出气体含量的58%。

电解水制氢技术包括碱性电解水制氢,高温固体氧化物电解水制氢以及固体聚合物电解水制氢技术。碱性电解水制氢系统是由多个包含阴极、阳极、隔膜和电解液组成的电解池构成,直流电进入电解水制氢系统后利用电解液将水进行分解,在电解池的阳极和阴极分别产生氢气和氧气。

碱性电解水制氢是目前最成熟的制氢技术,而且工业上的大规模生产氢气一般都是采用碱性电解水制氢技术。该技术实现过程简单,容易操作,且电能是电解制氢过程中的主要能耗,约占氢气生产成本的百分之八十左右。因此,氢储能系统选择碱性电解水制氢技术作为电解制氢系统消纳低谷弃电的技术方案。

氢储能系统主要工作流程如图 6.3 所示。

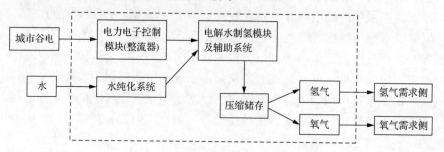

图 6.3　氢储能系统消纳低谷电能工作流程

氢储能系统详细生产流程如图 6.4 所示。

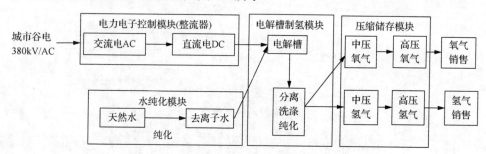

图 6.4　氢储能系统消纳低谷电能详细生产流程

6.3　氢储能系统小时能量管理模型

　　氢储能系统的电解槽、压缩机等耗电装置利用城市电网中满足用户用电需求后多余的电能进行电解水制氢。由于用户用电负荷具有不确定性且一天 24h 之间存在明显的用电高峰期和用电低谷期，所以氢储能系统的实际用电功率与其额定用电功率并不是时刻相等的。

　　氢储能系统消纳电能的能力与城市电网各时刻的多余电量有关。根据电网弃电量的不同，氢储能系统有 3 种不同的工作模式。当城市电网中多余电能功率小于氢储能系统的最小用电功率时，此时氢储能系统无法通过电解水方式制取氢气，实际用电功率为零；当城市电网中多余电能功率处于氢储能系统的最小用电功率与额定用电功率之间时，氢储能系统的实际用电功率等于城市电网中多余电能功率；当城市电网中多余电能功率大于氢储能系统的额定功率时，此时氢储能系统的实际用电功率等于额定功率。下面在氢储能系统 3 种不同工作模式分析的基础上进行小时能量管理模型的构造。

　　发电厂发出的电能经过变压器升压等一系列变压处理后，通过电力传输装置将高质量的电能传输到电网中，满足用户用电需求后电网中剩余的电能将供应氢储能系统用于生产氢气，同时电能在传输的过程中存在着能量损耗的问题。通过对城市电网耦合氢储能系统的产业链进行研究并对其进行简化处理，绘制电力传输能量转移如图 6.5 所示。

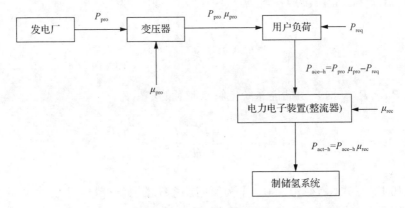

图 6.5　电力传输能量转移图

假定发电厂的额定输出功率为 P_{pro}，变压器将电传输到电网时的转换效率为 μ_{pro}，用户的用电功率为 P_{req}，电网剩余的用电功率为 P_{ace-h}，交流电转换为直流电时整流器的效率为 μ_{rec}，将交流电转换为直流电后氢储能系统实际可利用的用电功率为 P_{act-h}，氢储能系统额定用电功率为 P_{ele}，最小用电功率为 P_{min}，那么氢储能系统的实际用电功率可以表示为如下关系式：

$$P_{pro}\,\mu_{pro} - P_{req} = P_{ace-h} \tag{6.7}$$

$$P_{act-h} = P_{ace-h}\,\mu_{rec} \tag{6.8}$$

当 $P_{act-h} < P_{min}$ 时，氢储能系统的实际用电功率 P_{real-h} 为

$$P_{real-h} = 0 \tag{6.9}$$

当 $P_{min} \leqslant P_{act-h} \leqslant P_{ele}$ 时，氢储能系统的实际用电功率 P_{real-h} 为

$$P_{real-h} = P_{act-h} \tag{6.10}$$

当 $P_{ele} < P_{act-h}$ 时，氢储能系统的实际用电功率 P_{real-h} 为

$$P_{real-h} = P_{ele} \tag{6.11}$$

氢储能系统每小时生产的氢气量取决于系统的实际用电功率，根据氢储能系统的实际用电功率得到氢储能系统每小时的氢气产量计算关系式如下所示。

当 $P_{act-h} < P_{min}$ 时，氢储能系统电解水制氢的产量为

$$M_{h2-h} = 0 \tag{6.12}$$

当 $P_{min} \leqslant P_{act-h} \leqslant P_{ele}$ 时，氢储能系统电解水制氢的产量为

$$M_{h2-h} = \frac{P_{act-h} \times h}{H_{ele}} \mu_{ele} \tag{6.13}$$

当 $P_{ele} < P_{act-h}$ 时，氢储能系统电解水制氢的产量为

$$M_{h2-h} = \frac{P_{ele} \times h}{H_{ele}} \mu_{ele} \tag{6.14}$$

式(6.12)~式(6.14)中，M_{h2-h} 为氢储能系统的氢气产量；H_{ele} 为氢储能系统生产单位氢气的综合电耗；μ_{ele} 为氢储能系统的生产效率。

本节根据氢储能系统的实际运行规律构造小时能量管理模型，以每小时为单位对氢储能系统各时刻的用电功率和氢气产量进行计算，利用该模型可以模拟计算氢储能系统实际投入运行后的用电功率和氢气产量，计算结果与实际运行状态更加吻合。同时，氢储能系统的成本和收益也是在小时能量管理模型的基础上进行分析。

6.4　全寿命周期成本分析

6.4.1　全寿命周期成本内容

全寿命周期成本(life cycle costs，LCC)是指设备在预期的寿命周期内，为其论证、研制、生产、使用与保障以及退役处置所支付的所有费用之和(陈玉波等，2005)。它由设备一生所消耗的一切资源量化为货币值后累加而得，明确地指出了为拥有一个设备或项目在其寿命周期当中需要支付的费用，因此是一个极其重要的经济性参数量值。LCC 分析方法是从设备、项目的长期经济效益出发，全面考虑设备、项目或系统的规划、设计、制造、装置、安装、运行、维修、改造、更新，直至报废的全过程，使 LCC 最小的一种管理理念和方法。该方法科学地划分设备在寿命周期内的一切费用项目，又利用统计资料和方法建立费用估算关系式和费用模型，从而可按不同需要准确地估算出设备寿命周期费用，供决策和管理之需。该方法的核心内容是对设备、项目或系统的 LCC 进行分析与决策，具有全系统、全费用、全过程的特点。与传统方法相比，全寿命周期成本法从时间层面

扩展了成本核算范畴，对设备、项目或系统的价值和投资风险进行了综合考虑，有利于增强企业大型设备投资决策的全面性和科学性，使企业能够有效避免急功近利的短期行为，适用于解决大型投资活动的长周期性问题，故本节采用全寿命周期成本法对城市电网耦合氢储能系统的成本问题进行分析。

城市电网耦合氢储能系统的全寿命周期成本是指发生在氢储能系统全生命周期期间内各项初始投资成本、运行费用和维护费用等一系列费用的总和。一般在全寿命周期成本理论中，项目的成本除了包括具有经济意义且可以直接用金钱衡量的经济成本，同时也包含了社会成本和环境成本。

1. 全寿命周期经济成本

氢储能系统全寿命周期的经济成本是指从氢储能系统项目前期规划到氢储能系统的建设及投入运行后的运行维护直至氢储能系统项目终结，该过程中发生的所有现金流出的总和，包括初始投资成本、运行维护成本、年直接成本、设备更新成本等。初始投资成本的含义是氢储能系统从建设之日起到系统建设完毕投入运行期间所发生的费用之和，包括土地成本、基建成本、设备购买等成本；运行维护成本的含义是氢储能系统在正常运行维护期间所发生的管理费用、维修养护费用等；年直接成本表示氢储能系统正常生产时花费的生产成本和原材料成本，氢储能系统的生产成本主要是电解水制氢产生的耗电成本，原材料成本则主要是用水成本；因为氢储能系统在运行期间内存在设备寿命到期无法继续生产的问题，所以这里需要考虑氢储能系统的设备更新成本。从其性质上来说，这种投入是资金的直接投入。

2. 全寿命周期环境成本

氢储能系统全寿命周期环境成本的含义是氢储能系统在正常运行期间内对环境带来的影响。环境影响一般包含潜在影响和正面影响，这种影响对环境有可能是有益的，也有可能是无益的，在分析环境成本时需要进行分析判别。因为环境成本无法直接表现为货币化的现金成本，所以在计算环境成本时要通过一定的技术经济手段将环境成本转换为经济成本。

由于氢储能系统利用城市电网中的弃电制取氢气且氢气具有无污染零排放的特点，可代替汽油作为氢能源燃料为氢能源汽车提供能量支持。由于汽油在燃烧的过程中会排放出大量的有害气体如二氧化碳等，故用氢储能系统制取的氢气代替汽油实现清洁替代对环境带来的影响是有益的。所以，本节将氢储能系统全寿命周期的环境成本看作经济收益进行分析，在成本部分不再考虑。

3. 全寿命周期社会成本

氢储能系统全寿命周期社会成本的含义是氢储能系统项目建设过程中和投入运行中对于社会层面的影响。与环境成本的概念类似，社会成本同样存在正面影响和负面影响，而且无法直接通过现金的方式量化的衡量，所以仍需通过技术经济手段将社会成本转换为经济成本进行计算。氢储能系统全寿命周期的社会成本主要是减少电网负荷峰谷差值和平滑负荷曲线的正面影响，本节将此正面影响作为氢储能系统投资决策的评价指标，在成本部分未将其货币化处理。

综上所述，上述 3 种成本中，氢储能系统的经济成本可以直接体现为货币的多少，而环境成本和社会成本都是隐形成本，需要通过一定的技术经济手段进行量化处理。由于氢储能系统对环境带来的影响是有益的，故将正面的环境成本作为碳减排收益进行核算。同时，由于社会成本目前缺乏相关的数据和经验，故将社会成本作为评价指标以供投资决策之需。本节在全寿命成本分析时主要分析氢储能系统生命周期内的经济成本。

6.4.2　全寿命周期成本分析的必要性

由于氢储能系统规划运行时间一般都比较长，在氢储能系统规划前期对其进行全寿命周期成本分析十分有必要，其详细的必要性体现在以下几个方面。

(1)对氢储能系统的长期可持续发展有着积极的促进作用。在项目的规划前期对氢储能系统的成本进行合理有效的分析后，投资者可以根据分析结果做出全寿命周期成本最优的决策。

(2)氢储能系统的投资不仅包括前期的初始投资，同时包括后期的运行维护成本和运行直接成本。从长远来看，氢储能系统的长期运行直接成本将大于其初始投资成本，所以需要利用全寿命周期成本对氢储能系统运行期间内的所有成本进行分析归纳，从而提高氢储能系统经济管理的科学性和合理性。

(3)对氢储能系统进行全寿命周期分析可以帮助投资者选择投资成本最优的方案，从而降低投资失败的风险。通常情况下，多种可行性方案中会存在不同的成本模式，利用全寿命周期成本分析方法可以系统的评估多种方案的成本模型，一般利用折现法对可行性方案的成本模型进行评价，从而对可行性方案做出正确的选择。

6.4.3　全寿命周期成本构成

在项目建设领域中，LCC 数据构成主要包括初始投资成本、运营维护成本、更新成本、运营收入和残值收回五大类，不同项目的数据构成之间存在差异，所以需对特定的项目制定合适的成本分类标准。

LCC 在氢储能系统中的基础模型为

$$\text{LCC} = C_i + C_{om} + C_o + C_d \tag{6.15}$$

式中，C_i 为初期投资成本；C_{om} 为运行维护成本；C_o 为年直接成本；C_d 为设备更新成本。

为了对氢储能系统的全寿命周期成本进行核算，本节在其 LCC 构成的基础上采用寿命周期费用分解结构(cost break down structure，CBS)，建立氢储能系统的费用分解结构模型。费用分解结构如图 6.6 所示。

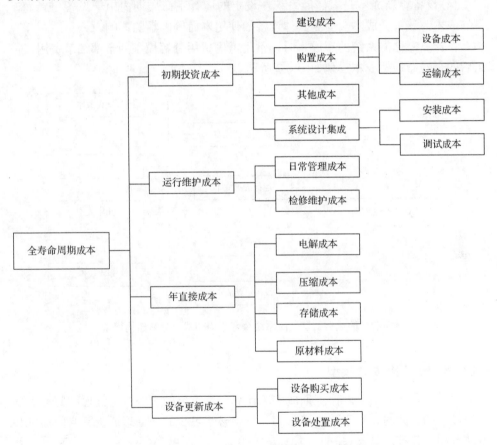

图 6.6　氢储能系统全寿命周期费用分解结构模型

费用分解结构的解释如下。

(1)初期投资成本包括建设成本、购置成本、系统设计与系统集成和其他费用。建设成本指简易房屋或集装箱、通水、通电、地基等基础设施建设费用；购置成本指设备购买成本、设备运输成本、税费和相关服务费等，系统设计与系统集成投资包含氢储能系统设备安装费和调试费等成本，一般与规模关系不大；其他费用包括项目相关证件办理、辅助系统等费用。

（2）运行维护成本包含日常管理费、检修维修费用等。日常管理费用指生产管理人员的人力成本，检修维护费用包含氢储能系统设备的日常养护费用、定期维修费用和临时检修费用等。

（3）氢储能系统运行成本年直接成本包含电解费、压缩费、存储费、原材料费用等。电解费和压缩费主要是耗电成本；电解水制氢的原材料主要是水，所以原材料费用主要是耗水成本。

（4）设备更新成本是氢储能系统在设定的运行生命周期内由于设备更新而产生的成本，该部分成本会受到具体设备的使用寿命等因素的影响。

在计算氢储能系统的年成本时，不用考虑费用分解模型的全部细节费用，简化后的全寿命周期成本模型如图6.7所示。

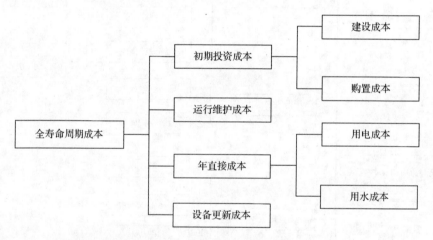

图 6.7　简化后的氢储能系统全寿命周期费用分解结构模型

6.4.4 全寿命周期成本模型

由于通货膨胀对全寿命周期成本的计算具有重要的影响，当处理的问题需要经历较长的时间时，对于通货膨胀的计算是必不可少的，处理通货膨胀的原则和方法有如下几种。

投资决策时首先应该确定哪些费用项目需要考虑通货膨胀，运行维护成本、年直接成本等因素是必须考虑的费用项目。在全寿命周期评价中，开始对全寿命周期成本按当时的价格进行估算，这叫开始年度价格的估算，然后再计算必要的通货膨胀，按年度算出寿命周期成本。膨胀率可以使用物价指数衡量，由于指数值因对象而异，因此，必须按不同的费用项目加以考虑。也可以使用按年度统一的膨胀率来计算。膨胀率不是固定不变的,正确的方法是逐年估算,但这样做很困难,可以在一定的时期内采用相同的膨胀率。

所以,本节在考虑通货膨胀对全寿命周期成本的影响后,在 6.4.3 节氢储能系统全寿命周期费用分解的基础上,构造氢储能系统的全寿命周期成本模型。

1) 氢储能系统初期投资成本

初期投资成本包括投资初期购买的所有设备成本、建筑成本及设备安装集成等工程成本,由于初期投资成本资金的投入发生在项目的前期,这部分资金不会受到通货膨胀的影响,所以氢储能系统的初期投资成本可以表示为

$$C_{\text{investment}} = \left(\sum C_{\text{k}} + C_{\text{land}} \right) \left(1 + \mu_{\text{inst}} \right) \tag{6.16}$$

式中,C_{k} 为氢储能系统设备 k 的购买成本;C_{land} 为建筑成本;μ_{inst} 为氢储能系统设备安装集成等工程成本占初始投资成本的比例。

2) 氢储能系统运行维护成本

氢储能系统的运行维护成本包括设备定期检修费用、故障维修费用、人力成本等支出,通常,参考已有的相关项目历史数据,将设备的运行维护成本取值为初始购买成本的百分比。将通货膨胀影响因素考虑在内氢储能系统的运行维护成本 $C_{\text{OM-k}}$ 可以表示为

$$C_{\text{OM-k}} = \sum_{n=1}^{N} C_{\text{OM-k}} \left(1 + g \right)^{n} \tag{6.17}$$

式中,$C_{\text{OM-k}}$ 为设备 k 每年的运行维护成本;N 为项目的执行时间;g 为通货膨胀率。

3) 氢储能系统年直接成本

由全寿命周期费用分解结构模型可知,氢储能系统的年直接成本主要包括系统正常运作时的用电成本和用水成本。用电成本用于支付系统生产氢气的过程中消耗的电能,用水成本用于支付系统生产氢气的过程中消耗的水资源。利用第 4 章构造的小时能量管理模型,以每小时为单位,对该系统全寿命周期内的用电成本和用水成本分别进行核算。

考虑通货膨胀影响因素的氢储能系统的用电成本 C_{e} 可以表示为

$$P_{\text{e-n}} = \sum_{h=1}^{24 \times 365} P_{\text{real-h}} P_{\text{e-h}} \tag{6.18}$$

$$C_{\text{e}} = \sum_{n=1}^{N} P_{\text{e-n}} \left(1 + g \right)^{n} = \sum_{n=1}^{N} \left(\sum_{h=1}^{8760} P_{\text{real-h}} P_{\text{e-h}} \right) \left(1 + g \right)^{n} \tag{6.19}$$

式中，$P_{\text{real-}h}$ 为 h 时刻氢储能系统的实际用电功率；$P_{\text{e-}h}$ 为 h 时刻的用电价格；$P_{\text{e-}n}$ 为第 n 年的用电成本。

考虑通货膨胀影响因素的氢储能系统的用水成本 C_{w} 可以表示为

$$C_{\text{w}} = \sum_{n=1}^{N}\left(\sum_{h=1}^{8760} M_{\text{h2-}h}\alpha_{\text{w}}P_{\text{w}}\right)(1+g)^{n} \tag{6.20}$$

式中，$M_{\text{h2-}h}$ 为系统 h 时刻生产氢气的产量；α_{w} 为生产单位氢气的耗水量；P_{w} 为单位水的价格。

将用电成本 C_{e} 和用水成本 C_{w} 进行加和运算，氢储能系统的年直接成本 $C_{\text{e-w}}$ 可以表示为

$$\begin{aligned} C_{\text{e-w}} &= C_{\text{e}} + C_{\text{w}} \\ &= \sum_{n=1}^{N}\left(\sum_{h=1}^{8760} P_{\text{real-}h}P_{\text{e-}h}\right)(1+g)^{n} + \sum_{n=1}^{N}\left(\sum_{h=1}^{8760} M_{\text{h2-}h}\alpha_{\text{w}}P_{\text{w}}\right)(1+g)^{n} \end{aligned} \tag{6.21}$$

4) 氢储能系统设备更新成本

在分布式氢储能系统运行的总时间内，设备通常会因为在系统正常运行期间内到达其使用寿命而产生设备更新的行为。如设备 k 到达其使用寿命后无法正常运行，此时应该进行设备更新。考虑技术进步的影响会导致设备的购买成本出现逐年降低的情况，所以再次购买设备时的购买成本会低于原始购买成本，而再次购买设备的价格会受到技术进步或者通货膨胀率的影响，具体受到哪个因素的影响取决于设备的更新时间，主要分为两种情况。

(1) 若设备再次更新时间发生在设备技术进步期内时，再次购买设备的价格会随着技术进步的速率而发生改变，从而导致设备的购买价格逐渐降低。

(2) 当设备再次更新的时间发生在技术成熟期时，此时设备的购买价格不会再随着技术进步的速率而发生改变，只受到通货膨胀的影响而发生改变。

也就是说，设备 k 的购买成本 C_{k} 受设备自身每年的技术进步率 g_{k} 的影响而发生改变，当设备 k 的技术进步率到达预期的极限技术进步率 Lg_{k} 时，此时设备 k 的生产技术到达技术成熟期，设备 k 的价格不再受到技术进步率的影响，而只受通货膨胀率的影响。如电解槽的购买价格每年以 20% 的技术进步速率而发生改变 ($g_{\text{k}} = -0.2$)，当电解槽的购买价格在技术进步速率的影响下到达电解槽极限技术进步速率 80% 下的价格时 ($\text{Lg}_{\text{k}} = -0.8$)，表明技术已经到达成熟期，通过计算可知电解槽的购买价格下降到极限技术进步速率所经历的时间为 7.21 年，即 $Y_{\text{g-k}} = 7.21$。此后电解槽的价格不会再受到技术进步速率的影响，而只会受通货膨胀率的影响。

综上所述，设备到达使用寿命后的更新问题会发生额外费用，所以，在氢储能系统的寿命周期内，需要将设备更新的成本考虑到总成本中，同时，设备购买价格会受到技术进步速率的影响而发生改变。所以考虑以上两点因素后将设备 k 未来发生的更新成本 C_{r-k} 表示为

$$C_{r-k} = \sum_{n=1}^{N_{\text{first-rep-k}}} C_k \left(1 + g_k\right)^{n\text{Life}_k} + \sum_{n=N_{\text{first-rep-k}}+1}^{N_{\text{rep-k}}} C_k \left(1 + g_k\right)^{Y_{k-g}} \left(1 + g\right)^{n\text{Life}_k - Y_{k-g}} \quad (6.22)$$

式中，C_k 为氢储能系统设备 k 的购买成本；g_k 为设备 k 购买成本预期的年技术进步速率；Lg_k 为设备 k 购买成本预期极限技术进步速率；I 为社会折现率；g 为通货膨胀率；Life_k 为设备 k 的使用期限；Y_{k-g} 为设备 k 购买价格到达初始购买成本的预期极限技术进步速率时所花费的时间；$N_{\text{rep-k}}$ 为在氢储能系统生命周期内设备 k 的总更新数；$N_{\text{first-rep-k}}$ 为设备 k 的价格变化取决于自身通货膨胀率 g_k 时设备 k 的总更新数。$N_{\text{rep-k}}$、$N_{\text{first-rep-k}}$ 和 Y_{k-g} 的计算公式表示如下：

$$N_{\text{rep-k}} = \text{int}\left[\frac{N}{\text{Life}_k}\right] \quad (6.23)$$

当 $\text{int}\left[\dfrac{N}{\text{Life}_k}\right] = \dfrac{N}{\text{Life}_k}$ 时，$N_{\text{rep-k}} = N_{\text{rep-k}} - 1$

$$N_{\text{first-rep-k}} = \text{int}\left[\frac{Y_{k-g}}{\text{Life}_k}\right] \quad (6.24)$$

$$Y_{k-g} = \frac{\lg\left(1 + Lg_k\right)}{\lg\left(1 + g_k\right)} \quad (6.25)$$

6.5　城市电网耦合氢储能系统投资决策模型

建立氢储能系统投资决策模型，是为了对项目的可行性提供科学依据，为投资者提供决策支持。任何项目方案的投资在时间上都具有持续性，折现率等因素的影响导致资金在不同时间段具有不同的价值，所以在计算项目的经济效益时如果只是纯粹的将原始投入资金、运行维护资金等成本和预期获得的收益进行计算，那么投资者无法得到正确的结果。因此，为了对项目的经济效益做出正确的评估，项目规划前期需要将不同时刻的资金折现到同一时刻进行核算，这一方法也称为贴现法，就是利用社会折现率将未来的资金折现成当前时刻的资金。折现率是衡

量资金时间价值的有效方法，利用折现率对资金进行换算可以对未来资金做出有效的估算。将不同时刻的成本和收益折现到同一时间点后，便可以选择合适的投资决策评价方法对项目进行投资决策分析。

氢储能系统投资决策模型是利用投资决策评价方法如净现值等对项目进行分析研究，净现值等方法是建立在项目成本和收益分析的基础之上，所以在上述全寿命周期成本模型的基础上对氢储能系统的成本现值进行建模，同时对收益模块进行分析和数学建模。

6.5.1 成本现值模型

相同数值的资金在现在和将来某一时刻具有不同的价值，这就是现金流量的时间价值概念，包括现金流量的终值和现值概念。现值是指未来某一时刻的现金折合成现在的价值，公式表示如下：

$$V_o = V_n (1+I)^{-n} \tag{6.26}$$

式中，V_o 为现金现在的价值；V_n 为 n 年后的终值；I 为折现率，$(1+I)^{-n}$ 为现值系数，也称为贴现系数。

所以，在上述城市电网耦合氢储能系统全寿命周期成本模型的基础上，将成本折合到同一时间点进行计算从而建立该系统的成本现值模型。

1）氢储能系统初期投资成本现值

假定氢储能系统在年底建成，次年年初投入生产，不涉及社会折现率对资金投入的影响，氢储能系统的初期投资成本现值与成本的计算表达式相同，可以表示为

$$C_{investment} = \left(\sum C_k + C_{land}\right)\left(1 + \mu_{inst}\right) \tag{6.27}$$

式中，C_k 为氢储能系统设备 k 的购买成本；C_{land} 为建筑成本；μ_{inst} 为氢储能系统设备安装集成等工程成本占初始投资成本的比例。

2）氢储能系统运行维护成本现值

氢储能系统的运行维护成本现值 NPC_{OM-k} 可表示为

$$NPC_{OM-k} = \sum_{n=1}^{N} C_{OM-k} \frac{(1+g)^n}{(1+I)^n} \tag{6.28}$$

式中，g 为通货膨胀率；I 为社会折现率。

3) 氢储能系统年直接成本现值

系统的用电成本现值 $\mathrm{NPC_e}$ 表示如下:

$$\mathrm{NPC_e} = \sum_{n=1}^{N} P_{e-n} \frac{(1+g)^n}{(1+I)^n} = \sum_{n=1}^{N} \left(\sum_{h=1}^{8760} P_{\mathrm{real-h}} P_{e-h} \right) \frac{(1+g)^n}{(1+I)^n} \tag{6.29}$$

系统的用水成本现值 $\mathrm{NPC_w}$ 可以表示为

$$\mathrm{NPC_w} = \sum_{n=1}^{N} \left(\sum_{h=1}^{8760} M_{\mathrm{h2-h}} \alpha_{\mathrm{w}} P_{\mathrm{w}} \right) \times \frac{(1+g)^n}{(1+I)^n} \tag{6.30}$$

所以系统的年直接成本现值 $\mathrm{NPC_{e-w}}$ 可以表示为

$$\begin{aligned}
\mathrm{NPC_{e-w}} &= \mathrm{NPC_e} + \mathrm{NPC_w} \\
&= \sum_{n=1}^{N} \left(\sum_{h=1}^{8760} P_{\mathrm{real-h}} P_{e-h} \right) \frac{(1+g)^n}{(1+I)^n} + \sum_{n=1}^{N} \left(\sum_{h=1}^{8760} M_{\mathrm{h2-h}} \alpha_{\mathrm{w}} P_{\mathrm{w}} \right) \frac{(1+g)^n}{(1+I)^n}
\end{aligned} \tag{6.31}$$

4) 氢储能系统设备更新成本现值

设备 k 未来发生的更新成本折现到当期的现值 $\mathrm{NPC_{r-k}}$ 可以表示为

$$\mathrm{NPC_{r-k}} = \sum_{n=1}^{N_{\mathrm{first-rep-k}}} C_k \frac{(1+g_k)^{n\mathrm{Life}_k}}{(1+I)^{n\mathrm{Life}_k}} + \sum_{n=N_{\mathrm{first-rep-k}}+1}^{N_{\mathrm{rep-k}}} C_k \frac{(1+g_k)^{Y_{k-g}} (1+g)^{n\mathrm{Life}_k - Y_{k-g}}}{(1+I)^{n\mathrm{Life}_k}} \tag{6.32}$$

6.5.2　收益现值模型

城市电网耦合氢储能系统的收益主要包括销售氢气收入、销售氧气收入、碳减排收益和设备残值收益 4 个部分,下面将通货膨胀率和社会折现率影响因素考虑在内,利用第 6.4 节构造的小时能量管理模型,以每小时为单位分别对这 4 个部分的收益进行数学建模。

1) 氢储能系统销售氢气收益现值

通过销售氢气所带来的收益是氢储能系统最主要的经济来源,这里考虑通货膨胀对氢气销售价格的影响,以每小时为单位计算系统每一年内的氢气产量并乘以氢气销售价格得到该年氢气的销售收益;同时,将每一年的收益折现到初期并累加求和得到系统运行周期内的总氢气销售收益。

由上述分析可知,销售氢气收益现值 NPV_{h2} 可以表示为

$$\text{NPV}_{\text{h2}} = \sum_{n=1}^{N} \left(\sum_{h=1}^{8760} M_{\text{h2-h}} \right) P_{\text{h2}} \frac{(1+g)^n}{(1+I)^n} \tag{6.33}$$

式中，P_{h2} 为单位氢气的销售价格。

2) 氢储能系统销售氧气收益现值

氢储能系统生产氢气的同时会产生副产物氧气，氧气可通过工业用氧等方式销售赚取收益，与氢气销售收益类似，这里考虑通货膨胀对氧气销售价格的影响，以每小时为单位计算系统每一年内的氧气产量并乘以氧气销售价格得到该年氧气的销售收益；同时，将每一年的收益折现到初期并累加求和得到系统运行周期内的总氧气销售收益。

由上述分析可知，销售氧气收益现值 NPV_{o} 可以表示为

$$\text{NPV}_{\text{o}} = \sum_{n=1}^{N} \left(\sum_{h=1}^{8760} M_{\text{h2-h}} \right) \alpha_{\text{o}} P_{\text{o}} \frac{(1+g)^n}{(1+I)^n} \tag{6.34}$$

式中，α_{o} 为生产单位氢气的产氧量；P_{o} 为单位氧气的价格；g 为通货膨胀率。

3) 氢储能系统碳减排收益现值

氢储能系统生产的氢气主要用于供应氢能源汽车从而达到代替传统的汽油实现清洁替代的目的。由于汽油在使用的过程中会排放出一氧化碳等有害气体，所以使用氢气代替汽油产生的碳减排收益作为正面的环境成本包括在总收益中。根据氢气产生热量与汽油产生热量的对等原则，利用碳交易准则将碳减排收益进行货币化处理。考虑通货膨胀对碳交易价格的影响，以每小时为单位计算系统每一年内的碳减排数量并乘以碳交易价格得到该年碳减排收益；同时，将每一年的收益折现到初期并累加求和得到系统运行周期内的总碳减排收益。

由上述分析可知，氢储能系统的碳减排效益 NPV_{c} 可以表示为

$$\text{NPV}_{\text{c}} = \sum_{n=1}^{N} \left(\sum_{h=1}^{8760} M_{\text{h2-h}} \right) \alpha_{\text{g}} P_{\text{c}} \frac{(1+g)^n}{(1+I)^n} \tag{6.35}$$

式中，α_{g} 为单位氢气燃烧时产生的热能与汽油燃烧产生的热能等价时，氢气替代汽油燃烧而减少的碳排放数量；P_{c} 为碳交易价格。

4) 氢储能系统残值收益现值

氢储能系统项目结束后，若设备仍未到达使用寿命，那么这部分设备的残余价值应进行折现处理并作为收益进行核算。首先考虑技术进步导致设备价格降低和通货膨胀对设备价格的影响，计算系统运行周期结束时设备的价格；其次，以

设备在系统运行周期结束时剩余的使用寿命对残余价值进行衡量得到残值收益，最后将残值收益进行折现得到设备残值收益现值。

由上述分析可知，残余收益现值 $\text{NPV}_{\text{end}-k}$ 可以表示为

$$\text{NPV}_{\text{end}-k} = C_k \left(N_{\text{rep}-k} + 1 - \frac{N}{\text{Life}_k} \right) \frac{(1+g_k)^{Y_{k-g}} (1+g)^{N-Y_{k-g}}}{(1+I)^N} \tag{6.36}$$

6.5.3　投资决策评价模型

本节采用投资决策方法中的动态评价指标净现值和内部收益率指标，对分布式氢储能系统的经济可行性问题进行分析评价。

(1) 净现值模型。氢储能系统的净现值是系统使用期限内现金流入现值，即收益现值与现金流出现值即成本现值的差值。当 $\text{NPV} \geqslant 0$ 时，说明该投资项目是经济可行的，特别的当 $\text{NPV} > 0$ 时，净现值越大该方案的经济可行性越好；反之，说明该投资项目不具有经济可行性，投资者不应该实施该项目。

根据净现值的计算原理可以将 NPV 的计算表达式表示如下：

$$\begin{aligned} \text{NPV} = {} & \text{NPV}_{h2} + \text{NPV}_o + \text{NPV}_c + \sum \text{NPV}_{\text{end}-k} - C_{\text{investment}} \\ & - \sum \text{NPC}_{\text{OM}-k} - \text{NPC}_{e-w} - \sum \text{NPC}_{r-k} \end{aligned} \tag{6.37}$$

(2) 内部收益率模型。参考 5.3.6 节，令 $\text{NPV} = 0$，此时求得的 I 值即为内部收益率 IRR。当 $\text{IRR} \geqslant I$ 时，表明该投资项目是经济可行的；反之，该项目不可行。内部收益率 IRR 可通过下式求得。

$$\begin{aligned} & \text{NPV}_{h2} + \text{NPV}_o + \text{NPV}_c + \sum \text{NPV}_{\text{end}-k} - C_{\text{investment}} - \sum \text{NPC}_{\text{OM}-k} \\ & - \text{NPC}_{e-w} - \sum \text{NPC}_{r-k} = 0 \end{aligned} \tag{6.38}$$

6.5.4　特定目标下投资决策优化模型

1) 氢气最低销售价格模型

当城市电网耦合氢储能系统项目投入运行后其预期净现值等于零时，表明该项目实施后恰好具有投资可行性，此时求得的氢气价格便是氢气的最低销售价格。

由上述分析可知，氢气的最低销售价格可以表示为如下所示：

$$P_{\text{h2-NPV=0}} = \frac{-\text{NPV}_{\text{o}} - \text{NPV}_{\text{c}} - \sum \text{NPV}_{\text{end}-k} + C_{\text{investment}} + \sum \text{NPC}_{\text{OM}-k} + \text{NPC}_{\text{e-w}} + \sum \text{NPC}_{\text{r}-k}}{\sum\limits_{n=1}^{N} \left(\sum\limits_{h=1}^{8760} M_{\text{h2}-h} \right) \dfrac{(1+g)^n}{(1+I)^n}}$$

$$(6.39)$$

2) 最优装机容量模型

氢储能系统具有投资可行性的前提是系统的净现值大于等于零，而且净现值的数值越大，氢储能系统的投资收益就越好。由净现值 NPV 的计算表达式可知净现值会受氢气销售价格和系统装机容量的影响，投资者可通过在可取的范围内控制这两个变量的取值从而改变净现值的数值。当其他因素不变且氢气价格给定时，通过改变装机容量的数值观察净现值的数值变化，在装机容量可取的范围内净现值最大点所对应的装机容量即为氢储能系统的最优装机容量。

详细来说，在给定氢气销售价格的情况下，在氢储能系统装机容量范围内逐渐增大氢储能系统装机容量，利用氢储能系统小时能量管理模型，仿真计算各装机容量下氢储能系统每小时的氢气产量，同时利用净现值模型计算该装机容量下的净现值，通过上述计算结果，绘制给定氢气销售价格下氢储能系统装机容量和净现值的关系曲线，当净现值存在大于等于零的情况时，最优装机容量即为净现值最大点所对应的装机容量。

由上述分析可知，氢储能系统的最优装机容量模型可以表示为如下所示：

$$\begin{aligned}
\text{Max}_{\text{NPV}-P_{\text{ele}}} = {} & \text{NPV}_{\text{h2}} + \text{NPV}_{\text{o}} + \text{NPV}_{\text{c}} + \sum \text{NPV}_{\text{end}-k} - C_{\text{investment}} \\
& - \sum \text{NPC}_{\text{OM}-k} - \text{NPC}_{\text{e-w}} - \sum \text{NPC}_{\text{r}-k}
\end{aligned} \qquad (6.40)$$

3) 特定投资回收期下氢气最低销售价格模型

氢气的销售价格对项目的投资回收期有很大的影响，当项目的投资者给定项目的投资回收期后，为了收回项目的投资成本，氢气的最低销售价格便需要随之确定。氢气的销售价格是决定项目在投资回收期内收回投资成本的有效保障，所以如何合理地制定氢气最低销售价格也就显得十分重要。

由上述分析可知，假定项目的投资回收期为 n（这里的 n 发生在设备更新之前），那么氢气的最低销售价格可以表示为如下所示：

$$P_{\text{h2}-n} = \frac{-\text{NPV}_{\text{o}} - \text{NPV}_{\text{c}} + C_{\text{investment}} + \sum \text{NPC}_{\text{OM}-k} + \text{NPC}_{\text{e-w}}}{\sum\limits_{n=1}^{N} \left(\sum\limits_{h=1}^{8760} M_{\text{h2}-h} \right) \dfrac{(1+g)^n}{(1+I)^n}} \qquad (6.41)$$

6.6　案例研究

在上述理论研究的基础上，本文以笔者参与的科研项目为背景，分析该模型在实际案例中如何指导投资者进行投资决策。

6.6.1　案例背景

本节以某城市电网为研究对象进行分析，该城市电网每天有两个用电高峰期，分别为由于商业、工业和服务业同时集中用电造成的 8:00～11:00 的早高峰和居民夜晚集中用电与工业用电叠加造成的 19:00～21:00 的晚高峰，用电低谷期为晚上 23:00 到次日早上 7:00，其余用电时期为用电平期。该城市工业用电价格采取分时计价的方式，分别为峰期 1.2 元/kW·h、平期 0.8 元/kW·h 和低谷期 0.4 元/kW·h。选取该城市电网某天的历史用电负荷数据并画出其日负荷曲线如图 6.8 实线所示。分析该实线可发现该城市用电负荷曲线存在明显的峰谷差且曲线波动显著，该日最大用电负荷为 1160MW，最小用电负荷为 638MW，峰谷差值为 522MW，高峰时期和低谷时期用电负荷差异显著，谷电浪费情况急需改善。

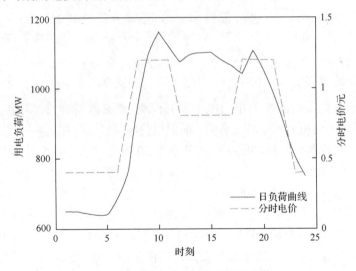

图 6.8　日负荷曲线与工业分时电价

为了有效利用该城市用电低谷时期的电能以减少电力资源的浪费，本节将城市电网耦合氢储能系统方案应用于该城市中。本方案在该城市中应用的具体思路，是氢储能系统利用电网负荷低谷时期的电能进行电解水制氢生产氢气，同时，氢储能系统作为分布式加氢站，分散在城市的多个角落为氢能源汽车提供能源供应。

显然，该方案不仅可以从需求侧的角度有效利用城市低谷电力，而且生产出的氢气可代替汽油实现清洁替代，对环境的保护起到一定的促进作用，具有十分良好的社会和环境效益，但是只有方案同时具有十分可观的经济效益时，才会吸引投资者对该方案进行投资。所以，在上文构造的氢储能系统投资决策评价模型的基础之上，利用该城市电网中的历史用电负荷数据，对氢储能系统方案的具体投资决策做出分析。

6.6.2　案例基础数据

通过查阅相关资料对氢储能系统投资决策模型中的有关参数进行合理取值（赵振宇等，2014；林旭清等，2015）。

(1) 电解制氢系统参数。电解制氢系统主要包括电解槽，压缩机和电解制氢相关辅助设备，标准状态下，电解制氢系统生产每立方米氢气的能耗为 $4.5kW \cdot h$，由于谷电的波动导致电解制氢系统无法一直以额定功率正常运行，从而导致系统能耗效率下降，故这里以 1.1 倍的值进行修正，即 $4.95kW \cdot h$，每立方米氢气的压缩能耗为 $0.2kW \cdot h$，所以生产每立方米系统氢气的总能耗为 $5.15kW \cdot h$，即 $H_{ele} = 5.15kW \cdot h$。电解制氢系统的最小用电功率 P_{min} 是额定用电功率的10%，即 $K_{ele} = 0.1$，影响电解制氢系统购买成本的年技术进步速率为-20%，预期的极限技术进步速率为-80%，到达极限技术进步速率所花费的时间为 7.2 年，即 $g_k = -0.2$，$Lg_k = -0.8$，$Y_{k-g} = 7.2$。每年的运营维护成本为初始购置成本的 8%，电解制氢系统的单价为 280 万元/MW，设备使用寿命为 10 年。

(2) 变压器效率 μ_{pro} 为 0.96，电力电子控制装置整流器效率 μ_{rec} 为 0.9。

(3) 为氢储能系统匹配的电力电子控制模块（整流器）和储氢罐的购买容量与电解制氢系统的装机容量 (MW) 有关，根据相关项目经验取电力电子控制模块（整流器）的购买单价和储氢罐的购买单价分别为 30 万元/MW 和 15 万元/MW，设备使用寿命均为 20 年，设备的年运行维护成本均为设备购买成本的 2%。

(4) 用水成本。标准状态下，生产每立方米氢气理论耗水量为 0.804kg，这里以 1.2 倍的理论值对单位氢气耗水量进行修正，那么单位氢气的耗水量为 0.09648kg，即 $\alpha_w = 0.0009648t$，工业用水价格为 10 元/t，即 $P_w = 10$。

(5) 碳减排收益。每立方米氢气燃烧产生的热能与 0.245kg 汽油燃烧产生的热能相等，每千克汽油燃烧产生的碳排放为 0.86kg，所以单位氢气燃烧时产生的热能与汽油燃烧产生的热能等价时氢气替代汽油燃烧而减少的碳排放数量 α_g 为 0.2107kg，碳的交易价格选取 2010 年国际碳交易市场均价每吨 10 欧元，折合人民币为每千克碳的交易价格 P_c 约为 0.073 元。

(6) 初始投资时花费的工程成本占初始投资成本的比例 μ_{inst} 为 2%。

(7) 标准状态下，每立方米氢气的产氧量为 $0.45m^3$，每立方米氧气价格为 2 元。

(8) 氢储能系统的机械设备对厂房的要求比较低，可以采用简易活动房，不仅成本低而且易于搬迁，本案例中氢储能系统的建设成本定为 500 万元。

(9) 案例中的电网将一天 24h 中的 8:00~11:00，19:00~21:00 划分为用电高峰期，工业用电电价为 1.2 元/kW·h；将 23:00~7:00 划分为用电低谷期，工业用电电价为 0.4 元/kW·h；其余时段为用电平期，工业用电电价为 0.8 元/kW·h。

(10) 项目的执行时间为 20 年。

(11) 折现率 I。参考相关文献本净现值模型中所用的折现率设置为 8%。

(12) 通货膨胀率 g。度量通货膨胀的指标通常有 CPI 消费者价格指数、PPI 生产者物价指数、GDP 平减指数等。消费者价格指数是用来衡量一定时期内居民所支付消费商品和劳务价格变化程度的相对数指标，是反映通货膨胀水平的重要指标。本文选取我国 1995~2014 年的消费者价格指数年度数据作为研究对象进行分析，表 6.1 为按时间顺序排列的 1995~2014 年每一年的消费者价格指数数据。

(13) 假定城市电网氢储能系统生产的氢气均可以全部售出。

表 6.1　1995~2014 年各年消费者价格指数

年份	CPI	年份	CPI
1995	17.1	2005	1.8
1996	8.3	2006	1.5
1997	2.8	2007	4.8
1998	−0.8	2008	5.9
1999	−1.4	2009	−0.7
2000	0.4	2010	3.3
2001	0.7	2011	5.4
2002	−0.8	2012	2.6
2003	1.2	2013	2.6
2004	3.9	2014	2

利用上述时间序列数据，采用移动平均法对通货膨胀率进行预测。移动平均法基本原理为：

设时间序列为 $x_1, x_2, \cdots, x_N$，即样本容量为 N，有 N 个历史数据。所谓移动平均，是指每次移动的求算数平均值。若每次按 $n(1 \leqslant n \leqslant N)$ 个数据移动地求平均值，那么在第 t 时点的移动平均值 M_t 为

$$M_t = \frac{1}{n}\left(x_{t-n+1} + \cdots + x_{t-1} + x_t\right) = \frac{1}{n}\sum_{i=t-n+1}^{y} x_i \tag{6.42}$$

式中，$1 \leqslant n \leqslant t \leqslant N$，而 M_t 作为第 t 时点的移动平均值，可以作为第 $t+1$ 时点的预测值。

　　显然，取不同的 n 就有不同的移动平均值，且 $1 < n < N$ 时，移动平均值随着 n 的增大，M_t 越显均匀。因此，应该选择一个较为合理的 n 值来做移动平均。选择较为合理 n 值的方法是：在计算多个移动平均值后，按照式 (6.43) 计算各自的均方差 $\mathrm{MSE}_{(n)}$，比较不同的 $\mathrm{MSE}_{(n)}$，最小者对应的移动平均值是最合适的，该方法称为均方差检验。

$$\mathrm{MSE}_{(n)} = \frac{1}{N-n} \sum_{i=n+1}^{y} \left(x_t - M_{t-1} \right)^2 \qquad (6.43)$$

　　按照上述思路，计算表 6.1 数据的移动平均值并进行均方差检验，计算结果如表 6.2 所示。

表 6.2　均方差检验结果

n	$\mathrm{MSE}_{(n)}$	n	$\mathrm{MSE}_{(n)}$
2	13.5563	11	6.0487
3	11.3598	12	5.4115
4	7.9716	13	5.0663
5	6.1361	14	5.4502
6	6.4176	15	2.4719
7	6.6309	16	1.5881
8	5.4787	17	0.1308
9	5.3915	18	0.1773
10	5.9700	19	1.1755

　　由表 6.2 可知，当 n 为 17 时，均方差取最小值。所以令 $n=17$，经过计算得出本方案净现值模型中年通货膨胀率取值为 1.91%。

6.6.3　案例分析

　　在执行氢储能系统方案之前，投资者可以在前期规划期间根据自身需求制定不同的执行方案，如改变氢储能系统的装机容量、制定不同的氢气销售价格、设定不同投资回收期等多种情形。无论投资者执行哪一种方案，只有当该方案的净现值大于等于零时该方案才有可能被实际执行。由上文构建的净现值 NPV 计算模型可知，净现金值 NPV 会受到氢储能系统装机容量、氢气销售价格等多个因素的影响，这些影响因素的变化情况，与项目是否具有投资可行性存在直接的关系。如何对氢储能系统的相关影响因素进行取值，从而在多种方案中为投资者制定最优投资决策计划，是方案规划前期非常关键的问题。下面从氢储能系统投资决策者的角度对其投资决策进行分析。

1. 氢气最低销售价格模型分析

净现值大于等于零时，氢储能系统的方案具有投资可行性，当净现值等于零时，方案到达投资可行性的临界点，此时求得的氢气销售价格便是氢储能系统在不同装机容量下对应的最低销售价格。下面利用第 6.5.4 节中构造的氢气最低销售价格模型对不同装机容量下氢气的最低销售价格进行分析。

图 6.9 所示的曲线为等净现值线，曲线上的点表示氢储能系统在不同装机容量下满足净现值等于零时的氢气最低销售价格，此时是氢储能系统具有投资可行性的临界值。假定氢储能系统的装机容量为 200MW，为使氢储能系统具有投资可行性，则氢气的最低销售价格应为 3.623 元。

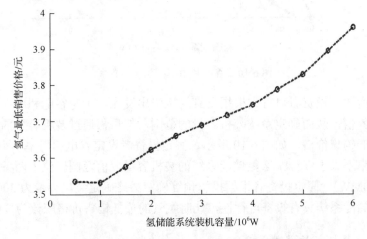

图 6.9　不同装机容量下氢气最低销售价格

氢储能系统匹配不同装机容量时具有不同的谷电利用率和系统闲置率，图 6.10 表示装机容量从 0MW 逐渐增加到 700MW 时各装机容量对应的谷电利用率与系统闲置率。

如图 6.10 所示，氢储能系统装机容量的提高会导致谷电利用率和系统闲置率的同时提高。装机容量降低会导致谷电利用率降低，当装机容量过低时，城市电网耦合氢储能系统从需求侧的角度有效利用多余电力资源的作用便不复存在；同时，受到电网负荷低谷时期电力资源有限的约束，如果装机容量过高，会导致城市电网耦合氢储能系统的闲置率过高，此时对投资者的投资收益会有所影响。如何对这两个因素进行取舍取决于投资者的出发点。如果投资者希望谷电利用率高一些，可适当增加氢储能系统的装机容量；如果投资者希望氢储能系统的闲置率低一些，可适当减小氢储能系统的装机容量。

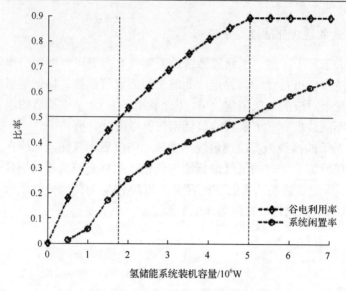

图 6.10　谷电利用率与系统闲置率

　　综上所述，投资者可首先根据自身的投资出发点，确定谷电利用率和系统闲置率的临界值，从而确定系统装机容量的范围，然后再通过装机容量的取值确定氢气的最低销售价格。如图 6.10 所示，假定投资者设定谷电利用率不小于 0.5 且系统闲置率不大于 0.5，那么氢储能系统的装机容量取值范围应位于两条虚线之间（175～500MW）。假定投资者根据投资预算确定最终确定装机容量为 300MW，那么为使氢储能系统具有投资可行性，此时氢气的最低销售价格应该为 3.69 元。

　　2. 最优装机容量模型分析

　　利用 6.5 节构造的最优装机容量模型，分析在不同氢气销售价格下，氢储能系统与氢储能系统装机容量之间的关系，从而可以根据不同氢气销售价格，确定氢储能系统最优装机容量。

　　由于氢气在城市的销售价格通常为 3～6 元，故本节以该价格范围为基准对最优装机容量模型展开分析。如图 6.11 所示，利用净现值模型绘制氢气销售价格分别为 2.5 元、3.0 元、3.5 元、4.0 元、4.5 元、5.0 元时自变量氢储能系统装机容量与因变量净现值之间的曲线。观察图 6.11 曲线可发现，在氢气销售价格为 2.5 元、3.0 元和 3.5 元时，无论氢储能系统装机容量如何改变，方案的净现值均小于零，也就是说，在其他因素不变的情况下，城市电网耦合氢储能系统在氢气销售价格分别为 2.5 元、3.0 元和 3.5 元时均不具有投资可行性。然而，将氢气销售价格分别设置为 4.0 元、4.5 元、5.0 元时，观察图 6.11 曲线可发现，在这 3 种氢气销售价格下，氢储能系统装机容量在一定范围内均可使方案具有投资可行性。

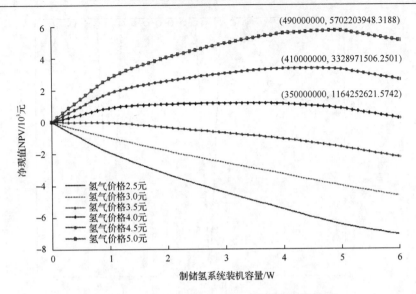

图 6.11　不同氢气价格下氢储能系统最优装机容量

如图 6.11 所示，当氢气销售价格为 4.0 元时，氢储能系统的净现值数值逐渐增大然后逐渐小于零。氢储能系统装机容量在 0~600MW 时，其净现值均大于零，也就是说在该装机容量范围内的投资方案均具有投资可行性。特别地，氢储能系统装机容量为 350MW 时净现值取最大值，此时方案的投资效益最好。氢储能系统装机容量为 350MW 时电网日负荷曲线和谷电利用率分别如图 6.12 和图 6.13 所示(这里谷电利用率为 0 表示此时电网无可利用的电能)。

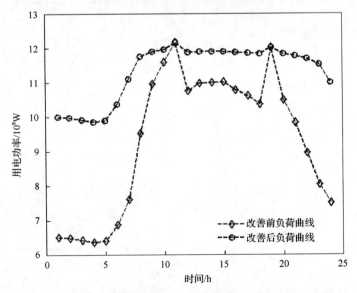

图 6.12　装机容量为 350MW 时电网负荷曲线

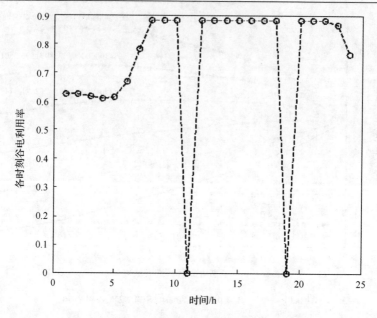

图 6.13 装机容量为 350MW 时各时刻电利用率

如图 6.11 所示,当氢气销售价格为 4.5 元时,氢储能系统装机容量在 0～600MW 时其净现值均大于零,也就是说在该装机容量范围内的投资方案均具有投资可行性。特别地,氢储能系统装机容量为 410MW 时净现值取得最大值。氢储能系统装机容量为 410MW 时电网日负荷曲线和谷电利用率,分别如图 6.14 和图 6.15 所示。

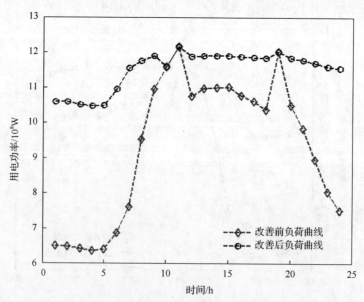

图 6.14 装机容量为 410MW 时电网负荷曲线

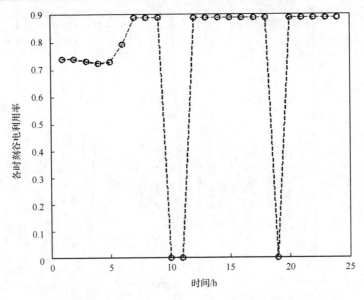

图 6.15　装机容量为 410MW 时各时刻谷电利用率

如图 6.11 所示，当氢气销售价格为 5.0 元时，氢储能系统装机容量在 0 到 600MW 范围内的投资方案均具有投资可行性。特别的，氢储能系统装机容量为 490MW 时净现值取得最大值，此时方案的投资效益最好，即氢气销售价格为 5.0 元时，氢储能系统的最优装机容量为 490MW。氢储能系统装机容量为 490MW 时，电网日负荷曲线和谷电利用率分别如图 6.16 和图 6.17 所示。

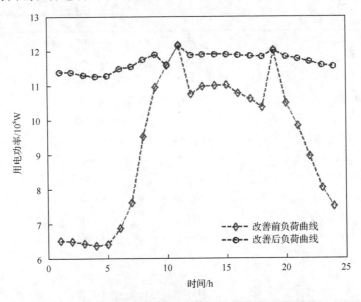

图 6.16　装机容量为 490MW 时电网负荷曲线

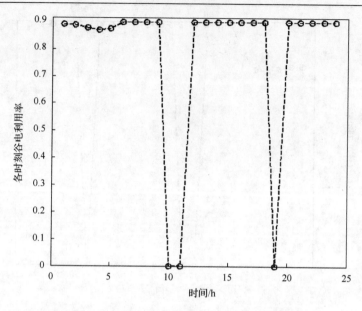

图 6.17 装机容量为 490MW 时各时刻谷电利用率

观察上述 3 种最优装机容量下用电负荷曲线和谷电利用率曲线可知,最优装机容量为 490MW 时用电负荷曲线改善效果和谷电利用情况最为良好,社会效益显著。下面对这 3 种最优方案具体的经济效益进行分析。

表 6.3 不同氢气价格下最优方案经济数据

方案数据	氢气价格		
	4.0 元	4.5 元	5.0 元
P_{ele} /MW	350	410	490
L_e	0.7520	0.8189	0.8871
X_e	0.4015	0.4436	0.4957
$C_{investment}$ /万元	116540	136430	162950
NPC_{OM-k} /万元	93721	109790	131210
NPC_e /万元	1672500	1820200	1974900
NPC_w /万元	3950.7	4302.2	4660.2
NPC_k /万元	9507.2	11211	13398
NPV_{h2} /万元	1637900	2006600	2415100
NPV_o /万元	368530	401320	434720
NPV_c /万元	6298.2	6858.6	7429.5
NPV_{end} /万元	0	0	0
IRR	0.196	0.33	0.425
NPV /万元	116430	332900	570220

注: L_e 为谷电利用率; X_e 为系统闲置率。

分析表 6.3 可知，上述 3 种方案中，随着氢气价格的增加，氢储能系统最优装机容量、谷电利用率、系统闲置率和经济效益均表现出增大的趋势。如何进行决策取决于投资者的出发点，在上述 3 种方案中，如果投资者希望氢储能系统的闲置率最低，那么投资者可以选择将氢气销售价格设定为 4.0 元且装机容量为 350MW 的方案；如果投资者希望谷电利用率最高，那么投资者可以选择将氢气销售价格设定为 5.0 元且装机容量为 490MW 的方案。

3. 特定投资回收期下氢气最低销售价格模型分析

投资者对方案进行投资之后，为了尽快收回投资成本，一般都会对项目的投资回收期做出一定的要求，在其他数据不改变的情况下，为使方案可以在预期的时间内收回投资成本，如何对氢气进行定价是进行投资决策时需要解决的一个问题。利用 6.5.4 节构造的特定投资回收期下氢气最低销售价格模型，对不同装机容量下氢气的最低销售价格进行分析。

图 6.18 为投资回收期为 6～10 年时氢储能系统在不同装机容量下氢气的最低销售价格。观察图 6.18 的曲线，可以得出以下结论。

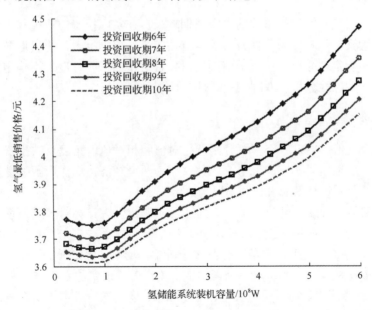

图 6.18　不同投资回收期下氢气最低销售价格

（1）氢储能系统装机容量相同时，随着投资回收期增大，所要求的氢气最低销售价格逐渐降低且降低速度逐渐变缓。表 6.4 为氢储能系统装机容量取 410MW 时不同投资回收期下氢气的最低销售价格。

表 6.4　不同投资回收期下氢气最低销售价格

装机容量/MW	投资回收期/年	氢气最低销售价格/元
410	1	7.149
410	2	5.340
410	3	4.737
410	4	4.437
410	5	4.257
410	6	4.137
410	7	4.052
410	8	3.988
410	9	3.939
410	10	3.900

(2) 投资回收期不同时，氢气最低销售价格随着装机容量的增大均呈现出先减小再增大的趋势且均在同一装机容量处取得最小值。

6.6.4　不确定性分析

城市电网耦合氢储能系统的寿命周期较长，在实际投资决策过程中会受诸多不确定性因素的影响。为了使方案的投资决策分析更加准确，需要选取部分影响因素进行不确定性分析以明确这些因素对投资决策的影响程度。不确定性分析内容有单因素敏感性分析、双因素敏感性分析和风险分析。

1. 单因素敏感性分析

由于净现值和内部收益率可分别从绝对值和相对值的角度反映投资方案的经济可行性，所以这里选取净现值、内部收益率两个经济指标作为敏感性分析的评价指标对其分别进行敏感性分析。

在氢储能系统的基础数据中，下列 4 种不确定性因素会对氢储能系统的投资决策产生影响，4 种不确定性因素分别如下所示。

(1) 折现率。折现率的取值会受到多个因素的影响，比如国内经济、资本市场收益率、市场风险、利率风险等因素的变化均会对折现率的大小产生影响。

(2) 通货膨胀率。项目用电成本、用水成本、运行维护成本等均需要通过货币进行支付，所以通货膨胀率的变动将会对项目成本和收益产生直接的影响，最终对方案的净现值产生影响。

(3) 用电价格。氢储能系统生产氢气的过程中最大的成本支出来自于用电支出，所以用电价格的变化一定会对方案的生产成本产生很大的影响。

(4) 氢气价格。氢储能系统主要的经济收益来源于氢气的销售额，故氢气价格的变动同样会对氢储能系统的可行性产生影响。

所以，本章选取折现率 I、通货膨胀率 g、氢气价格 P_{h2} 和用电价格 P_{e-h} 4 个不确定因素对氢气价格为 4.5 元且装机容量为 410MW 的城市电网耦合氢储能系统方案进行敏感性分析。

1) 净现值单因素敏感性分析

图 6.19 为折现率 I、通货膨胀率 g、氢气价格 P_{h2}、用电价格 P_{e-h} 分别变动 ±5% 和 ±10% 时净现值的变化情况。

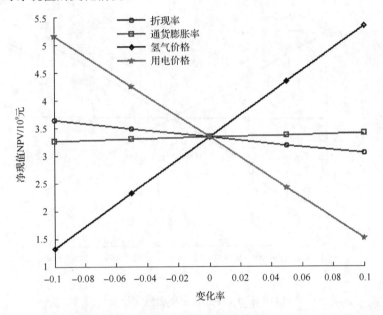

图 6.19　净现值敏感性分析

根据图 6.19 绘制折现率 I、通货膨胀率 g、氢气价格 P_{h2}、用电价格 P_{e-h} 的敏感性分析表如表 6.5 所示。

表 6.5　净现值敏感性分析表

$x_i \Delta NPV_{X_i} / NPV$	$\Delta x_i / x_i$				敏感系数
	−10%	−5%	5%	10%	
I	9.43%	2.76%	−4.39%	−8.53%	−0.89
g	−2.28%	−1.14%	1.17%	2.34%	0.231
P_{h2}	−60.29%	−30.13%	30.13%	60.29%	6.026
P_{e-h}	54.4%	27.3%	−27.3%	−54.4%	−5.46

从表 6.5 可以看出，净现值 NPV 与通货膨胀率 g 和氢气价格 P_{h2} 为正相关关系，与折现率 I 和用电价格 P_{e-h} 为负相关关系。净现值 NPV 对氢气价格的变动最

为敏感，对通货膨胀率变动的最不敏感，敏感序列依次为氢气价格 P_{h2}、用电价格 P_{e-h}、折现率 I、通货膨胀率 g。

2) 内部收益率单因素敏感性分析

本方案的内部收益率原值为 33%，图 6.20 为通货膨胀率 g、氢气价格 P_{h2}、用电价格 P_{e-h} 分别变动 ±5% 和 ±10% 时内部收益率的变化情况。

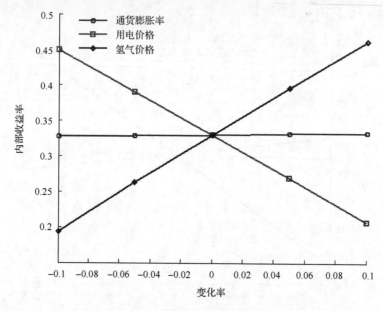

图 6.20　内部收益率敏感性分析

据图 6.20 绘制通货膨胀率 g、氢气价格 P_{h2}、用电价格 P_{e-h} 的敏感性分析表如表 6.6 所示。

表 6.6　内部收益率敏感性分析表

$x_i \Delta IRR_{X_i} / IRR$	$\Delta x_i / x_i$				敏感系数
	−10%	−5%	5%	10%	
g	−0.76%	−0.36%	0.13%	0.25%	0.05
P_{h2}	−41.41%	−20.34%	20.04%	39.90%	4.05
P_{e-h}	36.22%	18.19%	−18.43%	−37.41%	−3.67

从表 6.6 可以看出，内部收益率 IRR 与通货膨胀率 g 和氢气价格 P_{h2} 为正相关关系，与用电价格 P_{e-h} 为负相关关系。内部收益率 IRR 对氢气价格的变动最为敏感，对通货膨胀率变动的最不敏感，敏感序列依次为氢气价格 P_{h2}、用电价格 P_{e-h}、通货膨胀率 g。

2. 双因素敏感性分析

由于在实际投资决策中，通常各个敏感性因素会同时发生变动，故需要对影响方案投资决策的相关因素进行多因素敏感性分析。通过上述单因素敏感性分析结果可知，净现值 NPV 和内部收益率 IRR 均对氢气价格 P_{h2} 和用电价格 P_{e-h} 比较敏感，所以氢气价格 P_{h2} 和用电价格 P_{e-h} 为影响城市电网耦合氢储能系统投资决策的主要敏感因素。下面对这两个敏感性因素以净现值 NPV 为评价指标进行双因素敏感性分析。

由净现值的单因素敏感性分析结果可知，净现值 NPV 对氢气价格 P_{h2} 和用电价格 P_{e-h} 的敏感性分别为

$$NPV_{P_{h2}} = 3.329 \times 10^9 + 20.06 \times 10^9 x \tag{6.44}$$

$$NPV_{P_{e-h}} = 3.329 \times 10^9 - 18.2 \times 10^9 y \tag{6.45}$$

所以，同时考虑上述两个敏感性因素的变动对净现值的影响为

$$NPV_{P_{h2}-P_{e-h}} = 3.329 \times 10^9 + 20.06 \times 10^9 x - 18.2 \times 10^9 y \tag{6.46}$$

令 $NPV \geqslant 0$，此时该方案具有投资可行性的临界线为

$$y \leqslant 0.183 + 1.102x \tag{6.47}$$

如图 6.21 所示，临界线的下方为氢气价格 P_{h2} 和用电价格 P_{e-h} 同时发生变动时该方案仍具有投资可行性的变化区域。

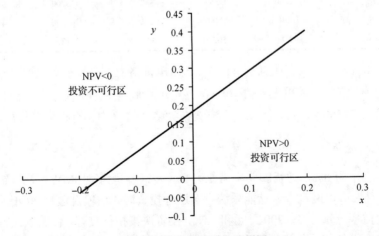

图 6.21　双因素敏感性分析图

图 6.22 为氢气价格 P_{h2} 和用电价格 P_{e-h} 同时变动 ±5% 和 ±10% 时净现值的具体变化情况。

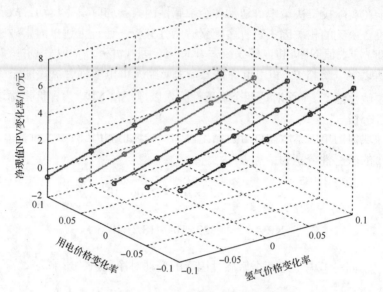

图 6.22　净现值双因素敏感性分析图

表 6.7　净现值的双因素敏感性分析表

P_{e-h}NPV	P_{h2}				
	−10%	−5%	0	5%	10%
−10%	314300	414600	514900	615200	715600
−5%	223200	323600	423900	524200	624600
0	132200	232600	332900	433200	533600
5%	41230	141600	241900	342200	442500
10%	−49780	50550	150900	251200	351500

由表 6.7 可知，只有在氢气价格 P_{h2} 和用电价格 P_{e-h} 分别变动−10% 和 10% 时，该方案的净现值 NPV 出现负值−49780 万元，其他情况均远大于零，而且最优情况时取值为 715600 万元。所以，该方案在大多数情况均具有投资可行性。

3. 风险分析

以折现率为 8%，通货膨胀率为 1.91%、装机容量为 410MW、氢气销售价格为 4.5 元对城市电网耦合氢储能系统方案进行投资时，该项目运行 20 年的净现值和内部收益率分别为 332900 万元和 33%，投资决策指标良好，说明以该方案对城市电网耦合氢储能系统进行投资，比较具有可行性。

由单因素敏感性分析结果可知，当影响投资决策的敏感性因素分别变动 ±5% 和 ±10% 时，该方案的净现值始终大于 0，这表明以该方案对城市电网耦合氢储能系统进行投资时具有较好的抗风险能力。

然而，由双因素敏感性分析结果可知，当主要敏感因素氢气价格 P_{h2} 和用电价格 P_{e-h} 分别变动 -10% 和 10% 时，该方案的净现值为负值，这说明该方案仍存在比较小的风险。为了避免投资风险的发生，投资者应该从以下几个方面制定策略。

(1) 对未来的氢气销售价格进行准确预测。由敏感性分析结果可知，净现值 NPV 对氢气价格的波动最为敏感，所以投资者应尽可能准确地对氢气销售价格做出预测，确保该方案能够获得预期收益。

(2) 控制用电成本。用电价格是净现值的次敏感因素，同样会对该方案的可行性产生一定的影响。由于城市电网耦合氢储能系统用于消纳用电负荷低谷时期的多余电能，所以投资者可以和电网公司对该时段的用电价格进行议价交易，该措施不仅可以降低自身的生产成本，同时可以通过购买该部分电能为电网公司带来经济收益，十分具有可行性。

6.7 本 章 小 结

1. 研究结论

本章针对目前我国电网负荷峰谷差大、用电负荷低谷时段富余电能严重浪费和传统能源有限且不可再生这两大问题，提出城市电网耦合氢储能系统方案，该方案不仅可以从需求侧的角度出发有效利用浪费的电力资源，达到减小负荷峰谷差平滑负荷曲线的作用，同时可以将产出的氢气作为氢能源汽车的燃料替代传统能源汽油，从而实现清洁替代有效减少环境污染。但在工业水平限制的情况下，氢储能系统的投资成本过高，因此投资氢储能系统除了具有明显的社会效应和环境效应外，在商业化运行时，如何进行投资决策才能使该系统具有经济可行性非常值得研究。本章通过对城市电网耦合氢储能系统建立投资决策模型，从而在投资者不同的投资决策需求下，为其提供最优决策建议。本书的研究结论主要包括以下几个部分。

(1) 对城市电网耦合氢储能系统的产业链进行研究并对其做出简化处理，设计城市电网耦合氢储能系统运行方案并建立氢储能系统能量管理模型。

(2) 将全寿命周期成本分析法应用于城市电网耦合氢储能系统中，从经济成本、环境成本和社会成本 3 个角度对城市电网耦合氢储能系统进行分析。利用寿命周期费用分解结构 CBS 建立氢储能系统的费用分解结构模型，根据简化后的费用分解结构模型建立氢储能系统的全寿命周期成本模型，该模型包括初始投资成本、运行维护成本、年直接成本和设备更新成本模型；对氢储能系统的环境成本进行货币化处理，并将其作为碳减排收益进行计算；将减小负荷峰谷差值平滑负荷曲线效应作为评价指标对氢储能系统的社会成本进行分析。

(3) 在氢储能系统全寿命周期成本模型的基础上建立氢储能系统的成本现值模型，并从氢气销售收益、氧气销售收益、碳减排收益和设备残值 4 个方面建立氢储能系统的收益现值模型，从而建立氢储能系统的净现值模型。

(4) 在氢储能系统净现值模型的基础上，针对投资者不同的投资决策需求建立 3 种优化模型，分别为：氢储能系统在系统运行周期内具有投资可行性的氢气最低销售价格模型、投资者设定的氢气销售价格下满足氢储能系统具有投资可行性条件时的最优装机容量模型，以及特定投资回收期下为使氢储能系统收回投资成本的氢气最低销售价格模型。

(5) 以某城市电网为实例，利用历史负荷数据和本文建立的模型对在该城市实施城市电网耦合氢储能系统时的投资决策问题进行分析，并对选取的某一最优方案进行不确定性分析。由单因素敏感性分析结果可知，影响方案投资可行性的不确定性因素依次为氢气价格、用电价格、折现率和通货膨胀率。通过单因素敏感性分析确定氢气价格和用电价格为敏感性因素后，对其变动幅度均为 ±10% 的情况下进行双因素敏感性分析，分析结果显示，在氢气价格 P_{h2} 和用电价格 P_{e-h} 分别变动 -10% 和 10% 时该最优方案，不具有投资可行性。风险分析表明，该方案具有比较好的抗风险能力但仍存在比较小的风险，所以投资者应对氢气未来的销售价格进行准确的预测，同时可以和电网公司对用电价格进行议价交易，降低生产成本从而减小投资风险。

2. 未来展望

本章的模型可为城市电网耦合氢储能系统未来的商业化运行提供充分的理论依据和投资决策建议，但同时也存在不足之处，未来的研究工作应该从以下几个方面予以改善。

(1) 城市电网耦合氢储能系统全寿命周期成本模型涉及的因素比较多，本章在建立成本模型时忽略了部分因素并对其进行简化处理，以后的研究中可对氢储能系统的成本模型进行改进，建立更贴切更完善的数学模型。

(2) 本章针对城市电网耦合氢储能系统的最优装机容量问题进行初步探讨，在今后的研究中，可对该优化模型加以改进和创新。同时，针对城市电网耦合氢储能系统的投资决策问题仅构建了 3 种优化模型，以后的研究工作可在此基础上对投资者可能遇到的投资决策问题进行扩充，为氢储能系统在我国的商业化运行做好充分的理论支持。

第7章　风电耦合氢储能系统综合效益评估

随着世界化石能源资源逐渐枯竭且全球各地环境不断恶化，如何将能源一步一步推向节能、高效、清洁和低碳化的发展方向迫在眉睫。可以预见的是，世界能源结构在今后的几十年内将发生巨大的改变，非化石类的可再生能源会逐步代替不可再生的化石能源成为世界能源的主导。

我国是世界碳排放大国，在我国能源现阶段的能源结构中，煤炭资源占着绝对主导地位，煤炭每年消耗量超过 30 亿 t，在能源消费中所占比例为 70% 左右，燃煤发电量占我国总发电量的 80% 左右，煤炭消费比重和燃煤发电比重这两个指标均比世界平均水平高出约 40 个百分点。根据我国资源综合利用协会可再生能源委员会主任李俊峰的观点，在 2003 年第一个"十一五"规划中预估的 2020 年煤炭的消耗量，早在 2010 年不仅已经消耗殆尽而且还透支了大约 10 年的指标。由此可见，能源结构不合理、能源利用效率低已成为我国能源供需问题的一个很大的矛盾。除此之外，化石能源在生产、生活中的大量投入将对环境造成十分严重的污染，因此开发可再生能源，推进清洁替代，发展低碳经济是大势所趋，其中风力发电和光伏发电是未来推进清洁替代的主力军。国家公布的数据显示，2015 年全球风电累计装机容量超过 2000 万 kW 的国家共有 5 个，其中我国装机容量为 1.45 亿 kW，占据世界前三位，新增装机容量为 3050 万 kW，也占据世界前三。不难发现，2015 年中国风电新增规模占全球 48.4%，累计装机总量占全球 33.4%。

风能普遍具有随机性、间歇性等特点，它的随机波动将对电网安全稳定带来新的挑战，无论在重视可再生能源发展的欧洲诸国，还是在可再生能源发展迅速的我国，一定程度上存在风能入网受限的问题。转变可再生能源利用思路，对无法入网的风能加以转换利用，既可提高能源综合利用效率，又能够带来一定的经济效益。氢能作为一种清洁、高效、可持续的二次能源，受到了世界各国的关注。氢储能的技术原理是将不能入网的电能经电解水过程转化为氢能，并储存和输运，或进一步将氢与二氧化碳反应合成甲烷，进入天然气管网加以利用。于是风电耦合氢储能系统应运而生。由于系统的特性及国家政策的趋势，风电耦合氢储能系统会带来经济效益、环境效益和社会效益。但由于系统设备等成本过高，短时间内的经济效益可能不佳，因此有必要建立一个综合效益评价指标体系来评估系统在未来的效益。

所建立综合效益评价指标体系来评估系统存在下面所述意义。

(1)理论意义。目前国内外文献对风电耦合氢储能系统的综合效益评价主要是通过文献研究法、统计调查法等定性的方法进行指标的确立。本书使用可拓分析法得出风电耦合氢储能综合效益评价指标体系以及各层指标之间的定量关系，更具有逻辑性、科学性。再使用 AnyLogic 仿真软件中的系统动力学模型来建立各个行为主体之间变量关系，来探究氢储能经济效益、环境效益和社会效益各个指标的影响因素，将所有指标和影响因素划分成 4 个不同的子系统，在每个子系统内，建立变量间的定量的逻辑关系，并通过中间变量使不同系统之间得到交互。通过基于 AnyLogic 系统动力学的仿真实验，对构建的模型进行分析、试验、调整相关的参数达到最佳模拟效果。现有的方法主要使用层次分析法对系统打分，本文使用仿真的方法，考虑了一些随时间变化的因素，能够动态的模拟出未来 20 年系统的综合效益，为新能源系统评价提供了一个新的思路和方法。

(2)现实意义。使用风力发电、风电制氢已经是世界能源发展的趋势，然而由于成本过高的问题，风电制氢系统在项目初期很难盈利，其经济效益不理想。但从低碳发展的角度看，风能、氢能这种零污染的可再生能源却有着隐藏的环境效益，传统的火力发电会产生大量的污染气体和废物排放，对环境有不可估量的破坏，治理这些污染不仅需要高额费用，而且威胁人类的身体健康。而使用风电则避免了这些问题，节约治理费用的同时，还扼制环境污染，特别是国际上碳税政策的实行，碳税的推行和碳交易都会为产业带来不俗的收益。另一方面，风电耦合氢储能系统的建设会带来一些社会效益，如新能源产业发展带来更多的就业机会，引进高技术人才促进新能源相关技术的创新与研发，同时项目建设会使当地的发展带来很多好处。

因此，如果把系统带来的环境效益、社会效益和经济效益按一定的权重比例进来加总，其效益有必要重新衡量了。本书通过可拓分析法建立出综合效益评价指标体系，在此基础上使用系统动力学仿真预测未来 20 年系统的综合效益变化趋势并进行敏感性分析，给决策者带来参考建议，加深人们对可再生能源的理解。

对于风电项目的效益评价，现阶段国内学者主要通过净现值模型来预测风电制氢在未来 20 年的净现值、收益成本比、回收期、内部收益率等经济性指标，从而为投资者提供决策依据。但由于风电场昂贵的建设成本，在短期内风电场的经济效益不尽如人意。考虑到国家政策对清洁能源的扶持及低碳发展的发展目标，风电制氢在带来显性经济效益的同时，也将带来环境效益和社会效益。近年来，国内外学者对风电项目综合效益评价指标体系开始有所研究，但大部分文献是直接给出各级指标，缺少逻辑性和严谨性，本书采用可拓学里的可拓分析法重新建立完整的综合效益指标评价体系。

　　根据建立的指标体系，结合实际数据可得出不同地区综合效益的评分值进行横向比较，也可以对不同的新能源系统进行纵向比较。但由于静态的计算无法考虑某些随机性因素的变化，如说政策的影响、技术进步的影响、人口的变化等，风电行业发展迅猛，有必要考虑这些关键因素的变化对系统综合效益进行动态的评价。

7.1　国内外研究现状

1. 能源系统动力学

　　系统动力学最早发展于 1956 年由 Forrester 教授提出的城市动力学模型，此后国内外学者对系统动力学进行不同方向的深层次研究。如今，系统动力学在生态、能源、电力、工业、管理、经济等各个领域均有应用。对于有些周期较长、现有的研究数据较少的问题，系统动力学能进行人口流动、电力指标、能源经济、石油需求、煤炭生产总量等方面的预测。国外最早使用 SD(system dynamics)模型分析能源问题的是 Roger 等，通过建立能源供需系统动力学模型从而对美国政府能源进行规划和政策分析。国内中科院齐文虎教授建立了土地利用动态模型，为我国能源系统动力学指明方向。之后国内外学者在能源系统动力学方向有各种不同的突破(表 7.1)。

表 7.1　能源系统动力学在预测方面的研究

作者	研究内容	研究方法	研究结论
张薛鸿等 (2011)	影响电网企业经营管理水平的关键指标预测	指出综合全面反映电网企业经营管理水平的购电量、售电量、线损率、售电价这 6 个核心指标，对这 6 个关键指标分为 4 个预测子系统进行系统动力学建模。取山西省某个省市 2006~2010 年的数据来预测其电网企业综合关键指标	在未来 10 年内，该市的电网企业毛利润和售电量以指数趋势增长，市场占有率呈增长趋势，售电均价逐年减少，线损率逐年波动
葛侃和窦园园 (2014)	预测煤矿企业在未来几年高技能人才的发展情况	根据煤矿企业的部门划分和员工晋升的制度将高技能人才系统划分为 3 个不同子系统，对每个子系统画出因果反馈图和系统流图建立系统动力学模型；以近三年的淮北矿业集团的人力结构为原始数据，预测未来 5 年各类高技能人才的数量	由预测模型得出的 2015 年各级人才数量均无法达到"十二五"规划的目标，特别是高级工人和目标的差距很大；为了达到规划中的目标，有必要提高每年的培训费用比例到 1.5%，并且需要提出激励政策，引进更多的高级工人，调整人才分布结构

作者	研究内容	研究方法	研究结论
张一名和韩巍（2014）	根据不同政策场景，对我国未来 36 年的劳动力供给数量进行预测	使用系统动力学的方法对我国劳动保障政策进行仿真，通过调整初始人口数量、死亡、生育率和城市化率四个参数，预测出不同场景下我国未来 36 年劳动力能力，并对劳动力比重、不同年龄结构劳动力数量以及城乡劳动力数量进行对比分析	及时的调整劳动力政策有利于避免未来劳动力不足的情况；农村的劳动力数量逐年降低，城镇劳动力数量先增长至顶峰然后会下降，顶峰出现的时间和总人口的出生率有关；劳动力的年龄机构呈现倒金字塔的形状，青年劳动力数量逐年下降，人口老龄化加重
芦兴和方扬（2014）	在不同政策激励情形下，对我国未来电动汽车的发展规模和充电电量负荷进行预测	通过以平均电价、居民购买欲望、技术创新和电动汽车行业政策为主要变量，对燃油汽车和电动汽车建立系统动力学模型，模拟在不同政策场景下，我国电动汽车在今后 40 年的发展规模以及充电负荷	根据仿真结果分析，如果未来国家政策不参与到电动汽车行业，那么电动汽车行业规模将发展得十分缓慢，40 后的电动汽车数量所占比例只有 11.5%，汽车的充电负荷基本没有变化；而当国家激励政策加大时，在 30 年后电动汽车的数量将要到达顶峰，预计为 2.5 亿辆，之后电动汽车数量增长较为平稳；充电负荷在 16 年后到达顶峰后不变，峰值为 1.5B MW·h
祁娇（2015）	根据太阳能的发展趋势，对未来 7 年太阳能热水器在市场上的保有量和销售收入进行预测	使用系统动力学的仿真方法将模型分为市场子系统、生产者子系统、消费者子系统和政府子系统，通过考虑每个子系统影响因素及各个子系统之间的交互，使用 Vensim 软件进行建模。导入 2014 年的初始数据，对未来 7 年太阳能热水器市场的保有量和销售收入进行预测，对不同变量进行敏感性分析，为企业和政府提供参考意见	政府采取相关税收减免和补贴政策有利于推进太阳能热水器产业发展；企业提高产品售后服务质量，获取消费者对产品的认可，有利于扩大太阳能热水器的市场份额
于松青等（2015）	根据影响电力需求的因素对整个社会的用电需求进行评价分析，并预测未来 10 年社会对电力的用电需求	使用系统动力学仿真方法将全社会电力需求侧分为第一产业、第二产业、第三产业和居民用电这 4 个子系统，通过经济因素、用电结构、政府政策等变量建立起各个子系统内部与外部的联系；以 2001 年的历史数据作为初始数据，计算出未来 10 年山东省整个社会电力需求量，并对政策因素做敏感性分析	节能技术的政策实施对于居民用电量起一定的抑制作用，但用电量仍处于增长趋势；城镇化建设的相关政策会促进第三产业 GDP 和用电量的增长
王艳敏（2014）	针对不同企业的实际情况，对火力发电企业的净利润进行预测	用系统动力学的方法，避免了传统的财务预测在运用中的缺陷；通过定性和定量方法的结合找出影响获利企业利润的主要变量，画出因果反馈图和系统流图；以 SH 公司的历史数据作为初始数据，得出企业利润的预测值，并与传统的预测方法进行比较	火电企业净利润和售电收入呈反比例增长，当售电收入取最小值的时候，净利润到达最大值；销售成本的变化能够很明显地影响企业的净利润变化，是造成净利润变化的主导因素；通过与传统预测方法灰色系统预测的结果进行比较，发现系统动力学预测出的结果相对误差明显更小，原因是系统动力学在模型建立过程中考虑了动态因素，变量相互之间存在联系，模型更贴近实际

续表

作者	研究内容	研究方法	研究结论
Kahouli-Brahmi(2009)	预测不同政策环境下能源系统的生命周期	曲线分析法，系统动力学	环境政策的改变对能源系统的生命周期有直接的影响，随着环境政策的完善，部分不可再生能源生命周期急剧缩短，因此有必要加快技术改革的进程，改进现有的能源系统
Ansari 和 Seifi(2012)	对不同地区钢铁行业和水泥行业的资源消耗量和二氧化碳排放量进行预测	通过建立系统动力学模型，对不同情景下的钢铁行业和水泥行业的资源消费量和二氧化碳排放量进行预测，并与历史数据进行对比，评级模型的有效性	以伊朗钢铁和水泥行业为参考对象，两者在未来 10 年内能源消耗量呈先增加后减少的趋势，二氧化碳排放量稳步增长，因此有必要制定出有效的能源政策，解决伊朗在未来能源紧缺和环境污染问题
Aslani 等 (2014)	能源供应安全的角色多样化依赖问题	构建以芬兰的能源依赖中可再生能源为核心的 SD 模型，描述激励机制、能源依赖以及能源需求等动态因素之间的关系	通过计算机仿真模型评价芬兰到 2020 年需要实行的可再生能源的三种政策

2. 新能源综合效益评估

新能源系统综合效益评估方面的研究见表 7.2。

表 7.2　新能源系统综合效益评估方面的研究

作者	研究内容	研究方法	研究结论
邵志芳，张存满，朴红艳等 (2012)	通过建立风电制氢综合指标体系来对风电场引入氢储能系统的可行性进行分析	建立能源系统指标评价体系，通过层次分析法对各个指标进行打分计算权重，对比耦合氢储能系统前后的风电场综合评分来评估项目的可行性	风电耦合氢储能系统和风电系统在各个指标评分上各有高低，但是前者的综合效益评分是 0.81，高于风电系统 0.69 的评分；在资源指标和经济指标方面有了较大的提升
叶敏 (2008)	进行风电项目的可行性进行研究并且做经济性分析，建立风电社会效益指标体系	净现值等财务指标评价，模糊综合评价	风电工程有着显著的经济效益和社会效益，有必要得到政府政策的扶持
孙磊等 (2012)	在现有研究基础上，对风电系统的环境效益进行研究	将风电的环境效益指标分为风电排污指标、能效指标与与环境有关的成本，通过定量计算将环境效益定量化	对装机容量 500MW 风电场进行分析，得出风电的点亮成本为 0.05～0.1，小于火电的 0.17，从侧面反映风电的环境效益
华泽嘉等 (2015)	建立风电项目后评价指标体系	AHP,DS 证据理论，三标度改进层次分析法	通过吉林省风电场做案例研究，表明该项目综合效益较差
肖白等 (2014)	评价大规模风电并网耦合储能系统的整体效益	量化分析该系统的容量、寿命、成本、收益，以此计算该系统的综合效益和风电接纳容量	通过河北某风电场做案例研究，表明该项目综合效益较差，风电接纳容量较低

作者	研究内容	研究方法	研究结论
Shaw 和 Peteves(2008)	利用成本收益模型评估欧洲的风电氢系统	本文重点研究了风电和氢能之间的协同增长效益，根据风电的穿透率、氢气的价格和碳税这 3 个指标，将风电制氢系统分为 4 种不同的应用模式，用成本收益法评估这四种应用模式的经济性	当风电穿透率和氢气的价格很低时，风电制氢项目经济性差；当氢气和碳税价格提升时，风电制氢项目经济性变好
Zhang 等 (2013)	利用新能源评价指标间具有关联等特点构造 IVTI 方法并应用到江苏省新能源发电评价	IVTI 方法	江苏省新能源发电绩效评价中核电、风电最优

7.2　系统综合效益指标体系构建

7.2.1　指标选取——可拓分析法

1. 可拓分析法的概念

可拓学是 20 世纪 80 年代(1983 年)由我国著名学者蔡文所创立的一门全新的学科，可拓学旨在借助物元理论、可拓分析方法、菱形思维模式来解决现实生活中事物与事物之间的矛盾。其中，物元理论、关联函数理论和可拓集合理论构成了可拓学的基础，可拓学的基本工具是物元、可拓集合及关联度函数，不仅能够描述事物的质变过程，同时也建立事物与事物之间的量变关系。借助可拓学理论，定性与定量思想结合起来研究复杂的事物发展过程，处理不同事物之间存在的矛盾问题有了更科学的理论依据，最后可借助计算机规划出解决问题的方案。可拓学的发展为人们带来了一种新的解决问题的方法。

以可拓学理论里的物元模型、菱形思维、可拓分析方法和关联函数为理论基础可建立一种新的多指标综合评价方法，这个方法叫做可拓分析法，它是由我国从事研究可拓学理论应用的专家们所创立的一种新的多元数据量化决策的方法。

2. 可拓分析法的思维模式

人们在思考问题的时候，往往最先使用的思维方式是逻辑思维和经验思维，这类常规思维模式能快速有效地解决一些常规、简单的问题。对与更复杂的问题，则需要创新思维，创新思维建立在常规思维基础上，引入不同形式的非逻辑思维，如发散性思维和集中性思维。

根据可拓学的观点，所有的事物都是具有可拓性的，任何问题都可以用可拓学里的物元进行描述。将物元的特性应用在人的思维模式中，其结果是生成了一种不同于常规思维的思维创新模式，可拓学里将之称为菱形思维模式。菱形思维模式其实是把要研究的大问题通过不断地分解再聚合的一种新的解决问题的思维方式，它包含了思维发散和思维收敛两个阶段。第一阶段是将要解决的问题看作一个物元，然后从该物元出发，利用拓展分析法将一个物元拓展成多个基元，其中拓展分析法是指利用物元发散性、蕴含性和相关性来建立不同物元之间联系的一种方法。第一阶段的目的在于在拓宽待解决问题的思路，从一个点中提炼出丰富的与之相关联的资料，用物元形式可以表示为：$O— \{O_1, O_2, \ldots, O_n\}$。第二阶段的目的是将第一阶段拓展出的思路往一个或多个最佳方向聚集，以可行度、优劣程度、真假程度及相容性为参考标准，采用优度筛选、独立性判别等统计方法对拓展的物元进行评价，从而筛选得到符合标准的少量基元。根据问题的复杂程度，菱形思维物元发散和收敛的次数可以为一次或多次，多级菱形思维模式是采用一级发散——一级收敛—二级发散—二级收敛···N 级收敛的有限思维循环过程进行表示。

3. 可拓指标体系的建立过程

根据实际情况，仅考虑拥有 3 个级别指标的指标体系建立，指标级数太少会导致信息量不足，指标级数太多会导致变量过多，不利于指标体系建立之后的应用。

指标体系的发散过程：首先确立要解决的问题，根据问题的特性将其分为几个概括性较强的一级指标。然后通过查找国内外文献对这些一级指标的相关描述，列举出所有的二级指标和三级指标，找出符合拓展分析法逻辑的指标，选取这些指标，形成初始指标体系。

指标体系的收敛阶段：在初始指标体系的基础上，需要提取对问题有重要价值的指标，同时不同指标之间关联度不能过大。通过主成分分析和独立性分析，筛选出不包含重复信息的关键指标，完成指标的收敛过程。其中，主成分分析提取关键指标的主要原理是根据每个指标的历史数据进行归一化处理，计算得出每一个主成分的方差贡献率，将方差贡献率之和大于 0.85 的几个主成分提取出来，这几个主成分里涉及的指标即为关键指标。主成分分析得出的所有关键指标里可能存在包含重复语义信息的指标，因此有必要对提取的所有指标进行独立性分析，主要原理是分别计算指标的相关系数，把相关系数大于 0.9 的指标根据具体情况进行合并。通过上述步骤筛选出的指标构成了收敛后的指标体系。

7.2.2　系统综合效益指标

1. 指标体系

首先，本章要解决的问题是建立风电耦合氢储能系统的综合效益评价指标体系，用物元表示为 $R=$（风电耦合氢储能系统综合效益评价 N，评价指标 C，评价指标的量值 v）。物元评价的对象是一个能源系统，能源系统的核心对象是各类可再生能源，在多能源转换过程中，会涉及不同种类资源的消耗和产生，因此第 1 个一级指标定为资源指标。

风电场发电一部分上网进入需求侧，另一部分是弃电，将进入氢储能系统进行电解水制氢。由于国家对电价和新能源的激励和补贴政策，风电耦合氢储能系统能带来一定的经济收益，因此第 2 个一级指标定为经济指标。

风力发电以及风电制氢过程实现了"零污染""零排放"的目标，相比之下传统的火力发电和燃煤制氢会给环境带来比较严重的污染，使用清洁能源替代化石能源会带来较大的环境价值，因此第 3 个一级指标定为环境指标。由于新能源产业是新兴产业，我国还处于起步阶段，风电制氢项目的建设需要大量的劳动力和技术人才，这样就促进了就业及技术的进步。同时由于风电场建设对电力市场产生冲击，供电情况得到进步。因此风电项目给社会带来了收益，于是第 4 个一级指标为社会指标。

以资源指标、经济指标、环境指标和社会指标为出发点，搜集国内外相关文献，找出所有可能的二级指标和三级指标进入候选集。找出符合可拓分析法的逻辑的指标，建立初始综合效益评价指标体系。各级指标及其意义如下。

1) 资源指标

(1) 资源消耗指标。

资源消耗指标：描述单位产品或创造单位 GDP 所消耗的资源，反映新能源节能降耗的能力。

单位产值占地面积：指创造每单位价值能源系统的占地面积。

单位产值风电消耗量：指创造每单位价值能源系统所利用的风电量。

单位产值水资源消耗量：指创造每单位价值能源系统所消耗的水资源。

(2) 资源利用指标。

能源利用效率：指风电-氢多能源之间的转化效率，能源利用效率受技术等因素影响。

风能利用率：指转换为风电占总风能的比率。

电能转化成氢能的转化率：通过电解水制氢能源转化率。

2) 经济指标

(1) 对电力市场的影响指标。

市场供需比：指能源系统对电力市场的电力供应量和需求量的影响，电力供应能力与电力需求总量的比值。该指标越大，说明电力市场对用户的电力需求满足度越高。

市场安全可靠性：该指标越高，说明系统的备用供应容量越高，安全可靠性越强。

(2)财务经济指标。

资产负债率：该指标反映各年所面临财务风险状况及偿债能力。

净现值：该指标越大，说明项目的经济效益越好。

费用效益比：指同等费用为项目带来收益的能力，该指标越大，项目经济性越好。

内部收益率：该指标越高，说明项目的经济性越好。

投资回收期：指投资引起的现金流入累计到与投资额相等所需要的时间。

投资利润率：指企业从该项目中所得到的经济回报。

区域绿色 GDP 比重：指扣除项目运营期间对环境造成污染的治理成本后的 GDP 占正常 GDP 的比例，该指标越大，说明系统对环境友好程度高，经济效益越好。

市场占有率：指风力发电占整个发电行业的比重，该指标越大，经济效益越好。

(3)经济发展指标。

促进区域 GDP 增长：指项目对当地 GDP 的促进作用，该指标越大，项目经济效益越好。

3) 环境指标

(1)废物排放。

单位产值废水排放量：指发同样的电量时火力发电每年产生废水的量。

单位产值 SO_2、NO_x 等污染气体排放量：指发同样的电量时火力发电每年对大气排放的 SO_2、NO_x 等污染气体的量。

单位产值 CO_2 排放量：指每产出单位系统生产总值 CO_2 排放量。

单位产值固体废物排放量：指每万元生产总值最终所排放的固体废物。

单位产值 CO 排放量：指发同样的电量火力发电每年对大气排放的一氧化碳的量。

(2)污染指数。

废水排放达标率：系统所排放废水中达到相应标准的比例。

工业废水等级：该指标通过对污水等级的再细分，评估系统的水污染程度和污水处理程度。

工业废气排放达标率：系统所排放废气中达到相应标准的比例，该指标值越接近 1，表明系统排放的废气符合标准的程度越高。

废气污染等级：该指标通过对污水等级的再细分，评估系统的水污染程度和污水处理程度。

工业废气排放达标率：系统所排放废气中达到相应标准的比例，该指标值越接近 1，表明系统排放的废气符合标准的程度越高。

(3) 生态影响。

附近海洋生物数量变化率：若变化率长时间内明显小于 1，则说明该系统对海洋生物有不利影响。

水土流失量：指项目建设期对大量土地的使用和破坏。

鸟类数量变化率：指项目建设和运营期对当地鸟类生活的影响。

辐射对生态环境的干扰：指风电场运营过程中产生的电磁辐射对周边生态的影响，该指标越大，环境效益越差。

4) 社会指标

(1) 对居民生活的贡献。

提高当地居民人均收入：指能源系统的投资带动地方实际人均收入的上升。

居民对供电情况满意度：指电力供应满足居民日常需求情况。

当地基础设施建设：指能源系统的兴建对地方基础设施的促进程度，该值越高，表明地方基础设施方面的受益于能源系统的程度越大。

(2) 对人力资源的贡献。

单位装机容量增加就业人数：指能源系统对地方就业率的拉动作用，该值越大，表明能源系统的兴建对地方就业率的拉动效果越强。

劳动力素质的提升：指新能源系统所应用的科技催化了人才素质的提升，该值越高，表明劳动力素质受益于能源系统的程度越大。

(3) 对地方发展的贡献。

和政策的相符合程度：指能源系统的兴建与国家、地方发展政策的符合程度，越相符合越能顺利推动项目的实施。

对地方形象的提升：指新能源系统对地方的对外形象、影响力和竞争力的影响程度。

促进旅游业发展：该指标指在系统的周边开发相关主题的旅游景点和旅游项目的可行性，该值越高，表明能源系统对旅游业的促进程度越大。

可持续发展理念的传播：指公众对系统中的可持续发展理念的接受程度，该值越高，表明能源系统对公众可持续理念影响程度越大。

土地增值：指该项目对当地土地的增值效益。

(4) 对科学的贡献。

相关技术的进步对新能源领域的影响：指新能源系统的研发对新能源研究领域的促进作用。

相关论文的发表数量和质量：指能源系统的投产催化了相关领域研究的突破，该值越高表明能源系统对科技水平的提升程度越大。

相关人才的引进：指新能源系统引进的人才数量，该值越高表明能源系统对科技人员的引进力度越大。

2. 指标体系收敛

首先取"三北"地区中的 4 个风电场初始指标的历史数据，对所有数据进行归一化处理，然后用统计软件 SPSS 进行主成分分析和相关性分析。

相关技术的进步对新能源领域的影响和相关人才引进的相关系数为 0.93，大于 0.9，说明这两个指标包含重复的信息量大，舍去指标"相关技术的进步对新能源领域的影响"。三级指标工业废气排放达标率和三级指标单位产值废水排放量的相关系数为 0.962，大于 0.9，舍去三级指标工业废气排放达标率。净现值和内部收益率的相关系数为 0.96，舍去净现值指标。

于是得到收敛后的综合效益指标体系(表 7.3)。

表 7.3　收敛后的指标体系

一级指标	二级指标	三级指标
资源指标 A_1	资源消耗 B_{11}	单位产值占地面积 C_{111}
		单位产值风电资源消耗 C_{112}
		单位产值耗水量 C_{113}
	能源利用效率 B_{12}	风能利用率 C_{121}
		电能转化成氢能的转化率 C_{122}
环境指标 A_2	废物排放 B_{21}	单位产值废水排放量 C_{211}
		单位产值 SO_2、NO_x 等污染气体排放量 C_{212}
		单位产值 CO_2 排放量 C_{213}
		单位产值固体废物排放量 C_{214}
	污染指数 B_{22}	废水排放达标率 C_{221}
		工业废水等级 C_{222}
		废气污染等级 C_{223}
	生态影响 B_{23}	附近海洋生物数量变化率 C_{231}
		水土流失量 C_{232}
		鸟类数量变化率 C_{233}
经济指标 A_3	对电力市场的影响指标 B_{31}	市场供需比 C_{311}
		市场安全可靠性 C_{312}
	财务经济指标 B_{32}	资产负债率 C_{321}
		费用效益比 C_{322}
		内部收益率 C_{323}
		投资回收期 C_{324}
		投资利润率 C_{325}
	经济发展 B_{33}	区域绿色 GDP 比重 C_{331}
		促进区域 GDP 增长 C_{332}

一级指标	二级指标	三级指标
社会指标 A_4	对居民生活的贡献 B_{41}	提高当地居民人均收入 C_{411}
		居民对供电情况满意度 C_{412}
		当地基础设施建设 C_{413}
	对人力资源的贡献 B_{42}	单位发电量增加就业人数 C_{421}
		劳动力素质的提升 C_{422}
	对地方发展的贡献 B_{43}	对地方形象的提升 C_{432}
		促进旅游业发展 C_{433}
		可持续发展理念的传播 C_{434}
		土地增值 C_{435}
	对科学的贡献 B_{44}	相关论文的发表数量和质量 C_{441}
		相关人才的引进 C_{442}

7.2.3　指标体系权重计算

1. 可拓层次分析法

层次分析法是美国科学家 Saaty 提出的一个综合评价的方法，目的是计算不同指标的权重，并根据不同方案的实际数据对方案的优劣进行评价。

最常用的指标权重计算方法是层次分析法，但层次分析法在构造判断矩阵时存在一定的缺陷，判断矩阵每一个元素只有一个固定值，无法体现事物描述和人脑判断具有的模糊性，判断矩阵的弹性为 0，使层次分析法计算出的权重可能跟显示有偏差。而可拓层次分析法的判断矩阵每个元素都是一个区间，人们可以根据实际情况把每个元素取值在一定范围内变动。可拓层次分析法还有另一个好处，不同于层次分析法对判断矩阵要进行一致性检验，可拓层次分析法的原理在构造判断矩阵时已经考虑了一致性检验，从而不需要再进行一致性检验，更加方便快捷。

可拓层次分析的步骤如下。

(1)构造判断矩阵。

(2)计算可拓判断矩阵的特征向量。

(3)求出权重。

(4)求出每一级指标的单层权重[17]。具体算例下文有说明。

2. 指标权重计算

1)建立层次结构模型

该能源指标体系共分为四层：目标层、一级指标 $A_i(i=1, 2, 3, 4)$；二级指标 $B_{ij}(i=1, 2, 3, 4, \ j=1, 2, \cdots, n)$；三级指标 $C_{ijr}(i=1, 2, \cdots, m)$。

2) 构造可拓判断矩阵

该指标体系采用互反性 1～9 标度法作为可拓区间层次分析法的表量化方法。在一定的规则下，让多个相关领域的专家对每一级指标相互之间的重要性程度进行打分，每个分值均为一个可拓区间数，区间端点均为下表里的数值，如表 7.4 所示。所有的可拓区间数构成判断矩阵 $D=(d_{ij})_{mn}$，i，$j=1, 2, \cdots, n$，矩阵 D 中的每一个元素都是一个端点值为整数 1～9 的可拓区间。

表 7.4　指标重要性程度评价规则

标度	含义
1	指标 i 和 j 同等重要
3	指标 i 比 j 稍微重要
5	指标 i 比 j 一般重要
7	指标 i 比 j 明显重要
9	指标 i 比 j 绝对重要
2，4，6，8	重要性介于上述两个相邻等级之间
1，1/2,1/3 … 1/9	两个指标相比的不重要程度

本书一级指标专家打分表样表和具体打分如表 7.5 所示，打分如表 7.6 所示。

表 7.5　一级指标专家打分表样表

参数	资源指标	经济指标	环境指标	社会指标
资源指标	<1,1>			
经济指标	/	<1,1>		
环境指标	/	/	<1,1>	
社会指标	/	/	/	<1,1>

表 7.6　一级指标专家打分

参数	资源	经济	环境	社会
资源	<1,1>	$<\frac{1}{4},\frac{1}{3}>$	$<\frac{1}{5},\frac{1}{4}>$	<3,4>
经济	<3,4>	<1,1>	$<\frac{1}{3},\frac{1}{2}>$	<4,6>
环境	<4,5>	<2,3>	<1,1>	<6,7>
社会	$<\frac{1}{4},\frac{1}{3}>$	$<\frac{1}{6},\frac{1}{4}>$	$<\frac{1}{7},\frac{1}{6}>$	<1,1>

3）可拓区间数判断矩阵 $A=<A^-, A^+>$，其中

$$A^- = \begin{bmatrix} 1 & 1/4 & 1/5 & 3 \\ 3 & 1 & 1/3 & 4 \\ 4 & 2 & 1 & 6 \\ 1/4 & 1/6 & 1/7 & 1 \end{bmatrix}, \quad A^+ = \begin{bmatrix} 1 & 1/3 & 1/4 & 4 \\ 4 & 1 & 1/2 & 6 \\ 5 & 3 & 1 & 7 \\ 1/3 & 1/4 & 1/6 & 1 \end{bmatrix} \tag{7.1}$$

4）分别计算 A^-，A^+ 的具有正分量的归一化特征向量：$x^- = (0.07, 0.288, 0.527, 0.115)$，$x^+ = (0.068, 0.304, 0.517, 0.111)$

计算 k，m 值，由

$$k = \sqrt{\sum_{j=1}^{n} \left(\frac{1}{\sum_{i=1}^{n} a_{ij}^+} \right)} \tag{7.2}$$

$$m = \sqrt{\sum_{j=1}^{n} \frac{1}{\sum_{i=1}^{n} a_{ij}^-}} \tag{7.3}$$

得 $k=0.881$，$m=1.069$

5）每一个指标的权重向量 $S_i = (kx^-, mx^+)$，$i=1, 2, 3, 4$ 于是资源、经济、环境、社会指标的权重向量依次为

$S_1 = (0.062, 0.073)$，$S_2 = (0.254, 0.325)$，$S_3 = (0.464, 0.552)$，$S_4 = (0.101, 0.118)$。

6）4 项指标对总目标层的单排序：$P_1=5.704$，$P_2=7.314$，$P_3=9.822$，$P_4=1$。归一化处理后，$P_1=0.239$，$P_2=0.307$，$P_3=0.412$，$P_4=0.042$。于是资源、经济、环境和社会指标对目标层的权重向量为 $P=(0.239, 0.307, 0.412, 0.042)$。

同理，根据二级指标、三级指标专家打分结果，使用可拓层次分析法计算，得出所有指标的权重（表 7.7）。

表 7.7　指标体系权重

一级指标	权重	二级指标	权重	三级指标	权重
				单位产值占地面积	0.3
		资源消耗	0.637	单位产值风电资源消耗	0.6
资源指标	0.239			单位产值耗水量	0.1
		能源利用效率	0.363	风能利用率	0.4
				电能转化成氢能的转化率	0.6

一级指标	权重	二级指标	权重	三级指标	权重
环境指标 A_2	0.412	废物排放	0.636	单位产值废水排放量 C_{211}	0.2
				单位产值 SO_2、NO_x 等污染气体排放量	0.3
				单位产值 CO_2 排放量	0.4
				单位产值固体废物排放量	0.1
		污染指数	0.105	废水排放达标率	0.3
				工业废水等级	0.3
				废气污染等级	0.4
		生态影响	0.258	附近海洋生物数量变化率	0.3
				水土流失量	0.3
				鸟类数量变化率	0.4
经济指标 A_3	0.307	对电力市场的影响指标	0.259	市场供需比	0.4
				市场安全可靠性	0.6
		财务经济指标	0.638	资产负债率	0.2
				内部收益率	0.38
				投资回收期	0.125
				投资利润率	0.175
		经济发展	0.105	区域绿色 GDP 比重	0.55
				促进区域 GDP 增长	0.45
社会指标 A_4	0.042	对居民生活的贡献	0.100	提高当地居民人均收入	0.7
				居民对供电情况满意度	0.2
				当地基础设施建设	0.1
		对人力资源的贡献	0.42	单位发电量增加就业人数	0.4
				劳动力素质的提升	0.6
		对地方发展的贡献	0.28	对地方形象的提升	0.2
				促进旅游业发展	0.3
				可持续发展理念的传播	0.2
				土地增值	0.3
		对科学的贡献	0.20	相关论文的发表数量和质量	0.2
				相关人才的引进	0.8

有了各级指标的权重，根据风电场的历史数据就可以静态地计算出某一年的综合效益，为了动态地预测项目在未来 20 年内的综合效益变化趋势，使用系统动力学进行建模。

7.3　评估模型构建

7.3.1　系统动力学建模过程

1. 系统动力学建模基本步骤

运用系统动力学方法进行建模的过程大致分为以下 6 步。

(1) 了解问题，界定问题，确认目标。

(2) 绘制系统的因果反馈图。

(3) 绘制系统的系统流图。

(4) 根据绘制的系统流图在 AnyLogic 等仿真软件里建立系统动力学模型。

(5) 测试模型、确认模型是否可以再现真实系统的行为。

(6) 使用模型进行策略的选择。

(7) 执行策略。

2. 因果反馈图的绘制过程

第一步，确立系统动力学模型中系统的边界。在拟定系统的结构前，为了合理规划系统的主要架构和系统规模防止其过大或过小，有必要先确定系统的边界大小。系统边界大小的确定取决于该系统动力学模型建模的最终目标及待解决问题的特征与性质决定。

第二步，探究模型中系统存在的反馈回路。反馈回路主要为了体现模型中每个子系统内部中各个变量之间存在的因果关系，从一个变量到另一个变量的因果关系分为正相关与负相关。"系统动力学"就是根据系统存在的所有反馈回路来真实描述现实生活中的各类现象。

第三步，找出回路中所有存在的"速率"与"状态变量"。所有回路中的"状态变量"与"速率"是模型系统中最为核心的两类因素。

第四步，确定"速率"的结构。"速率"的结构同时也是系统中的关键因素，它是系统行动的起始点，速率可通过"实体流"或"信息流"的集合对模型进行相应的修改，它是整个模型的系统中最为主要的一个控制中心。

7.3.2　模型综述

风电耦合氢储能系统综合效益预测模型根据系统所影响的行为主体及其特点，可以分为资源子系统、环境子系统、经济子系统和社会子系统。4 个子系统有着各自的特性，但不同系统之间通过共有的变量相互影响。本节在 7.2 节的指标体系基础上，将引入影响这些指标的变量，如引入政策因素，使得整个系统更加符合实际情况。

1. **资源子系统**

资源子系统模型界面如图 7.1 所示。

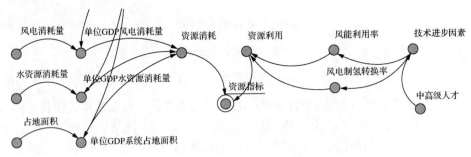

图 7.1　资源子系统模型界面

1) 子系统说明

在风电制氢过程中，会涉及多种资源的消耗及能源间的转换与利用。对于资源消耗，首先从项目建设开始，风电场和氢储能系统会占用大量的土地资源。在系统运行期间，系统消耗风能转化成电能，一部分电能上网，不能上网的电能将进入氢储能系统电解水制取氢气。由于新能源设备成本高，单纯地讨论资源的消耗量参考意义不大。为了体现资源创造价值的能力、推进"减量化"，在子系统中加入动态变量"单位 GDP 风电消耗量"、"单位 GDP 水资源消耗量"、"单位 GDP 系统占地面积"来衡量创造单位 GDP 消耗的资源。资源消耗越少，系统的综合效益越大。

为了体现氢储能系统对可再生能源的利用能力，使用风电利用率和风电制氢转化率来衡量。在指标体系中，这两个指标的取值以国内现阶段水平为标准，是一个静态的值，然而在现实中，风电利用率和风电制氢转化率会随着技术进步而提高，技术进步的程度受中高级人才数量及时间的影响。

2) 参数说明

技术进步因素：2012 年我国全年发电量 1004 亿 kW·h 时，但风电弃风电量超过 200 亿 kW·h 时，弃风率达到 20%，适度弃风是合理且必要的选择，但如此高的弃风率明显挫伤了投资者在风电基地继续建设项目的积极性，并影响我国风电持续健康发展。随着人才投入，技术方面得到改善，风电场装机容量提高，弃风率降低。本节假设技术进步因素=0.005×time()，即每年由于技术进步，风电利用率和风电制氢转换率均提高 0.5%。

3) 系统方程式

$$A_1 = 0.6A_5 + 0.1A_6 + 0.3A_7 \tag{7.4}$$

$$A_5 = A_2/C_2 \tag{7.5}$$

$$A_6 = A_3/C_2 \tag{7.6}$$

$$A_7 = A_3/C_2 \tag{7.7}$$

$$A_8 = 0.6 \times 100A_9 + 0.4 \times 100A_{10} \tag{7.8}$$

$$A_9 = 0.7 + 0.005 \times time() \tag{7.9}$$

$$A_{10} = 0.58 + 0.005 \times time() \tag{7.10}$$

式(7.4)~式(7.10)中，A_1 为资源消耗；A_2 为风电消耗量；A_3 为水资源消耗量；A_4 为占地面积；A_5 为单位 GDP 风电消耗量；A_6 为单位 GDP 水资源消耗量；A_7 为单位 GDP 系统占地面积；A_8 为资源利用；A_9 为风能利用率；A_{10} 为风电制氢转换率；C_2 为 GDP 总量。

2. 环境子系统

1) 子系统说明

如图 7.2 所示，环境子系统是用来衡量耦合氢储能系统的风电场对环境带来的影响，首先引用了清洁能源发电代替传统的煤炭发电，不仅节约不可再生能源，

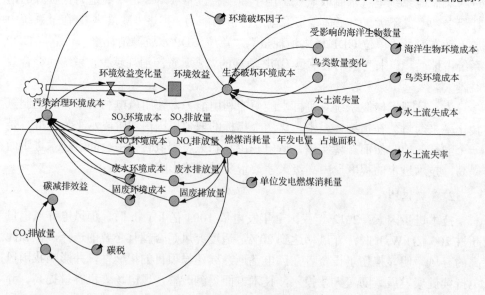

图 7.2　环境子系统模型界面图

同时避免像火力一样对环境造成污染。对环境的影响分为自然环境和生态环境,火力发电对大气排放二氧化硫、二氧化碳等污染气体和工业生产的固废、废水等,因此风电替代火电产生良好的环境效益,年环境效益的计算利用以下公式:污染物环境效益值=污染物年减少排放量×污染物排放收费标准/年总发电量。另一方面,风电场建设和运营对生态环境有一定的负面影响,包括对鸟类、海洋里的底栖生物等。

2) 参数说明

单位发电燃煤消耗量:本书的单位发电燃煤消耗量指的是使用火力发电的方式每度电需要的燃煤质量,不同装机容量的火电厂发电能力不同。根据《风力发电的环境价值与经济性分析》这篇文献中作者使用的相关数据,本书将该指标定为 0.32kg/kW·h,火电厂装机容量为 500MW。

SO_2 环境成本:SO_2 是常规煤电的首要污染物,在火电厂未使用脱硫设施时,相应的 SO_2 排放率为 18kg/t;在脱硫设施平均效率在 0.85 时,SO_2 排放量为 2.7kg/t,截至目前,我国脱硫设施火电装机容量占总量的 70.4%,对相应 SO_2 排放量进行加权平均得到综合值为 7.2kg/t。对于 SO_2 的环境成本,国内外文献一致取 6400 元/t。

NO_x 环境成本:NO_x 对人类和环境的危害巨大,是导致光化学烟雾的主要原因之一,国内文献对 NO_x 的环境成本一般取值 8000 元/t。

废水环境成本:电企业主要排放的废水包括生活污水、工业废水、含煤废水、化学废水和脱硫废水等。我国学者魏学好和周浩运用环境经济学原理,对我国燃煤火电企业的废水环境成本进行估值,数值为 0.8 元/t。

固废环境成本:火电厂主要产生的固废主要是粉煤灰、炉渣和 TSP,根据国内文献《火力发电企业环境成本核算方法研究》,粉煤灰、炉渣和 TSP 的环境成本分别为 120 元/t、100 元/t、2200 元/t。为了方便研究,本文根据这 3 种废物的排放量计算出其平均成本,为 1200 元/t。

碳税:碳税是国家对企业生产过程及日常活动排放的二氧化碳的税收。现阶段我国暂时没有实施碳税政策,据财政部财科所预计,我国短期内会选择 10 元/t 二氧化碳的最低税率,之后逐步提高税率。文献《碳交易和碳税情景下碳减排二层规划决策模型研究》指出碳税在 10~30 元/t 时有利于社会总福利和行业利润的增长,因此本文取碳税在 10~30 元/t,碳税=uniform(10, 30)。根据中国煤炭实测平均数值,二氧化碳排放率 1731kg/t。

海洋生物环境成本:风电场的噪音和风机的运转会降低海洋底栖生物的数量,本书将海洋生物的环境成本定为 12 元。

鸟类环境成本:风电工程的建设会占用大块的土地,风机数量和运转时间的增加对鸟类生活、迁徙会造成影响。对鸟类的环境成本目前尚未有严格的定义,本书假定每减少一只鸟的环境成本为 10 元。

　　水土流失成本：指风电场建设过程中，各种施工对土地、植被的破坏造成的水土流失带来的损失，根据水土流失的面积、种类，水土流失的补偿费用每吨在 1～3 元，因此本书水土流失成本= uniform（1, 3）。

　　水土流失率：本书的水土流失率指的是风电场造成的水土流失量和风电场占地面积的比例，该比例越高，表明风电场建设对土地的破坏程度越高，本书根据黑龙江山区风电场的水土流失情况，取水土流失率为 $0.0066t/m^2$。

　　3）系统方程式

$$B_2=0.74\times\min(100B_3/200, 100)+0.26\times\min(100B_4/2000, 100) \tag{7.11}$$

$$B_3=6400B_5+8000B_6+80B_7+1200B_8+B_{15} \tag{7.12}$$

$$B_{15}=B_{16}B_{17} \tag{7.13}$$

$$B_{16}=1.731B_{13} \tag{7.14}$$

$$B_5=0.072B_{13} \tag{7.15}$$

$$B_6=0.008B_{13} \tag{7.16}$$

$$B_7=0.01B_{13} \tag{7.17}$$

$$B_8=0.1404B_{13} \tag{7.18}$$

$$B_{13}=0.32B_{14} \tag{7.19}$$

$$B_4=-B_{11}B_{18}-10B_{10}-0.001B_9 \tag{7.20}$$

$$B_{10}= 5/\text{time}() \tag{7.21}$$

$$B_{11}=B_{12}B_{18} \tag{7.22}$$

$$\mathrm{d}(B_1)/\mathrm{d}t=B_2 \tag{7.23}$$

式（7.11）～式（7.23）中，B_1 为环境效益；B_2 为环境效益变化量；B_3 为污染治理环境成本；B_4 为生态破坏环境成本；B_5 为 SO_2 排放量；B_6 为 NO_x 排放量；B_7 为废水排放量；B_8 为固废排放量；B_9 为受影响的海洋生物数量；B_{10} 为鸟类数量变化；B_{11} 为水土流失量；B_{12} 为水土流失率；B_{13} 为燃煤消耗量；B_{14} 为年发电量；B_{15} 为碳减排收益；B_{16} 为 CO_2 排放量；B_{17} 为碳税；B_{18} 为水土流失成本。

3. 社会子系统

1) 子系统说明

如图 7.3 所示，社会子系统是为了衡量系统给居民生活、人力、科技、地方发展作出的贡献。首先风电场建设带来土地增值、吸引投资，风电场建成后称为地区的标志，吸引游客观光。其次，风电上网量每年都在增长，上网的电力可以弥补电力系统供电不足，随着居民对供电情况越来越满意，可再生能源的理念也深入人心。另一方面，工程的建设和技术研发免不了劳动力和人才的引入，国家对风电建设的高规划目标会给社会创造大量的就业机会。

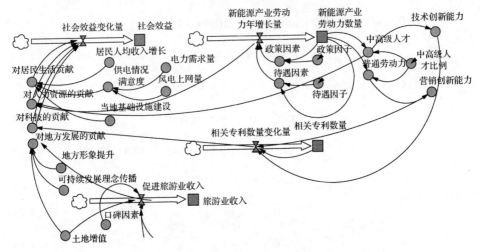

图 7.3　社会子系统模型界面图

2) 参数说明

政策因子：为了加快能源结构调整，我国每年都会出台风电发展的相关政策来保证风电项目建设的稳步进行，2015 年我国风电累计并网容量比去年增长了 27.5% 左右，新增装机容量达到 25GW。风电场的建设、运营管理、技术创新研发等活动均需要人力，据估计，每 1MW 装机容量的增加能带来 12.9 人的就业。因此国家政策对于风电产业就业有直接影响，本书假定政策因子为 0.15，即每年风电产业劳动力因为政策因素增长 15%。

待遇因子：由于我国风电产业还处于起步阶段，在企业生产、管理、制度、薪酬等方面还存在缺陷，导致风电行业劳动力损失严重，其中不乏技术人才。对于风电行业的人员流失情况，各相关企业有必要加强内部管理工作，建立良好的企业文化、薪酬制度、加强员工培训等来降低流失率并吸引更多的劳动力投身风电行业。本书用待遇因子来表示企业吸引劳动力加入的能力，待遇因子的值假定为 0.11。

中高级人才比例：风电是近期迅速发展的新兴行业，我国现阶段骨干人才多来自于其他行业，缺少相关专业的人才。风电的迅速发展将促进大规模专业人才培养，其中风机组研发人员、管理人员、高级技工、现场工程师等中高级人才尤为匮乏。中高级人才比例指未来 20 年内预期中高级人才占风电产业劳动力数量的比例，本书将此比例设置为 0.14。

3) 系统方程式

$$C_2 = 0.1C_3 + 0.42C_4 + 0.28C_{31} + 0.2C_5 \tag{7.24}$$

$$\mathrm{d}(C_1)/\mathrm{d}t = C_2 \tag{7.25}$$

$$C_3 = 0.1C_8/10000 + 0.2 \times \min(100C_7, 100) + 0.7 \times 100C_6/(10000 + C_6) \tag{7.26}$$

$$C_7 = C_{10}/C_9 \tag{7.27}$$

$$C_4 = 0.4 \times \min(100C_{18}/2, 100) + 0.6 \times \min(100C_{24}/0.3, 100) \tag{7.28}$$

$$C_{31} = \min(100C_{29}/10000, 100) \tag{7.29}$$

$$C_5 = 0.3C_{13} + 0.2C_{11} + 0.2C_{12} + 0.3 \times \min(100C_{14}/1000000, 100) \tag{7.30}$$

$$C_{14} = C_{16} + (B_3 - B_4)C_{17} \tag{7.31}$$

$$\mathrm{d}(C_{15})/\mathrm{d}t = C_{14} \tag{7.32}$$

$$C_{18} = C_{20} + C_{21} \tag{7.33}$$

$$C_{20} = C_{22}C_{19} \tag{7.34}$$

$$C_{21} = C_{23}C_{19} \tag{7.35}$$

$$C_{24} = C_{19}C_{26} \tag{7.36}$$

$$C_{25} = C_{19}(1 - C_{26}) \tag{7.37}$$

$$C_{29} = C_{30}(C_{27} + C_{28}) \tag{7.38}$$

式 (7.24)～式 (7.38) 中，C_1 为社会效益；C_2 为社会效益变化量；C_3 为对居民生活贡献；C_4 为对人力资源的贡献；C_5 为对地方发展的贡献；C_6 为居民人均收入增长；C_7 为供电情况满意度；C_8 为当地基础设施建设；C_9 为电力需求量；C_{10} 为风电上网量；C_{11} 为地方形象提升；C_{12} 为可持续发展理念传播；C_{13} 为土地增值；C_{14} 为促进旅游业收入；C_{15} 为旅游业收入；C_{16} 为口碑因素；C_{17} 为环境破坏因子；C_{18} 为风电产业劳动力增长量；C_{19} 为风电产业劳动力数量；C_{20} 为政策因素；C_{21} 为待遇因素；C_{22} 为政策因子；C_{23} 为待遇因子；C_{24} 为中高级人才数量；C_{25} 为普通劳动力数量；C_{26} 为中高级人才比例；C_{27} 为技术创新能力；C_{28} 为营销创新能力；C_{29} 为相关专利数量变化量；C_{30} 为相关专利数量；C_{31} 为对科技的贡献。

4. 经济子系统

1) 子系统说明

如图 7.4 所示，经济子系统主要反映风电制氢系统在运营期间的盈利能力、对当地区域经济发展的促进能力以及风电对电力市场的影响。

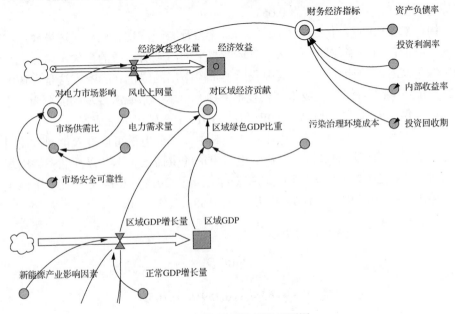

图 7.4　经济子系统模型界面图

本书假定模型初始的经济效益为 0，定义经济效益变化量为流量，时间单位为年，记录各年系统产生的经济效益，存量经济效益则表示从初始到当前经济效益的累积量。耦合氢储能系统的风电场经济收益主要来自于电和氢气的收入，跟所有的经济性分析一样，分析财务经济指标能从多个角度反映出项目从建设到运营期间的经营成果。本节针对新能源的特点，选取资产负债率、投资利润率、内部收益率和投资回收期这 4 个指标来衡量，影响这些指标的主要因素为氢气价格、电价及政府税收政策。

除了风电场自身经营收益，风电场的建设还会吸引投资、带动新能源相关产业的发展，对当地的经济产生促进作用，带动当地 GDP 的增长。对于能源产业，火力发电行业对环境的污染严重，为了体现风电场使用清洁能源的优势，使用区域绿色 GDP 比重结合 GDP 增长量更加符合实际情况。

　　根据国内学者李晨等(2012)在《新能源并网对电力市场影响的系统动力学建模与仿真》提到的，风电并网会改变风力和火力发电的比例，随着风电场装机容量的提升，火电厂发电量将会减少，说明新能源对传统能源具有一定替代作用。同时电价在未来 20 年呈先增长后平稳的趋势。

　　2) 参数说明

　　新能源产业影响因素：随着新能源技术创新不断加快，新能源产业成本降低、效率提高，产值飞速上升。目前我国新能源制造业每年的产值达到 2000 亿元，其中风电产业产值达到 400 亿元，新能源产业每年能带动几万亿元的 GDP 增长。本书假定新能源产业影响因素为 0.05。

　　绿色 GDP 比重：传统的 GDP 概念是无法反映经济增长过程对环境会造成怎样的影响的，为了能体现经济活动对环境带来的污染所造成的损失，国际上纷纷制定绿色 GDP 的计算方法。其中我国现阶段采用的绿色 GDP 方法是在传统的 GDP 基础上除去资源消耗成本和环境损失成本，本书系统所涉及的能源为"零污染"的可再生能源，因此绿色 GDP=传统 GDP–生态破坏环境成本。

　　风电上网量：风电场利用风能发电，其中一部分电量可以进入电网供使用，这样增加了电力市场的供应量，影响电力市场的供需比。本节以河北省风电场为研究对象，以 2012 年为初始年，历史数据显示从 2012～2014 年河北省上网电量依次为 $123.8 \times 10^8 \text{kW} \cdot \text{h}$、$146 \times 10^8 \text{kW} \cdot \text{h}$、$168 \times 10^8 \text{kW} \cdot \text{h}$。

　　3) 系统方程式

$$\mathrm{d}D_1/\mathrm{d}t = D_2 \tag{7.39}$$

$$D_2 = D_{17} = 0.638D_3 + 0.259D_8 + 0.105D_{11} \tag{7.40}$$

$$D_3 = 0.125 \times (230 - 40D_7)/19 + 0.38 \times 100D_6 + 0.175 \times 100D_5 + 0.2 \times 100 + 0.2 \times 100(1 - D_4) \tag{7.41}$$

$$D_8 = 0.6 \times 100D_{10} + 0.4 \times 100D_9 \tag{7.42}$$

$$D_9 = C_{10}/C_9 \tag{7.43}$$

$$D_{11} = 0.45D_{13} + 0.55 \times 100D_{12} \tag{7.44}$$

$$D_{13} = D_{15} + D_{16} \tag{7.45}$$

式(7.39)～式(7.45)中，D_1 为经济效益；D_2 为经济效益变化量；D_3 为财务经济指标；D_4 为资产负债率；D_5 为投资利润率；D_6 为内部收益率；D_7 为投资回收期；D_8 为对电力市场影响；D_9 为市场供需比；D_{10} 为市场安全可靠性；D_{11} 为对区域经济贡献；D_{12} 为区域绿色 GDP 比重；D_{13} 为区域 GDP 增长量；D_{14} 为区域 GDP；D_{15} 为新能源产业影响因素；D_{16} 为正常 GDP 增长量；D_{17} 为年经济效益。

5. 子系统间的交互

(1) 资源与经济。资源子系统与经济子系统之间存在相互影响关系。首先风能、水等资源的消耗的产物有上网风电和氢气，这些将直接为风电场带来经济收益，促进 GDP 的增长和财务指标的变化。反过来区域 GDP 的增长会刺激新能源产业进行更多的资源消耗，因此通过中间变量单位 GDP 风电消耗量、单位 GDP 水资源消耗量。而风电场占用的土地会带来建设成本，它的值将影响财务经济指标，中间变量单位 GDP 系统占地面积为了反映占用的土地资源创造价值、带动经济增长的能力。

(2) 资源与环境。资源子系统对环境子系统有较大的影响。首先，资源的消耗直接影响风电场的年发电量，发电量越高，火电厂发同等的电需要消耗更多的燃煤，污染物排放对环境造成的损失更严重。从另一个角度看，风电场项目的建设会直接导致水土流失，降低环境效益。风电利用率和风电制氢转换率决定同等资源消耗风电入网的电量和氢气的产量，侧面反映创造环境效益的能力。

(3) 资源与社会。资源子系统与社会子系统的联系体现在技术进步上。首先，技术进步能提高风电场装机容量，降低弃风弃电率，提高风电利用率和风电制氢转换率，技术创新的进步速度很大程度取决于相关产业中高级人才的数量。反过来，资源利用效率提高会促进新能源产业的发展，吸引更多的劳动力和人才的进入。

(4) 环境与社会。环境子系统与社会子系统的交互体现在环境污染和生态破坏对社会效益的影响。风电替代火电带来了污染物减排效应，会显著改善当地的环境，吸引更多的人来当地旅游，由于口碑效益的影响，外地人对当地的评价提高，地方形象得以提升。同时清洁能源带来环境的好转会加深人们对可持续发展理念的理解，间接地提高了社会效益。

7.4　模型结果分析

7.4.1　案例研究

结合 7.3 节的模型，对河北省的风电场耦合氢储能系统进行案例分析。以下为 2012 年河北省风电场的部分数据：2012 年河北省新增风电装机容量 908.8MW，累计容量达到 7978.8MW，上网电量为 146 亿 kW·h，传统 GDP 为 26500 亿元，弃风率为 20%。对数据进行归一化处理使结果在[0,100]区间内，归一化的方法如下。

采用 min-max 标准化方法对原始数据进行线性变换。设 min$A$ 和 max$A$ 分别为指标 A 的最小值和最大值，将 A 的一个原始值 x 通过 max-min 标准化映射成在区间[0,1]中的值 x'，其公式为 $x' = \dfrac{x - min}{max - min}$。要将 x 转化为[0，100]的数，只需在 x' 基础上乘以 100。如果某地污染治理成本为 200，最小值和最大值分别为 0、2000，则归一化之后的污染治理成本为 $100 \times (100-0)/(2000-0)=5$。

将完整的风电场相关数据代入到所建立的系统动力学模型，运行模型得出未来 20 年风电场综合效益的预测值如图 7.5 所示。

根据图 7.5 所示，河北省风电场综合效益在第 1 年到第 6 年增长速率相对较快但绝对值较小，这是因为在风电项目建设初期，建设成本很高，经济效益较差甚至为负数，但环境效益和社会效益在初期随着风电产业兴起迅速增长；在第 6 年到第 16 年，综合效益总体呈增长趋势，但增长速率比前几年减慢，这是因为一方面风电场销售氢气以及风电在相关行业渗透使风电场经济效益慢慢增长；另一方面，由于前几年风电产业劳动力和人才数量增长过快，在近几年增长速率变慢，社会效益增长不如之前明显；第 5 年综合效益曲线有一定的下凸，主要原因是由于设备更新带来当年成本的提高，经济效益出现下滑；16~20 年，综合效益变化趋于平稳，稳定在 83 左右。

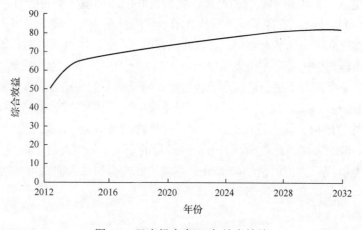

图 7.5　风电场未来 20 年综合效益

如图 7.6 所示，风电社会效益在第 1 年到第 4 年增长速率较快，其原因是风电产业刚起步阶段，对劳动力和人才的需求量高，技术创新能力增长，相关专利研发逐年变多，并且风电产业兴起有利于河北省地方发展。第 4 年之后社会效益处于稳步，主要原因是前几年各指标数据已经达到一个相对较高水平，且数据经过归一化处理，之后几年的发展没有这段时期那么快，但如果增大纵坐标的尺度发现综合效益仍在增长，稳定在 82.5 左右。

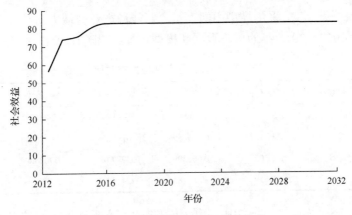

图 7.6　风电场未来 20 年社会效益

风电环境效益在前 3 年增长较快，如图 7.7 所示，原因是风电上网量逐年增长，等量的电力换成火力发电的方式会对环境造成大量的污染，并且碳税的征收和碳交易的实行也会为企业带来收益，于是风电具有相当可观的环境效益。在第 3 年后，环境效益先减少后增长，减少的原因是风电场在建设和运营期间风机的运行和氢储能系统少量污水排放对生态环境造成影响，会抵消部分污染减少带来的环境效益。后期环境效益又增长的原因是，随着风机、氢储能系统设计更科学，生态环境破坏带来的环境成本，不足以影响减少环境污染所带来的环境收益，环境效益趋于稳定，为 75 左右。

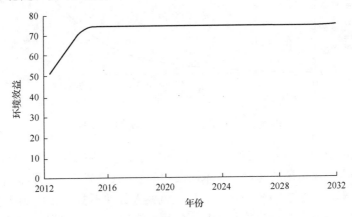

图 7.7　风电场未来 20 年环境效益

7.4.2　模型检验

仿真模型是对显示系统的抽象和近似，为了实现模型对现实系统的有效模拟和预测，必须对模型进行有效性检验。最常见的有效性检验方法是历史检验，由于本节最终运行结果为经过无量纲化处理后风电场的综合效益，难以直接获取历史数据进行比较。本节采用模型中间变量"新能源产业劳动力增长量"、"相关专利数量"从 2012～2015 年的历史数据和模型运行结果进行对比(表 7.8)。

表 7.8　仿真结果与实际数据对比

年份	实际值/万	模拟值/万	误差	实际值/件	模拟值/件	误差
2012	0.772	0.77	−0.002591	2980.89	2960.9	−0.00700
2013	1.001	1.112	0.110889	10322.8	10125.2	−0.01914
2014	1.299	1.302	0.002309	35777.02	37023.6	0.034843
2015	1.684	1.659	−0.01485	124133.8	124925.6	0.006379

根据表 7.8 可知,2012～2015 年的仿真结果和实际数据之间的误差均不超过 10%(系统动力学仿真误差不得超过 10%,否则需要重新设定参数),因此证明本文所建立的系统动力学模型能够较为真实的反映实际情况。图 7.8 为仿真得到的 2012～2031 年河北省新能源产业每年的就业情况。

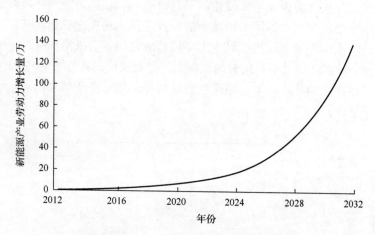

图 7.8　河北省新能源产业每年就业人数

新能源产业的劳动力在 2012 年时十分匮乏,由于国家的政策目标,未来将加大全国多个省市风电场的建设和技术研发的力度,风电劳动力需求量自然也更大。根据图 7.8 显示,在前 10 年里,每年风电就业人数并不多,主要原因是风电产业发展在前期很不成熟、骨干人才缺失、管理制度不完善、氢储能技术研发有难度、薪酬等方面问题造成劳动力流失。在 10～20 年期间,劳动力数量增长迅速,原因是河北省风电场大规模建设,劳动力需求量远多于前 10 年,同时企业也渐渐意识到劳动力流失的危害,各方面制度不断完善,对技术人才和管理人才的待遇提高,于是吸引更多的人包括其他产业的人员就业。

7.4.3　灵敏度分析

系统动力学被称为"政策实验室"，它可以通过改变模型中的参数值或表函数表示不同政策方案，然后进行仿真模拟，观察不同政策作用的结果，从而发现政策的效果优劣，进一步指导政策的制定。选取政策因子、待遇因子、中高级人才比例和碳税四个参数进行模拟，分别观察综合效益的变化。

1. 政策因子对综合效益的影响

如图 7.9 所示，从上到下依次是政策因子为 0.25、0.2、0.15、0.05、0 的情况。

本书将政策因子设置在[0, 0.3]，步长为 0.05，由图 7.9 可以看出，每一次政策因子变化，综合效益的取值都发生变化，说明综合效益会受政策因素的影响。在前 4 年，随政策因子调整，综合效益相差不大，说明风电发展前期政策因子的作用不是很显著；在第 4 年之后，政策因子为 0 时的综合效益的取值明显低于取其他值的时候，说明从中长期看，政策的实施很有必要；从第 9 年开始，4 条线几乎重合，说明政策因子的改变对综合效益的影响不明显。说明政府对新能源产业发展采用合理的政策有利于系统综合效益的提升，且政策因子在 0.2～0.25 内对综合效益提升最大，长期可根据实际情况减少政策因子取值。

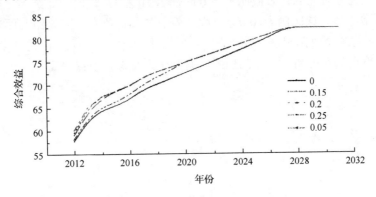

图 7.9　政策因子不同情况下的综合效益

2. 待遇因子对综合效益的影响

如图 7.10 所示，从上到下依次是待遇因子为 0.2、0.16、0.12、0.08、0.04、0 时的情况。

待遇因子的变化幅度在[0,0.2]，步长为 0.04，每一次待遇因子变化，我们发现综合效益的取值都发生变化，说明综合效益会受待遇因子的影响。在前 2 年，随待遇因子调整，综合效益取值变化不大。第 2 年到第 10 年，待遇因子为 0 时综合效益明显低于其他情形。10 年之后待遇因子的改变对综合效益影响极小，说明新能源产业为中高级人才提供合理的待遇有利于维持人才结构朝有利的方向发展。

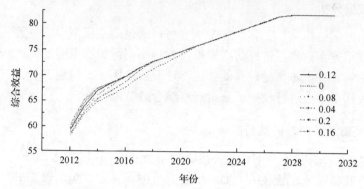

图 7.10　待遇因子不同情况下的综合效益

3. 中高级人才比例对综合效益的影响

如图 7.11 所示，从上到下依次是中高级人才比例取 0.24、0.2、0.16、0.12、0.08、0.04、0 时的情况。

本节假定中高级人才比例在[0，0.24]，步长为 0.04，根据结果可以看出中高级人才比例为 0 时的综合效益比不为 0 时低了 10 左右，说明中高级人才对综合效益提升非常明显。该比例为 0.04 时综合效益和其他值有一定差距，而当比例在 0.08～0.24 时综合效益相差不大，说明合理设计新能源产业人才结构非常的关键，在一定限度提高对中高级人才的引入，有利于系统综合效益提高。

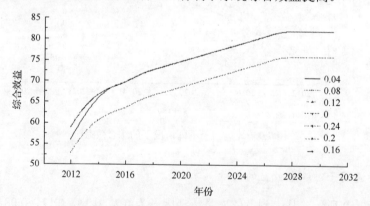

图 7.11　中高级人才比例因子不同情况下的综合效益

4. 碳税对综合效益的影响

我国现阶段还制定出具体的碳税政策，但是根据国际征收碳税的趋势，我国不久后很可能会给出具体的碳税政策。本书根据国际上收取碳税的值、我国国情及现有文献对我国碳税的分析，如图 7.12 所示，暂时假定碳税在[0,30]波动，步长为 5。可以看出碳税变化在第 1 年到第 17 年对综合效益的作用不明显；第 17 年以后，在碳税取 30 时，综合效益最大。说明合理制定碳税的政策，对系统综合效益有很大促进作用。

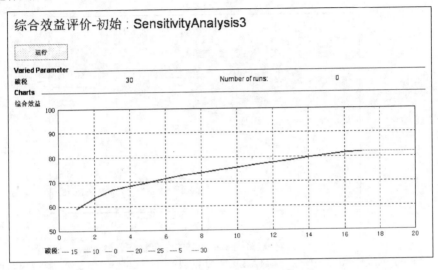

图 7.12　碳税不同情况下的综合效益

5. 组合因子对综合效益的影响

上文只对单一的因子对综合效益变化的影响，没有综合考虑所有因素的影响，对于这个问题，本书通过 AnyLogic 仿真软件进行对比试验，即每次只改变 3 个因子，另外一个因子固定，分析系统综合效益变化，如图 7.13、图 7.14 所示。

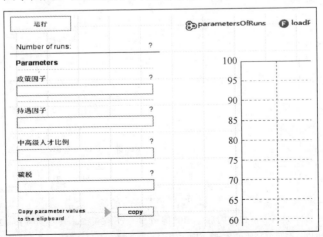

图 7.13　系统动力学对比试验界面图

　　图 7.14 中从上到下依次为 Run 0、Run 1、Run 2、Run 3 的情形。可以发现在政策因子一定的条件下，同时改变待遇因子、中高级人才比例和碳税，综合效益有所改变。Run 3 和 Run 2 的差距不大且均大于 Run 0 和 Run 1，说明在政策因子不变的情况下，其他 3 个因子在 Run 2 附近时，综合效益已经接近最佳。

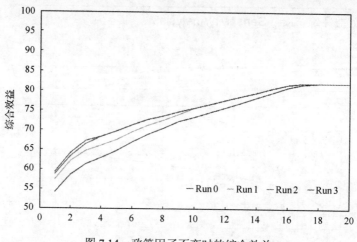

图 7.14　政策因子不变时的综合效益

Run 0: 政策因子=0.1，待遇因子=0.005，中高级人才比例=0.04，碳税=10；Run 1: 政策因子=0.1，待遇因子=0.05，中高级人才比例=0.08，碳税=20；Run 2: 政策因子=0.1，待遇因子=0.15，中高级人才比例=0.16，碳税=30；Run 3: 政策因子=0.1，待遇因子=0.2，中高级人才比例=0.24，碳税=40

　　图 7.15 从上到下依次为 Run 1、Run 0、Run 2、Run 3 的情形。可以看出前 3 种情形综合效益相差不大，Run 3 时综合效益的取值在前 10 年明显低于其他情形，

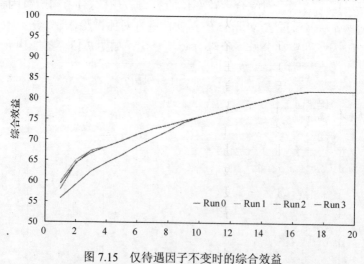

图 7.15　仅待遇因子不变时的综合效益

Run 0: 政策因子=0.15，待遇因子=0.15，中高级人才比例=0.16，碳税=30；Run 1: 政策因子=0.2，待遇因子=0.15，中高级人才比例=0.08，碳税=25；Run 2: 政策因子=0.25，待遇因子=0.15，中高级人才比例=0.04，碳税=20；Run 3: 政策因子=0.3，待遇因子=0.15，中高级人才比例=0.01，碳税=10

因此，这说明中高级人才比例对综合效益影响显著，在第 3 种情形效益已经趋于最佳。

图 7.16 从上到下依次为 Run 1、Run 0、Run 2、Run 3 的情形。可以看出 4 中情形下综合效益取值差别已经不大了，在 Run 3 时已经趋于最佳。

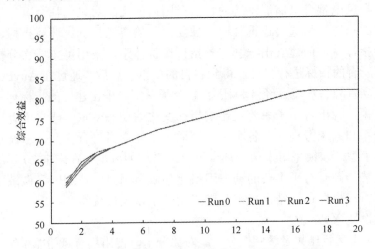

图 7.16　政策因子和碳税同时变化情况下的综合效益

Run 0: 政策因子=0.2，待遇因子=0.15，中高级人才比例=0.08，碳税=25；Run 1: 政策因子=0.3，待遇因子=0.15，中高级人才比例=0.08，碳税=30；Run 2: 政策因子=0.15，待遇因子=0.15，中高级人才比例=0.08，碳税=20；Run 3: 政策因子=0.1，待遇因子=0.15，中高级人才比例=0.08，碳税=15

7.4.4　结果分析

根据前两节模型运行结果可以得出以下结论。

（1）耦合氢储能系统的风电场在未来 20 年综合效益先迅速增长后平稳增长。风电产业每年就业的劳动力人数在前 10 年增长不快，在 10 年之后增长幅度大。

（2）政策因子、待遇因子、中高级人才比例和碳税组合取值均会对结果产生影响，其中中高级人才比例的影响最为显著。最佳组合因子在 (0.1, 0.15, 0.08, 15) 附近取值，即在此范围内综合效益已经区域最优且各类因子带来的相关成本最小。

（3）政府根据风电产业实际发展情况需要在合理的时间、合理的范围内制定相关政策，包括风电发展政策、税收政策、补贴政策等。企业在发展初期多积累经验，建立一套完整成熟的管理制度、薪酬模式，以此来吸引更多劳动力投身于风电行业，否则劳动力流失过多会导致相关技术研发缓慢、新能源产业口碑不好，造成恶性循环。

（4）合理范围内征收碳税。风电逐步替代火电不仅有利于减少自然环境破坏，而且碳减排将为企业政府带来收益。在一定的范围内，碳税有利于综合效益的提升，但如果碳税过大，对部分企业例如火电厂来说负担较大，且对综合效益提升不明显。

7.5　结论与展望

本章针对耦合氢储能系统的风电场，使用可拓分析法来建立综合效益指标体系。根据风电耦合氢储能系统的特点及国内外文献对风电耦合氢储能氢系统综合效益的描述，筛选出逻辑紧密、独立性强的资源指标、环境指标、经济指标和社会指标，从而建立出一套完整指标评价体系。采用可拓层次分析法对指标体系里所有的指标进行打分，得到各自的权重。然后，通过在 AnyLogic 仿真软件中建立资源、环境、经济和社会 4 个子系统，根据建好的指标体系，向下层进行挖掘，找出每个子系统内影响指标变化的动态变量，建立所有变量之间的相互联系和系统方程式。各个子系统通过中间变量进行交互，从而建立出系统动力学模型。该模型用来预测耦合氢储能系统的风电场在未来 20 年综合效益的变化趋势，同时对于重要的动态因素比如政策因素、待遇因素做敏感性分析和对比分析。根据运行结果找出关键影响因素以及最优组合，对风电产业的发展提出建设性意见。

通过模型运行结果及敏感性分析、对比分析，得出耦合氢储能系统的风电场在未来 20 年综合效益先迅速增长后平稳增长。政策因子、待遇因子、中高级人才比例和碳税组合取值均会对结果差生影响，其中中高级人才比例的影响最为显著。最佳组合因子在(0.1，0.15，0.08，15)附近取值综合效益最佳。政府应该根据风电产业实际发展情况需要在合理的时间、合理的范围内制定风电发展规划、税收政策、补贴政策等相关政策，在合理范围内征收碳税企业建立一套完整成熟的管理制度、薪酬模式。本文的研究成果体现在以下几个方面。

(1)使用可拓分析法同时考虑风电耦合氢储能在资源、环境、经济和社会 4 个方面带来的效益，在前人的基础上，使用定性和定量结合的方法建立出风电耦合氢储能系统的综合效益评价指标体系。

(2)舍弃传统的层次分析法，使用可拓层次分析法来计算指标体系的权重，使结果更接近现实。

(3)使用动态的系统动力学仿真方法，根据各级指标的影响因素、不同子系统之间的交互建模，以河北省电场为例，预测出未来 20 年风电场的综合效益变化趋势，同时对关键参数进行敏感性分析和对比分析。将静态计算的问题转换为随时间改变的动态模型，更加贴近实际。

参 考 文 献

陈玉波,张柳,曲长征. 2005. 产品 LCC 估算模型研究及仿真分析. 计算机仿真,22(9):73-75.

邓学, 王贺武, 黄海燕. 2010. 中国车用氢能潜力分析. 科技导报,9(9):96-101.

丁雯, 朱建锋. 2012, 多主体财政行为资金流动仿真平台设计. 武汉理工大学学报(信息与管理工程版),34(2):206-210.

杜成刚, 朴红艳, 邵志芳, 等. 2011,《东海风电场耦合制氢方案的可行性综合评价》, 载于中国工程院能源与矿业工程学部、上海市中国工程院院士咨询与学术活动中心、上海市能源研究会编《第八届长三角能源论坛论文集》,52-54。

方世杰, 邵志芳, 张存满. 2012, 并网型风电耦合制氢系统经济性分析. 能源技术经济,24(3):39-43.

傅星, 林寅. 2006, 基于多主体经济仿真的应用研究. 系统仿真学报,18(2):434-438.

葛侃, 窦园园. 2014, 系统动力学在高技能人才培养预测中的应用. 中国矿业,23(5):28-30.

顾为东. 2010, 大规模海上风电的非并网多元化应用研究——变海上风电场输电上岸为直接输产品上岸的探索. 中国工程科学,12(11):78-82.

韩晓娟, 田春光, 张浩, 等. 2014, 用于削峰填谷的电池储能系统经济价值评估方法. 太阳能学报,35(9):1634-1638.

华泽嘉, 侯晨璇, 谷彦章. 2015, 基于 AHP 和 DS 证据理论的风电项目综合后评价研究. 可再生能源,33(2):214-219.

蒋东方. 2012, 氢氧联合循环与风能耦合发电系统可行性分析.北京:华北电力大学(北京)硕士学位论文.

李晨, 周黎莎, 曾鸣. 2012, 新能源并网对电力市场影响的系统动力学建模与仿真. 华东电力,40(10):1675-1679.

林旭清, 张思雨, 孙权, 等 2015, 新能源发电制氢储能技术探究. 动力与电气工程,32(24):25-26.

刘芳兵. 2013, 山东省海上风电经济社会效益评价. 济南:山东师范大学硕士学位论文.

芦兴, 方扬. 2014, 基于系统动力学模型的我国电动汽车发展规模及充电负荷预测. 华东电力,(11):2349-2354.

朴红艳, 张宇, 张存满, 等. 2012, 东海风电场耦合氢系统可行性研究. 华东电力,40(1):119-122.

祁娇. 2015, 基于系统动力学的太阳能热水器市场预测分析. 太阳能,(9):6-11.

任玉珑, 阳忠明, 韩维健, 等. 2006, 低谷电电解制氢的生命周期 3E 评价, 工业工程与管理,4:79-82.

邵志芳, 杜成刚, 俞国勤, 等. 2011, 东海风电场耦合制氢方案的可行性综合评价, 长三角能源论坛——新形势下长三角能源面临的新挑战和新对策,33(1):52-54.

沈又幸, 刘琳, 曾鸣. 2009, 风电社会效益的评价模型及其应用研究. 华东电力,(5):852-855.

时璟丽, 高虎, 王红芳. 2015, 风电制氢经济性分析. 中国能源,37(2):11-14.

孙磊, 宋志杰, 王健. 2012, 风力发电的环境效益分析. 广东电力,25(4):40-43.

孙跃斌, 王奇, 试论低谷电能采暖的环境与经济效益, 城市管理与科技,2001,3(3):24-25

田书欣, 程浩忠, 常浩, 等. 2015, 特高压电网社会效益分析及评价方法. 电力自动化设备,35(2):145-153.

王其藩. 1995, 高级系统动力学, 清华大学出版社.

王寿兵, 张元, 张韦倩, 等. 2014, 风电海水淡化技术环境经济效益及发展前景:以江苏大丰为例. 环境科学与技术,09 期.

王艳敏. 2014, 基于系统动力学的火力发电企业利润预测研究. 北京:华北电力大学硕士学位论文.

肖白, 丛晶, 高晓峰, 等. 2014, 风电-抽水蓄能联合系统综合效益评价方法. 电网技术,38(2):400-404.

肖云鹏, 王锡凡. 2015, 考虑低碳效益的风电两部复合竞价方法. 电力系统自动化, 39(5): 41-46.

熊雄, 杨仁刚, 叶林, 等. 2013, 电力需求侧大规模储能系统经济性评估, 电力技术学报, 28(9): 224-230.

徐品良, 黄亚斌, 解析水利设计中的生态理念应用, 江西建材, 2013. 6: 156-158.

杨茂盛, 姜海莹. 2010, 可拓分析法在循环经济评价指标体系中的应用. 科技管理研究, (1): 238-239.

杨瑞瑜, 2012. 九评: 我国电网谷电大规模储能调峰路线. 电网与清洁能源, 28(4): 1-11.

叶敏. 2008, 风电建设项目经济评价及社会效益评价研究. 保定: 华北电力大学(保定)硕士学位论文.

伊立其, 闫常峰, 郭常青, 等. 2015, 风电-氢储能耦合燃料电池发电系统的经济性分析, 中国化工学会学术年会.

于松青, 侯承昊, 孙英涛. 2015, 基于系统动力学的山东省电力需求预测. 山东大学学报 (工学版), 45(6): 91-98.

俞海淼, 周海珠, 裴晓梅. 2009, 风力发电的环境价值与经济性分析. 同济大学报(自然科学版), 37(5): 704-710.

曾鸣, 王致杰, 刘珊珊, 等. 2014, 无电地区电网建设项目投资效益后评价. 电力建设, 35(5): 108-112.

张好明, 孙玉坤, 吴建兵. 2008, 基于农村电网多余电能新型储能调速系统的研究, 1: 102-107.

张浩. 2014, 风电场集电线路优化探讨, 风能, 6: 68-70.

张培, 杨志平, 杨勇平, 等. 2009, 基于经济性评价的小火电替代方案选择, 华东电力, 37(2): 0230-0233.

张世伟, 李学. 2008, 养老保险制度改革的财政效应和收入分配效应——基于微观模拟的研究途径. 人口与经济, 5: 61-65.

张薛鸿, 董达鹏, 李晨, 等. 2011, 基于系统动力学的电网企业综合计划关键指标预测. 水电能源科学, 29(11): 192-194.

张一名, 韩巍. 2014, 我国2010-2050年劳动力供给预测与分析. 广西经济管理干部学院学报, 26(1): 6-15.

赵琪. 2013, 基于模糊可拓层次分析法的订单融资风险评价. 重庆理工大学学报: 社会科学, 27(2): 35-39.

赵振宇, 李志伟, 姚雪, 2014. 基于碳减排收入的风电成本电价研究. 可再生能源, 32(5): 662-667.

Abdelwahab A A, Shim Y B. 2015, Simultaneous determination of ascorbic acid, dopamine, uric acid and folic acid based on activated graphene/MWCNT nanocomposite loaded Au nanoclusters, 《Sensors & Actuators B Chemical》, 221: 659-665.

Aiche-Hamane L, Belhamel M, Benyoucef B, et al. 2009 , Feasibility study of hydrogen production from wind power in the region of Ghardaia, International Journal of Hydrogen Energy, 34 (11): 4947-4952.

Albino V, Fraccascia L, Giannoccaro I. 2015, Exploring the role of contracts to support the emergence of self-organized industrial symbiosis networks: an agent-based simulation study. Journal of Cleaner Production, 112(5): 4353-4366.

Ansari N, Seifi A. 2012, A system dynamics analysis of energy consumption and corrective policies in Iranian iron and steel industry. Energy, 43(1): 334-343.

Ansari N, Seifi A. 2013, A system dynamics model for analyzing energy consumption and CO_2 emission in Iranian cement industry under various production and export scenarios. Energy Policy, 58(5): 75-89.

Antonia O, Saur G. 2012, Wind to Hydrogen in California: Case Study. Office of Scientific & Technical Information Technical Reports.

Aprea J L. 2009, Hydrogen energy demonstration plant in Patagonia: description and safety issues. International journal of hydrogen energy, 34(10): 4684-4691.

Aslani A, Helo P, Naaranoja M. 2014, Role of renewable energy policies in energy dependency in Finland: System dynamics approach. Applied Energy, 113(6): 758-765.

Barton D C, Eidson E D, Schoenwald D A, et al. 2000, Aspen-EE: An agent-based model of infrastructure interdependency. Economics.

Basu N, Pryor R, Quint T. 1998, ASPEN: A microsimulation model of the economy. Computational Economics, 12(3): 223-241.

Beccali M, Brunone S, Finocchiaro P, et al. 2013, Method for size optimisation of large wind–hydrogen systems with high penetration on power grids. Applied Energy, 102 (2): 534-544.

Bernal-Agustín J L, Dufo-López R. 2010, Techno-economical optimization of the production of hydrogen from PV-Wind systems connected to the electrical grid, Renewable Energy, 35 (4):747-758.

Borshchev A. 2013, The big book of simulation modeling : multimethod modeling with AnyLogic 6[M]. AnyLogic North America.

Brito P, Lopes P, Reis P, et al. 2014, Simulation and optimization of energy consumption in cold storage chambers from the horticultural industry. International Journal of Energy & Environmental Engineering, 5 (2-3): 1-15.

Browning J, Manwell J, McGowan J. 2009, A techno-economic analysis of a proposed 1.5 MW wind turbine with a hydrostatic drive train. Wind Engineering, 33 (6): 571-586.

Carton J G, Olabi A G. 2010, Wind/hydrogen hybrid systems: Opportunity for Ireland's wind resource to provide consistent sustainable energy supply. Energy; 35 (12): 4536-4544.

Celik S, Timurkutluk B. 2012, With the Aim of Realizing a Hydrogen Energy Society : Kitakyushu Hydrogen Town, Fuel cell, 11 (4), 43-47.

Chade D, Miklis T, Dvorak D. 2015, Feasibility study of wind-to-hydrogen system for Arctic remote locations–Grimsey island case study. Renewable Energy, 76 (3): 204-211.

Connelly M C, Sekhar J A. 2012, US energy production activity and innovation. Technological Forecasting and Social Change, 79 (1): 30-46.

Criqui P, Mima S, Menanteau P. 2015, A Kitous, Mitigation strategies and energy technology learning: An assessment with the POLES model, Technological Forecasting & Social Change, 90: 119-136.

Ehlen M, EidsonE. 2003. NISAC Agent-Based Laboratory for Economics 19 (N-ABLE): Agent and Simulation Architectures Draft, Sandia National Laboratories, Albuquerque.

Energy H. 2012, Energy modeling software for hybrid renewable energy systems[J]. Overview [online], available: http://homerenergy. com/[2012-4-2].

Floch P H, Gabriel S, Mansilla C, et al, 2007, On the production of hydrogen via alkaline electrolysis during off-peak periods, International Journal of Hydrogen Energy, 32 (18): 4641-4647.

Garmsiri S, Rosen M A, Smith G R, et al. 2014, Integration of wind energy, hydrogen and natural gas pipeline systems to meet community and transportation energy needs: A parametric study. Sustainab, 6 (5): 2506-2526.

GoKcek M. 2010, Hydrogen generation from small-scale wind-powered electrolysis system in different power matching modes. International Journal of Hydrogen Energy, 35 (19): 10050-10059.

Graditi G, Ippolito M G, Telaretti E, et al. 2016, Technical and economical assessment of distributed electrochemical storages for load shifting applications: An Italian case study, 《Renewable & Sustainable Energy Reviews》, 57: 515-523.

Greiner C J, Korpås M, Holen A T. 2007, A Norwegian case study on the production of hydrogen from wind power. International Journal of Hydrogen Energy, 32 (10): 1500-1507.

Gutiérrez-Martín F, Confente D, Guerra I. 2010, Management of variable electricity loads in wind – Hydrogen systems: The case of a Spanish wind farm. International Journal of Hydrogen Energy, 35 (14): 7329-7336.

Harpring R, Evans G W, Barber R, et al. 2014, Improving efficiency in social services with discrete event simulation. Computers & Industrial Engineering, 70 (2): 159-167.

Imran H A, Schrä¶Der D, Munir B A. 2016, Agent-based simulation for biogas power plant potential in Schwarzwald-Baar-Kreis, Germany: A step towards better economy. Geocarto International, 32 (1): 59-70.

Jørgensen C, Ropenus S. 2008, Production price of hydrogen from grid connected electrolysis in a power market with high wind penetration. International Journal of Hydrogen Energy, 33(20): 5335-5344.

Kahouli-Brahmi S. 2009, Testing for the presence of some features of increasing returns to adoption factors in energy system dynamics: An analysis via the learning curve approach.Ecological Economics, 68(4): 1195-1212.

Kippers M J; de Laat J C; Hermkens R J M. Pilot Project on Hydrogen Injection in Natural Gas on Island of Ameland in the Netherlands. Paper presented at the International Gas Union Researchrence,Seoul, South Korea, 19 October 2011.

Korpås M, Greiner C J. 2008, Opportunities for hydrogen production in connection with wind power in weak grids. Renewable Energy, 33(6): 1199-1208.

Lemus R G, Duart J M M. 2010, Updated hydrogen production costs and parities for conventional and renewable technologies. International Journal of Hydrogen Energy, 35(9): 3929-3936.

Li J, Chan F T S. 2013, An agent-based model of supply chains with dynamic structures. Applied Mathematical Modelling, 37(7): 5403-5413.

Linnemann J, Steinberger-Wilckens R. 2007, Realistic costs of wind-hydrogen vehicle fuel production, International Journal of Hydrogen Energy, 32 (10–11): 1492-1499.

Lubbecke P, Reiter M, Fettke P, et al. 2015, Simulation-based decision support for the reduction of the energy consumption of complex business processes. Nanoscale, 1378(s1–3): 866-875.

Mathur J, Agarwal N, Swaroop R, et al. 2008, Economics of producing hydrogen as transportation fuel using offshore wind energy systems. Energy Policy, 36(3): 1212-1222.

Miland H. 2005, Operational experience and control strategies for a stand-alone power system based on renewable energy and hydrogen[J].

Movilla S, Miguel L J, Blázquez L F. 2013, A system dynamics approach for the photovoltaic energy market in Spain. Energy Policy, 60: 142-154.

Mueller-Langer F, Tzimas E, Kaltschmitt M, et al. 2007, Techno-economic assessment of hydrogen production processes for the hydrogen economy for the short and medium term. International JournalofgenEnergy, 32(16): 3797-3810.

Oi T, Sakaki Y. 2004, Optimum hydrogen generation capacity and current density of the PEM-type water electrolyzer operated only during the off-peak period of electricity demand, Journal of Power Sources, 129(2): 229-237.

Özden E, Tari I. 2016, Energy-exergy and economic analyses of a hybrid solar–hydrogen renewable energy system in Ankara, Turkey. Applied Thermal Engineering, 99: 169-178.

Palander T. 2011, Modelling renewable supply chain for electricity generation with forest, fossil, and wood-waste fuels. Energy, 36(10): 5984-5993.

Pryor R J, Basu N, Quint T. 1996, Development of Aspen: A microanalytic simulation model of the US economy. Energy Planning & Policy.

Pudukudy M, Yaakob Z, Mohammad M, et al. 2014, Renewable hydrogen economy in Asia – Opportunities and challenges: An overview. Renewable & Sustainable Energy Reviews, 30(2): 743-757.

Ramírez-Granados M, Hernàndez J E, Lyons A C. 2014, A discrete-event simulation model for supporting the first-tier supplier decision-making in a UK's automotive industry. Journal of Applied Research & Technology, 1(5): 860-870.

Regev U, Gutierrez A P, Schreiber S J, et al. 1998, Biological and economic foundations of renewable resource exploitation. Ecological Economics, 26(3): 227-242.

Rus I, Neu H, Münch J. 2003, A systematic methodology for developing discrete event simulation models of software development processes. Computer Science.

Ruth M F, Stiller C. 2008, F Joseck, Potential energy and greenhouse gas emission effects of hydrogen production from coke oven gas in U. S. steel mills, International Journal of Hydrogen Energy, 33 (4): 1445-1454.

Schenk N J, Moll H C, Potting J, et al. 2007, Wind energy, electricity, and hydrogen in the Netherlands. Energy, 32 (10): 1960-1971.

Shaw S, Peteves E. 2008, Exploiting synergies in European wind and hydrogen sectors: A cost-benefit assessment, International Journal of Hydrogen Energy, 33 (13): 3249-3263.

Shawki K M, Kilani K, Gomaa M A. 2015, Analysis of earth-moving systems using discrete-event simulation[J]. Alexandria Engineering Journal, 121 (4): 388-396.

Shih Y H, Tseng C H. 2014, Cost-benefit analysis of sustainable energy development using life-cycle co-benefits assessment and the system dynamics approach. Applied Energy, 119 (12): 57-66.

Sopian K, Ibrahim M Z, Wan R W D, et al. 2009, Performance of a PV-wind hybrid system for hydrogen production. Renewable Energy, 34 (8): 1973-1978.

Stummer C, Kiesling E, Günther M, et al. 2015, Innovation diffusion of repeat purchase products in a competitive market: An agent-based simulation approach. European Journal of Operational Research, 245 (1): 157-167.

Tako A A, Robinson S. 2010, Model development in discrete-event simulation and system dynamics: An empirical study of expert modellers. European Journal of Operational Research, 207 (2): 784-794.

Valverdeisorna L, Ali D, Hogg D, et al. 2016, Modelling the performance of wind-hydrogen energy systems: Case study the Hydrogen Office in Scotland/UK. Renewable & Sustainable Energy Reviews, 53: 1313-1332.

Windisch J, Väätäinen K, Anttila P, et al. 2015, Discrete-event simulation of an information-based raw material allocation process for increasing the efficiency of an energy wood supply chain. Applied Energy, 149: 315-325.

Xiang N, Xu F, Sha J. 2013, Simulation Analysis of China's Energy and Industrial Structure Adjustment Potential to Achieve a Low-carbon Economy by 2020. Sustainability, 5 (12): 5081-5099.

Zhang G, Wan X. A wind-hydrogen energy storage system model for massive wind energy curtailment. International Journal of Hydrogen Energy, 2014, 39 (3): 1243-1252.

Zhang L, Fang J X, Zhou P. 2013, IVTI method and its application in new energy generation performanceevaluation. Systems Engineering, 31 (11): 108-115.